思想觀念的帶動者

文化現象的觀察者

本土經驗的整理者

生命故事的關懷者

心靈工坊
[PsyGarden]

Master

對於人類心理現象的描述與詮釋
有著源遠流長的古典主張，有著速簡華麗的現代議題
構築一座探究心靈活動的殿堂
我們在文字與閱讀中，尋找那奠基的源頭

SOCIAL CONSTRUCTION
OF THE PSYCHE:
Eight Classes

宋文里
作品集

心理學

與

心理術

心靈的社會建構八講

宋文里———著

目錄

【編輯說明】

1. 本課程每次講課後均有 Q&A 的時間，本書只選錄其中一部分講師與學員的問答。在編輯上是以「＊＊＊」和講師的正課內容作出區隔。

2. 本書各註解出自作者，若為編輯撰寫之註解，註明〔編者註〕。

成書緣起

宋文里

　　本書是心靈工坊邀請我到「心靈工坊成長學苑」講堂所講授的八堂講課內容，根據錄音謄抄成稿，稿本經過我本人的修訂。這是我第一次以這種方式成書出版。我對於文字很有要求，原本不太願意接受口語轉化而成的書寫文稿，因為我認為這是兩種完全不同的語言型態。但由於讀者們殷切企盼，編輯傳達此意後，我才認清：這明明是一種「口傳文本」，而非自行撰寫的書稿，保留著課堂現場雙向溝通的語言型態以及講課內容。把這謄錄稿拿來出版，也算是自成一格。

　　講堂的理論基礎「社會建構論」（social construction-ism），是一種用來作人文科學（human sciences）探究的新興觀點，跨越在心理學、社會學、人類學、文學、文化研究、性別研究以及其他種種助人專業（helping professions）的各相關領域之間，來去自如。目前這方面的著作在世界各地已有很多出版，只是在華語地區比較少見。本書的「社會建構論」是從肯尼斯・格根（Kenneth Gergen）談起，但並不限於他的理論範圍。這要從格根教授和我，以及心靈工坊之間不算短的緣分談起。

　　我從 1986 年起在清華大學社會人類學研究所、社會學研究所先後開設論述心理學、文化心理學、文化的精神分析，乃至微觀研究等跨學科專題，後來我把這種心理學研究統稱為「人文心理學」，或甚至叫做「文人心理學」。在此發展過程中，我就經

常使用格根的著作（包括格根所編的各種專輯）為教本，後來也延續到輔仁大學心理學研究所至今。但社會建構論還包括許多其他的重要作者，而格根的著作中也常和他們互相徵引，所以在我的課堂上，在這將近三十年的教學中，必定會擴及所有這些代表論著的範圍，包括格根的「知識戰友」們：John Shotter、Rom Harré、Jerome Bruner、Jan Valsiner、Mary Gergen 等等，還會擴及 1950 年代以來，在整個人文學研究領域的重要經典著作，包括 Bachelard、Bakhtin、Blumer、Buber、Derrida、Foucault、Garfinkle、Goffman、Habermas、Heidegger、Jaspers、Kristeva、Levinas、Merleau-Ponty、G. H. Mead、Peirce、Said、Sapir、Vygotsky、Wittgenstein 等等，還有很長的名單。

現代漢語的知識社群裡固然有些人會談及其他的某種「建構論」（譬如建構實在論、女性主義的建構論等）但任何理論主張都不能只是望文生義，我們必須設法浸潤在這些動人的思想內容之中，看看是否能夠達到像朱熹說的那般「浹洽內涵」的境界，也要試試看在本講堂中如何能夠納入相關的討論。

另外，我對於使用漢語一事非常在意，但不願把所做的學術工作掛上「本土」、「中國」之類的標籤，我不認為自己對於漢語學術的強調可等同於那些標籤所明示、暗示的意義，最多只強調：我們在思想交流中確實是在「使用漢語」。有人因此而稱之為「漢語的文化心理學」，但我認為那仍只是一種「他稱」；在「自稱」中，我寧可說：這是用漢語所講的「人文探究」，或是一種「人學」，其他標籤都只是畫蛇添足。另外，原本大家期待的「心理學」，在我所主張的漢語論述中，還因此自然轉化為

「理心術」——此中奧妙，讀者可自行體會。

以下就是這八個講次（含最前面的開場白、導言）的內容大綱：

【開場白】「詩學為體，科學為用」的漢語心理學

在出場時，我先以一種文本分析的方式，分析了一首詩，同時也說明了建構論中的基本方法論。由於這份文本就是本於我自己對該詩的翻譯，以及對於英語／漢語之間的翻譯所作的幾番拿捏，由此體現了意義建構的種種思維型態。我就以此具體的方法實踐來開始現身說法。

【導論】本講堂的開場機緣

先說明以下八講的緣起，觸及了三大方面：

㈠從格根的社會建構論談起；

㈡體制源於社會建構，而人則生活在建構中；

㈢講堂的用意是要來面對現實社會體制中的難題。

【第一講】社會建構論在現代漢語心理學中的來龍去脈

格根在 2009 年修訂再版的《社會建構的邀請》（*An Invitation to Social Construction*）[1]，以及他在同年出版的《關係的存有》（*Relational Being: Beyond Self and Community*）[2]，其

1　〔編者註〕本書中文版譯名為《醞釀中的變革：社會建構的邀請與實踐》，2014 年由心靈工坊出版。

2　〔編者註〕《關係的存有：超越自我・超越社群》一書由宋文里教授

實是他三十年來推行社會建構主義和關係論運動的集大成之作，都深入淺出，可以作為本講次的基本讀物。但社會建構論的來龍去脈還有更多要點需要補充說明，如此一來，這一講才能為我們的總題「心靈的社會建構」[3] 作好開講的準備。

【第二講】「心理學」與「理心術」

本講堂的討論聚焦之處，一般稱為「心理學」，但在漢語的語境中，我們寧可稱之為「理心術」。所有學員必須記住：我們要面對**後現代轉型**之後的種種學問對心理學的啟蒙與挑戰，但同時，我們又是用漢語來承接這些啟蒙的挑戰。我們要學會的「心理學」也是「理心術」──我們要學會這種學問創化的過程。

【第三講】「心」的社會建構：關於「我知、我懂」的重新思考

於是我們開始用漢語裡最精妙的幾個範疇來一一展開這些社會建構論。古漢語的一個單字，常比現代漢語的雙字（或多字）詞包涵更多意義的底蘊。「心」是我們的第一個問題。

【第四講】「靈」的社會建構：理心術和靈（巫）術的本體論與方法論問題

用「靈」作為第二個問題，牽涉到廣泛的語言文化建構，以及我們在現代社會中對於「靈」這種攸關宗教信仰的問題，仍舊

翻譯，2016 年由心靈工坊出版。
3　〔編者註〕「心靈的社會建構」為本八堂講座的題名。

一直抱持欲拒還迎的矛盾心態。由於我在宗教研究方面有多年浸潤、探索的經驗,因此來此作一番發揮。

【第五講】實情與所感:「情」、「感」的社會建構

「問世間,情是何物?」──人人會問,幾人能答?「情」不只是「情緒」,而更像是「心情」、「情感」的「實情」。當它涉及「感」的問題時,心乃為之一動──這究竟是怎麼回事?感人之事,情在其中,但我們又是怎樣真實地「涉入」(甚至「陷入」)而致感動落淚的?

【第六講】你、我與他者:關係與倫理的社會建構

格根在社會建構論之後,近年著墨更多的是「關係論」。這個並不新鮮的名詞,卻值得格根為它另寫一本書《關係的存有》;而格根的戰友約翰·蕭特(John Shotter)為何可以為「你」一個字就寫出一大篇文章?前輩大師馬丁·布伯(Martin Buber)為何可以宣稱「我─你」若未結合成一詞,那「我」就根本沒有存在的可能?而我們最害怕的是:和你、和我相對,但卻不知在何方的「他者」,已經悄悄降臨於我們所有人際關係的惡夢中。

【第七講】男男女女:性、情、欲及母權的社會辯證

不是男女關係,不是兩性平等,而是男男女女兩兩交叉,形成一個多元性別的世界,讓我們在情色、情慾等等關係中又似優遊自得,又似深陷泥淖。「我們已經很開放了!沒有性禁忌

了！」——這些傻話是誰講的？我們需要一種新的社會辯證法來進行逆向思考母權社會成立的道理，以及其中的女男男女關係。

【第八講】忠與恕，好人與小人：這還只是心理學嗎？

學問之道在博學、審問、慎思、明辨、篤行——在在都是要盡心盡力，但「盡己之謂忠」是其中的第一條道理。為什麼在我們的世界裡，這道理好像已經湮沒到漫漶難知了？心、靈、情、感云云，我們談得這麼多，除了要提升「盡己」和「推己及人」以外，還能「所為何事」？我們和聖賢的傳統還有接軌嗎？或邊際界線何在？我們究竟有沒有在當代處境中，建構出什麼「心的道理」來？

謝辭

　　本書得以編成，要感謝許多人的努力，包括心靈工坊總編王桂花殷切邀請我踏入這個講堂；講課期間由林俞君負責打理課堂上所有的支援工作，以及學員和我之間的一切管理聯絡事宜；講課的錄音謄抄成稿是才煒民的功勞，他還幫我找到不少註腳的參考資料；初稿經再三修訂後，陳民傑幫我作了全書編輯上的一些重新安排；整個出版過程，也有賴心靈工坊編輯團隊於編務各環節的照顧。還有很值得一提的，是最初幫我看過第一講修訂稿的楊萍，她是個雜誌編輯老手，給了我一些非常老實、老練也細膩的閱讀意見，讓我因此而大受激勵，之後對全書稿作了一次又一次的修訂，雖然因此拖延了出版的時間，但這種「審查意見」導致的雙向溝通，是我在學術著作和出版的過程中極少碰到的經驗，不能不謝。

　　兩篇原來安排的「推薦序」，我建議改為「閱讀序」，編輯部接受之後，我分別邀請了高郁絜和冷尚書，感謝他們一口答應：前者寫了「聽這堂課」；後者寫了「讀這本書」。這用意無他，就是要多表現講課和雙向溝通的實情。

　　對於雙向溝通一事，我在大學課堂裡雖鼓勵學生提問題，但學生的「沒反應」常令我感到氣餒，然而在這個講堂裡，有幾位學員經常提問（在此恕不一一點名），我實在很感謝他們為講堂營造出最質樸的雙向討論氣氛，而由此造就的竟是大學課堂裡常求之而不能得的「講課／講解」，也就是一種活生生的「講

話」。為此之故，我竟暗地裡打定主意：有機會我就要一直在這種講堂裡講下去了。

宋文里　謹誌
2018 年 11 月 17 日

聽這門課：把話說下去

高郁絜／學員

　　話語，是我們大家認識世界的第一個方式。孩子在哇哇學語時，媽媽會湊近孩子、貼在孩子的身旁，一邊模仿著孩子開口的發聲，一邊對應去做出誇張的表情與孩子玩耍，把無可辨別的嬰兒式聲音行為，拉長成高亢、緩慢而重複的說話語調，一邊不厭其煩，繼續嘟著嘴，鼓勵孩子跟隨自己的嘴形，一個音、一個音地重複練習。當孩子嘴形不對時，媽媽更用力地擠著眉弄著眼「是○○（來，跟媽媽說）○○」，就這樣，嘴裡重複著正確的發音，一個發音接著一個發音組成了句子，孩子也走進了人群與世界。

　　另一個認識世界的方式，和話語稍稍有些區隔，是孩子小時候留在牆上的塗鴉。更準確來說，是那些還沒構成封閉式圖形的線條——有直豎的平行排列、也有用力反覆連續曲折成雷電樣的線條。而當孩子順著直線的線條，慢慢轉向畫圈圈，從單個圓形綿延為成串的圈圈、到畫出眼睛，畫出人……開始去接觸其他更多的表達媒材，我們可以看見孩子在發展身心認知的過程中，是如何以我手寫我口，話／畫併用等等周身可觸及的方式，將感知經驗所建立的意識空間再現（再次表達）出來。

　　本文開頭，從認識世界的方式談孩子學說話和塗鴉開始說起，跟這本即將出版的書有什麼關係呢？

這本書，實為一本紀錄「心靈的社會建構」課堂現場之書。全書收錄先前在「心靈工坊成長學苑」講堂共計八場的系列演講，將宋文里老師（以下簡稱老師）在課堂上即席的話語編輯為一本完整的文字記錄，以便提供對身心靈以及人文社會科學領域有興趣的讀者們參考閱讀。全書文體大致為接近語錄體的說明文，呈現出課堂間活潑的對論現場，也體現了「我—你」關係，指的是課堂間「你」向「我」提問，「我」對著「你」的提問立即併用周身可觸及的方式（話與畫），即席地去回應，那不正如同孩子學說話的姿態，從娃娃的學語過渡到母親一邊鼓勵一邊誘發正確的發音，使之學會說話的過程嗎？不正如同孩子從信手塗鴉，到能夠運用周身感官，去發展多樣的表達性體驗？本文開頭談及孩子認識世界的諸般方式，其實跟我們現在課堂所進行的學習並無不同，全都是「對話」。

　　作為這系列講堂的課堂參與者——比起本書的讀者——我有幸能參與現場的討論，得以接觸到更多樣的「對話」形式。除了課堂即席的話語與畫作，也共同參與每次課堂結尾時的學員舉手問答時間，看見我們彼此之間如何互動、如何對話。甚至有一次，老師在談及小時候的殺蛇經驗時，就信手捻來一疊報紙，現場就為大家重製一把當年砍蛇使用的報紙刀，讓現場的話語能與當年的創作同時再現，把話當年轉變為再體驗的過程。所以對話，總是很好玩的。

開啟雙向的挑戰式對話：
反問句、設問句與雙重否定句

　　課堂中，老師的說話習慣傳達出什麼意味呢？當然，除了這與老師花費大量時間投注於人文領域的學問有所關聯，大家還都曉得老師很能玩語言遊戲——老師從來不單純回答別人的提問，而是順著提問尋找詞彙去對應學習者之惑，同時又將話題延展到新的詞彙，延伸字元與字元的關係——好比從回溯象形文字的演變過程開始，一路能談到族群遷徙與語言／方言之間的人文歷史／地理堪輿等種種過程。

　　老師的說話習慣，同時還有另一層涵義，我個人的解讀是：老師在避免一問一答的單純問答形式。好比說，當老師在對提問者那道命題的問話或者回話時，便常以「沒有人不知道」作為開頭——這是「我」對「你」的提問立即採取**雙重否定句**，它傳達出「我—你」關係可以如何展開**雙向的挑戰式對話**。相信我們在課堂上（以及包含這本書每段章節開頭的寫法），都會見到老師有意地反覆採用詢問，甚至反問語氣，來挑戰我們的常識（common sense），吸引大家的目光，一同去看他自己正在思索的「尋語」過程——亦即讓一個語彙去帶出另一個語彙。

　　我們認識到，光是字元跟字元之間，本身就已經顯現了認知、技能、情意等面向的關係。比方有些書寫者，會刻意省略「你、我、他」等人稱稱謂，改而寫成「研究證實……」、「數據顯示……」——這種書寫方法廣泛地運用於當代自然科學領域的寫作，使敘述者／正在書寫的我隱身在背景之中，好像能夠知

曉所有事件的一切來龍去脈，這種大於一般人的視框而更接近全知全能的聚焦和視角，讓寫出來的文章就像被賦予一雙上帝般的眼睛，仿佛具有全面觀照的視野，因而這種視角可以居高臨下而又從容地講述故事，好似可以穩住文章不容置疑的客觀價值。

不過，其實這樣的書寫姿態並不足以充分回應廣義的科學精神。科學的基本精神之一在於質疑，而質疑的價值是在於提供多視角的感知和意見，引起回應和討論。質疑精神的缺位，甚至壓制質疑的討論，都不利於一個社群（甚至一個社會）發展多樣性的創造，反而會造成研究主題的重複封閉式迴圈，造成社群領域的僵滯不前。

如果從我們自己出發，並且回到這本書的系列講堂來做起，如何試著打破這層社群領域的僵固性？我會認為，老師在課堂中的說話習慣——**這個行動放在人文社會科學領域裡頭，有很重要的一層涵義，會落在探尋話語行動（廣義的來說則是論述行動）的實踐關係。**這是指，對於人文社會科學來說，話語行動不應僅僅停留於觀察與描述客觀的事實，而應併列出那個說話者本人是如何涉身於此時此地的此情此景，在此刻當下如何做出（關係上的）判斷。根據我的觀察，老師在講課時很少提供數據作為佐證，也不利用此道來加強自己說話的權威性；老師在課堂上往往以「我們大家都知道」、「沒有人不知道」如此這般的開場白作為開頭，比較常使用類似這般號召式的說話語氣吸引大家來討論，或許這般說話的方式會引起其他的疑慮（大家不一定都知道？）——但話說回來，相信以老師的行事風格，肯定會充分地加以闡述，設法講到讓大家都知道。我想要強調的是：透過這般

富有挑戰性甚至質疑性語氣問話，真的會激起大家想予以回應／予以反擊，加強在場大家的參與動機——讓大家都得自個兒跳進來，把話接著說下去。

做學問要在不疑處有疑。而誠如上述，人文科學在探尋話語行動之際，若能使交互詢問式的對話運用得當，便能讓彼此皆置身在人文空間裡頭，從而醞釀／展現反身性的交錯指涉。打個比方，我想在這裡做個小小的調查，身為這本書的讀者你，有沒有在閱讀此書時同我一樣——在閱讀的當下，明明已經不在課堂的現場，但光是讀到書中好幾處段落開頭「沒有人不知道」這番**雙重否定句法**的開場白時，就已經令自己伴隨著心裡一陣緊張——仿佛老師是對著我講，視線也同時和我接觸，有時甚至與我四目相望！老師這種突然的挑戰式問句語調，在那一瞬間令人覺得就像被對手揪住自己的領口或要害，你我現在得要面對面，立即來場槍手對決，子彈一觸即發，命懸一線——逼迫我腦袋翻滾、思緒不能停止，得要立即把話說出來。

離開課堂，我們在說什麼？

能夠把話說下去，幫助學習者「認識自己」與「理解自己」的課堂，是幸福的。然而，離開課堂之後，如何還能把話說下去呢？一旦移動到各自的生活之中，我們總是要先稱職地去回應自己在職場、婚姻與家庭等等每一生活片段所要扮演的角色，完成自己每日所該執行的工作與生活瑣事，然後才可以去做點其他的。我們或多少都明白，大部分的人（可能也包含自己）往往是在下班後，在轉動著機車把手，又或者滑著手機屏幕在捷運移動

的途中，在拖著身軀晃回家的路上（順便想著晚餐要吃什麼），又或是癱在電視機前邊吃著飯邊發呆的片刻裡，才終於擁有了一個人得以安靜休息的一時半刻。這前面的描述其實就是多數人普遍的工作寫照——每天朝九晚五（外加半小時到兩小時的額外加班），只能 5 分鐘、10 分鐘的偷時間，抽空發個呆稍事休息，順便滑滑手機——這破碎的時間感也讓當代人的內心狀態充滿了各種斷裂。我不禁猜想當代人的注意力大概已淪落到僅止於臉書影片的兩分鐘吧？隨意在社交即時軟體裡發送一張貼圖，便能輕易地取代話語的學習；努力學說話這件事逐漸被輕忽，不必再花時間耐心思考如何用說話去完整表達自己的感受。玩那些已經成熟的（好似能協助你表達）的商品，我們就是僅止於玩，用很隨意的貼圖或普羅大眾的那一套流行的口頭禪，跟隨多數人說這說那。

另一方面，當多數人接受也走入體制內的工作，在職場中的上下關係，平行關係，乃至暗中拉攏 A 孤立 B，或者離間 B 與 C 等等，在這些隱微的較量關係中，該如何與之應對，其實是尚待琢磨，得像是一門必修的職場說話課，得要揣摩怎樣行使說話關係，才不致讓其中的利害波及自己或傷及他人。但也在同時，是這樣的工作型態與被要求的指令關係，限制了大部分的人該怎麼說話，也限縮了多數人開始不敢說些什麼。害怕成為舉起手的領頭羊，久而久之，反而「無從說起」——不再曉得該怎麼把話接下去，不再主動透過尋找語言來提出自我內心的困惑，也喪失主動理出頭緒的能力，不再能處理那些掛在心中的瞬間感受。我們轉身走入人群，就是從眾，被動地隱身成為人群裡無名氏的一

員。這是社會分工型態走到當代所產生的異化，同時擴及心理學層面議題與社會結構層面的議題。

我無意全然將上面這些問題推給更大的社會結構，其實我們仍有部分的自由，結構並沒有完全限制我們，每個人仍然都能部分地抵抗異化，去換取自由的能動性。談起上述這段有關工作與勞動的面向，我反而是想接納某種程度的「大家都明白」。上面談及的這些每日固定消耗的勞動時間、體力跟心力，這些讓我們在每日看似重複封閉式的迴圈之中參與了生產並從而獲取報酬的過程，是同樣不可化約的（人們賴以生存的）物質基礎，也萬不可把這些獲取與生產的過程看成不值一提——這過程當中也同樣包含著不可化約的複雜物質交換網絡。

永不終止學說話

如同前文所提到的「人文科學在探尋話語行動之際，要能將交互詢問式的對話運用得當」。所謂百工日常，我認為，從我們自己出發，就是在這裡頭體會「我—你」關係，從上下關係，同行之間的利害關係，乃至夫家與娘家之間細微的互動線索，回到自己的日常，去進行走動式的職場觀察、婚姻與家庭等每一片段生活觀察，這些細微生活觀察的點滴累積，反而在我們開口說話前，去累積自己的一種人文關係——很幽微而富有深度的人文判斷，特別去體會說話跟說話者（說與不說）之間的關係，並且抱予尊重，從他人回到自身，帶領我們反身去面對自己的那些說與不說，並願意跟這些問題持續辯證。恢復上述這般的對話倫理，讓彼此皆置身在人文空間之中，從而醞釀／展現反身性的交錯指

涉，就像下水道工程開鑿連通口，默默連通成一條伏流之河。

所以，離開課堂，走入生活還要能找到詞語去述說，在生活之中把話接著說下去——我們不僅要以一人之身，不斷持續地去抵抗因為勞動所產生的疲乏——累到不想主動思考、累到不想主動說話等等「理所當然」的行為慣性，還需要投入很多主動求知的努力，並且終生持續戰鬥。對我來說，聆聽這堂課的召喚，是持續抵抗那日復一日因過度耗損的體力跟心力而喪失主動性說話者的異化。這是讓自己終而不悔，劍及履及地繼續走在這條重新認識學說話的道路上。

「沒有人像他那樣說話」——我相信老師無意更改有些人對他作這樣有趣的描述。這本書的誕生，更像老師對著讀者你調皮地挑了挑眉，說「沒有人不知道」——用這般的說話姿態在挑戰你，號召讀者你更加走入語源學之中，告訴我們他是如何解讀字元。而說話，除了生活上的普通說說，原來還可以這樣說的，就讓我們一起在對話中把話繼續說下去。

讀這本書：心理詩學革命

冷尚書／學員

　　老宋（宋文里的暱稱）在晚間把書稿寄來，希望我看過之後寫點東西給他。就在那天下午，二十幾歲的易男，和我聊起自己歷經身心靈療癒經驗中的一部分。她說：你知道嗎，受困情緒有六十多種欸。聽後心想，六十多種？怎麼區辨出來的呢？這不只是分類的問題吧？這還真是個龐大而精細的工程；又或者，真得經受過這麼巨量的感／受、這麼多活罪嗎？

　　多說點易男這些年來轉向身心靈工作的背景細節。老爸是屏東家族長子，家族拿資源刻意培植，當然也附帶不少振興家業的期待，硬搏出一個拼經濟年代典型台式家族企業。毫無疑問地，老媽扮演起那個天經地義、幕後辛苦為家族／家庭／丈夫事業付出的「長媳／老媽／老婆／頭家娘」角色。易男作為兩姊妹中的第二個，跟媽媽、奶奶的關係和情感要比其它人來得更深厚。她其實一直沒從奶奶得老年痴呆、媽媽驟然過世的傷痛裡走出來。前兩年在社工機構做一陣子後離職，身體開始出現狀況：淺眠、胸悶、對聲響和人群感到恐慌、人也從敏捷聰慧轉而帶點退縮、沒自信。大學念社工，對自己身心狀態有一定覺察及理解能力。不想服藥，沒找精神科或心理醫師，一路從尋求中醫調養、練氣功，兼採命理、星座、神卜，到身心靈修練。

　　在這樣「案例」中，失去至親的重大傷痛受到壓抑，導致身

心出現反應。這不但是「案主」早已自明的，也會是精神醫學、心理諮商、社工專業各領域想當然爾視為基本診斷的敘事方式。但在過程中，她仍然經歷了種種難局：所有中西醫檢測、求神命理、星座占卜的說明和處遇，都具有飄忽流動、眾說紛紜的特性，難以確診。形成一種奇特的「病識感」：我得了一種難以確診的病，無從名之，故無從面對。它也是一種真實「處境」：我清楚知道自己身心狀態出了問題，試圖尋求解釋，並以此找到療癒之道，但我對這病卻「說不出來」，因為沒法確認它是什麼，又如何向自己及身邊的人「說」呢？我得了一種「說不出來」的「病」、沒法上班工作，生活受到影響，如何向自己和家人朋友「交待」呢？這是「病」嗎？我真「有病」嗎？

　　心理學不同典範圈子把老宋所談的稱為「漢語心理學」，通常拿來並置比較的就叫「本土心理學」。硬要再湊個名詞，大概也能把易男碰到的東西稱為「悲傷心理學」──這個領域如果真要弄，受過點心理專業學術訓練的都清楚，現成的理論和方法大約就只有「現象學心理學」可用。老宋在講座中的研究方法是一種「考掘學」──他自己的認定叫做「字源學」──大部分研究對象材料是「漢語」，並視為找尋思想躍進的靈感來源，尤其是古漢籍、古漢字。這說法，明顯與傅柯「知識考掘學」氣息相通。但沒人會稱傅柯是「古文獻政治學」，而是視之為「後結構」，用來總括其思想所涉及的方法論、知識論和（反）本體論。老宋著手的材料除了「漢字」外、尚包括大量古漢語典籍內容，依論題發展需要，同樣也涉及英、法、德語文，清楚表明自己採用的也是一種後結構的「字元學」研究手法。一般的研究是

以材料對理論或主張進行定性、命名，其本身就是偏狹的知識視野，既不在同一個層次上，所以根本也無從對話起。又或者，各自都清楚地決定了，就用這種對不上話的方式來不斷蒙頭進行「不對的話」。

易男這段生命經歷跟老宋即將出版的這本書有什麼關係呢？

幾個歐陸人文領域重要人物：黑格爾、馬克思、維根斯坦、海德格、沙特，他們的思想都出現過重大轉變，也隱約可以分出「青年期／晚年期」，當然，出現的內容和形式都不一樣。其中，海氏晚期明顯發生「語言學轉向」，加上二戰後美軍限制其講學的特殊政治處境，海氏用小品文集方式，把心神集中在「語言」和「詩」這兩樣東西上，文風與內容和「青年海德格」時期一種近乎偏執、字字斟酌、結構嚴謹的《存在與時間》完全不一樣。有學者認為，海氏在當年的博士論文中只完成了〈存在〉，晚年寫的那些小品集則都屬於〈時間〉，用來說明海氏思想前後的一致性。當然，這說法之中也夾帶著很多其它爭論。

為什麼扯到這來？當然有關係。老宋主張「詩學為體，科學為用」，我的用法和老宋稍有不同，不把這兩句放在同一個引號裡，就像我會用「我思」／「我在」這個圖示一樣，前後命題間沒什麼必然固定關係，可以是相互獨立的兩件事，也可以是任何關係；「我思」不必然協同、證成或規定了「我在」。詩學是「體」、科學是「用」，在現行漢語脈絡中，體／用之間還是有差別的，「科學」堪為工具或方法，但不該為「體」，後者正是馬克思譏諷為「拜物教」的東西。老宋主張居本體地位的是「詩學」，一舉把「科學／理性」從神壇上拉下來，這對西方啟蒙以

來、尤其對近代資本主義意識形態來說，當然是最為基進的「革命」。老宋謙稱自己沒想搞革命，卻明顯是「革命性的」，不管他同意不同意。

我準備用海氏晚期作品中一句話：「**語言破碎處，無物存有**」，當作德勒茲「域外之線」來「構連」老宋和易男兩個人。

個體面對「現代性」處境時，所出現的「失語」，其實不太真是「無語」，而比較親近後精神分析的「過剩」和「殘餘」，不少後殖民或女性主義在進行社群集體處境辨識時，常常把「失語」和「剩餘」兩者混為一談。海氏所揭櫫的語言圖示（「語言破碎處，無物存有」）用在這種地方，簡直就是神來之筆。海氏基本上認為，語言其實是人的「牢籠」；人的社會性存有取決於所使用的工具，這主張早在青年時期的《存在與時間》中就有了，只是當年沒清楚意識到，得把「語言」視為人類文明發展最全面而基礎性的「工具」看待而已。另一句傅柯圖示：「**話在說人，不是人在說話**」，也是這意思；但海氏還是相對地更為持重些，繼續追問了：「語言破碎處」。如果只把這句話限定在哲學或語言學裡，那心理學可就損失大了。怎麼說呢？除了早年科學怪人式的行為主義「電擊法」，所有現代心理治療、諮商所使用的工具，幾乎全都是「語言」，連羅夏克墨漬投射測驗都是。說不出話來，或說出來的內容文不對題、邏輯矛盾、跳躍不連貫，都有其重大主體創發空間，但卻經常被判定為不正常／變態，這是近代主流心理學玩法，常常把自己圈養在原有話語體系中，並樂此不疲。

海氏「存有現象學」和傅柯「後結構」，對「語言」的態度

居然前後取得一致。「工具」（尤其指現代科技及其意識形態）的雙重性：「及手／上手」，與傅柯的白話文：「話在說人」，講的都是同件事。那「無話可說」或「說不出話」又是什麼呢？這個被忽視多年的「場域」，被海氏提到正式哲學議程裡，卻成了笛卡兒繼承者腦袋裡的「域外」，這也正是佛洛伊德精神分析主要路數：「無意識」，得以恣意縱橫的所在。就我來看，尼采、海德格、佛洛伊德、德勒茲、傅柯這幾位具有反啟蒙傾向的思想家，並不是什麼「另闢蹊徑」故意給「現代性」找碴，而正好指出了現代知識體系歇斯底里之處——把本來就能瞎扯的東西，也就是超過其知識體系者，全部視為「不理性／不正常／不道德」，令人啼笑皆非。海氏的見解是：語言是「工具」、也是「牢籠」；工具沒了或解構了，人的社會性存有（社會建構／處境／意義）才有機會獲得改變／創發／躍升。由這點來看，這種說明當然也是「革命性的」，談的正是「人／處境／意義」解放的可能性。巴特勒在性／別領域談「展演」，用的手法也是這樣。「無物存有」可能是虛無的、無所憑依的，但同時也可能是自由的、詩意的、創造的。人／處境／意義經此轉換，會主體性地、創造性地創發下一個或多個不再上鎖的「籠子」（但絕非「牢籠」）。

當語言成為意義的牢籠時，正需要我們給它安上翅膀。易男和老宋所面對和企圖解決的，正是這同一道難題，過程也絕對不是表面上看起來那樣輕鬆風雅。

1998 年 9 月，我進清華大學社會所讀碩士班，一直到後來去輔大心理系讀博士班，和老宋間前後持續了二十年「師生」關

係，是人生中少數幾段確幸。當年因為無意間看了他貼在研究室對面牆上一篇 A4 單張小品：〈作愛的場所精神（初稿）〉，毅然決定放掉世新社發所，去就讀清華社會所。有次課堂，他非常罕見地晚到，沒多久便飄然步上講台，手裡拽著插朵黃色野菊的透明小瓶，安放講桌上後，接著燃起一枝清香。說他在走往課堂半途，瞥見路旁野菊，突然心生感動，特別繞回研究室拿這些東西，所以遲了，接著便一如以往地悠然講課。不論是聽講或閱讀作品，老宋總是讓我感覺肌理細膩、輕鬆雅趣，卻又讓腦袋翻騰不已，十分過癮。他平常真不太講「革命」，但這不表示他對我來說，不是「革命性的」。印象中，清華社會所讀研那些年，他受到許多碩生青睞，清華社會所碩生一般自視甚高，真想找老宋指導，還得夠底氣才行；不是因為什麼夫子姿態，而是心裡清楚他跟其它老師「不一樣」。

　　書稿閱讀途中，私下揣度老宋心思，覺得這八場次講座內容整理出版，該屬於集大成前的序曲。在最近一次如往常一直參加的「讀書會」後，問了一下，果然不錯。出版前欣聞此事，講些「題外話」，給老宋敲敲邊鼓，算是慶賀。

心理學與理心術

心靈的社會建構八講

「詩學為體，科學為用」的漢語心理學

> 我想只限於我自己的故事，這完全不是因為我認為這是唯一值得一講的故事，而是因為這是我最瞭解的故事。
>
> ──馮友蘭

我讀過馮友蘭的早年的著作《中國哲學史》，當時對此書的評價是「不值一讀」，因為他除了抄書之外，自己能講的話很少，少到幾乎只有一些過門過場，也就等於什麼話也沒講。後來我看了他十多年後的著作《中國哲學簡史》最後一章〈中國哲學在現代世界〉，看到他在回答「中國哲學對於未來的世界的哲學將有什麼貢獻」的問題時，把自己的著述事業和期望作了一次總覽，也提出要用「覺解」的方式來寫哲學史，以及發展出由六部著作構成的新哲學《貞元六書》[1]。我才比較能明白：他最早的

1　馮友蘭完成的《貞元六書》包括六本著作：《新理學》為其總綱，後五冊係分屬各章節，主要講純粹哲學。《新世訓》論社會觀，係新理學觀點在社會問題上的應用。《新事論》係生活方法論與道德修養論。《新原人》係人生哲學，以覺解的程度將人生分為四個境界。《新原道》係哲學史觀，分析中國哲學之發展。《新知言》係方法論，總結中西哲學史的經驗。

那本哲學史確實不足以代表他作為一個認真的哲學教授身份。而在文中，他說他只限於講自己的故事，並且因為那是他最瞭解的故事。我終於同意，任何講學問的人，都應該是這樣講法。

即體即用：以一首詩，作為一種科學的練習

一直以來，我想打開一個想像中的知識體系，就是「詩學為體，科學為用」的漢語心理學。這顯然是我自創的一種說法——各位都聽過「中學為體，西學為用」的概念，但這種說法是一場笑話，因為當時張之洞受到時代的限制，對於西學完全是門外漢，而對於中學的「體用」概念他也不甚了了[2]——儘管「中學為體，西學為用」這句話在漢語傳統中看起來很體面，因為在「體與用」之間構成了一種**「誰是主、誰是客？誰能用、誰被用？」**的關係。但我們的高等教育是這樣運作的嗎？我們現有的大學把國外的制度腰斬，之後再以一種 UFO 的方式空降過來，就成為了我們的教育體制。只憑東拼西湊的抄襲，我們確實是在用張之洞那句謬誤的口號（也只用了後半句）來形容我們現有的學問。

然而當我說「詩學為體，科學為用」時，那是真想對現有的

---

2 張之洞（1837-1909）早年是清流派健將，後成為洋務派的主要代表人物，大力倡導「中學為體，西學為用」。他注重教育和治安，主導了中國近代的警察制度，對清末教育和社會發展有很大的影響。他還曾創辦漢陽鐵廠、大冶鐵礦、湖北槍砲廠等。張之洞與曾國藩、李鴻章、左宗棠並稱「晚清四大名臣」。他曾經是科舉的狀元，但對於朱熹的哲學應該沒有太深的體會，對於西學則因時代的限制，不可能有足夠的理解。

心理學提出一個挑戰：我們談的「體／用」應當是自本自根的
「即體即用」——當我們企圖用科學的方式去談「心」及「心理
學」時，真的能夠避開文學、語言學，或詩學嗎？倘若各位認
為那是文學院的事情，那就只是一種偏狹的門戶之見。身為心理
學家，必須同時要對文學、語言學有一定的素養。各位如果從事
過心理輔導或其他助人專業，想必能夠體會個案工作的實踐，特
別在閱讀案主的心理狀態之時，實無異於讀一本小說或看一部電
影。更何況，關於人性，小說電影能夠知道的，常常更勝於那些
「個案報告」——這是我們稍後會談的道理之一。我現在直接以
自身經驗來說明：為什麼，以及如何，從文學，或一首詩，來開
始作一種「科學」？

　　進入大學的第一年，我就很想知道，我是不是碰上了一場解
放的機緣。事實上打從高中起，很多教科書都被我棄置一旁，書
包裡裝的都是課外書。因為我發現從中學到大學的教科書，其實
都是由一些不入流的作者寫成的，美國的教科書也都是由一些
「二線學者」結合教科書工業一起量產的結果。因此大家不要被
蒙騙上當——要成為讀書人，首先就應該讀好書才對。

　　當我進入大學後，我發現自己果然有更多機會自由閱讀。
譬如我拿到一本《泰戈爾詩集》的英文版。翻開來，看見泰戈
爾以 *"Stray Birds"* 為一部詩集的題名，其中第一篇就是 *"Stray
Birds"*。Stray Birds 指的是候鳥當中的少數幾隻。牠們平時整
群遷移，可是偶爾會有幾隻離群、迷失方向，這樣不知何去何從
的鳥就稱為 *"Stray Birds"*。內容是這樣的，讓各位先看看：

Stray birds of summer come to my window to sing and fly away. And yellow leaves of autumn, which have no songs, flutter and fall there with a sigh.

這是非常簡單的英文。泰戈爾是印度人，他寫了很多英文作品，這讓他得到諾貝爾獎。我當時看到覺得真心歡喜，就想把它翻譯成中文——也就是用漢語來理解其中的詩意。於是，打從那年起，我滾進了一場惡夢。我以為翻譯詩是很簡單的事，只要按照字面直接翻出來就好。然而我後來才想到：翻譯出來的詩，難道不必「以詩的樣子」呈現嗎？而詩的翻譯裡頭究竟會包含多少語意換算的問題？於是，我知道，這是文學，也是如假包換的科學問題。

我企圖用漢語來面對泰戈爾的英文，打算要跟這位印度的菁英打擂台。翻譯詩遠遠不如想像中的簡單。因為「換算」之中牽涉到因子和因子之間的對應關係。我在開講之後會把這種換算的基本因子稱為「數元」、「量元」或「思元」，目前暫時不談。

原有的中文翻譯本叫《漂鳥集》，我覺得「漂」這個字不精準（就因子之間的對應關係而言），所以我翻作「離」鳥。翻出來的內容是：

夏日離鳥／來我窗隙／歌唱／飛去
秋之黃葉／顫抖飄逸／無歌／嘆息

大家發現了什麼差異嗎？第一、泰戈爾原詩並沒有押韻，我

的翻譯讓它押了韻。第二、泰戈爾寫的是散文詩，但我翻譯後變得像有格律的詩歌。換句話說，我將漢語中的詩詞傳統套用上去，內容依然是白話文，翻譯後或多或少有點偏離原意，但在選詞用字時出現了一些奇特的變化，而我心目中已經在作「思元」的轉換。譬如 "Stray birds come to my window to sing" 用白話說，就是「鳥來到窗前，停下來歌唱」，那是怎樣的場景？鳥為何要停在窗前唱歌？雖然整個台北幾乎找不到「窗枱」可以讓鳥停下，但「窗枱」在西方建築很常見，打開窗戶總是有一片枱子的空間。因此不只是鳥，連松鼠或其他小動物也可能出現。但我翻譯成「窗隙」，一方面是基於韻腳的考慮，而同時顧及了場景的合理性。因為窗子如果是全開的，鳥很可能不敢停下來；但如果窗子是微微開著、露出一點縫隙，此時我們可以從窗內看見鳥，但鳥很可能看不見窗內的人。因此鳥在窗隙被我看見了，但我並不會驚擾到使牠飛走，而能夠聽到牠歌唱。因此，我選用的「窗隙」，原先不存在於泰戈爾的作品裡。這種選字是為了讓整首詩維持同樣的韻腳，即詩中的「隙、去、逸、息」四字；雖然不是很精準對上原意，但這種選字最後創造出別有逸趣的畫面。我以「思元」來運作想像：那隻鳥停在窗前，為何牠不會被人嚇走？如果詩人沒看見牠、聽見牠，怎麼可能寫下來？換句話說，泰戈爾在窗前看見了鳥、聽見了牠唱歌，可是鳥並沒有飛走，直到牠唱完。我在揣摩中，就將這種微妙的因子對應關係編織到詩裡。

接著關於葉的飄落："flutter and fall there"，即顫抖著飄落。所以那片枯黃的葉子已掉落且枯死在地。但事實上鳥能歌

唱，而葉子不能。可是詩人不這樣想，他說：「我聽見了這片葉子，雖然它不會唱歌，但它在嘆息」。彷彿聽到了不該有的聲音，但詩人就有權利這樣想像：為了要與鳥的歌唱相稱，就讓這片葉子嘆息。我在翻譯時，為了要讓詩中景物的因子關係盡量顯現，所以在腦海中來來去去，反覆地字斟句酌。因此，這首詩從我大一時開始翻譯，卻一直到去年才定稿。從十九歲開始，直到六十三歲，共花了四十幾年的時間。因此，我說我要跟大家做的自我介紹，意思是說我要現身說法──詩學和科學的融合。假如我要讀詩，我願意全心全意跟詩打拚到底。我一定要讀懂詩，甚至我也要能寫出詩來。而由於漢語是我能使用得最精熟的語言，所以一定是用這種語言來對上另一種語言，也就是知識的對象。這不只是一首詩的翻譯，而同時是一場心靈較量的關係──方法的問題盡在其中。

在此，我以一個很真實的工作為例，來現身說法。

【導論】
本講堂的開場機緣

從格根的社會建構論談起

　　心靈工坊出版格根的《醞釀中的變革：社會建構的邀請與實踐》（*An Invitation to Social Construction*）時，編輯邀我寫推薦序，我寫了一篇簡短的序，題為〈心理學建構主義運動的來龍去脈〉。這個講堂的講題出發點之一就是出自格根的作品。2014年因為這本書的出版，格根來到台灣，我們終於見到面，但其實在很久以前，我就讓學生閱讀他的作品了，也以格根作品為題材編講義授課。格根的思想發展歷程我已經很熟悉，因此2014年雖然是第一次碰面，卻有一見如故的感覺。

　　有趣的是，當我跟格根閒聊，聊到翻譯這件事，除了談到我希望翻譯他的著作《關係的存有》（*Relational Being*）之外，還說起我從前翻譯小說的經驗，無論學術或文學作品的翻譯，我都可以勝任。我曾經與人合作翻譯過一本英國小說 *Brighton Rock*，後來出版的中譯本叫作《布萊登棒棒糖》，是一本很寫實的小說。作者葛林（Graham Greene）曾經被提名二十多次諾貝爾文學獎。布萊登是英國東南部的一個海濱市鎮，倫敦人在假日喜歡到布萊登海邊去做休閒活動。在翻譯那本書的過程中，我整個人投入小說的世界裡，就好像親自去到當地，見到人們在小鎮的大街小巷穿梭的風景一樣。幾年後有一部電影《蒙娜

麗莎》（*Mona Lisa*），主要就是以布萊登這個小城為背景。我在看這部電影的時候，居然覺得「這條街左轉過去應該有條暗巷……」，下一幕果然真的出現一條巷子。換句話說，我彷彿身歷其境，對布萊登的大街小巷幾乎瞭如指掌，尤其是暗巷。我對格根說我翻譯小說有這種身歷其境之感，他可能還有一點懷疑；可是當我說到暗巷（the dark alley）時，格根突然拍了我的肩膀說：他曾去過布萊登——「你是真的知道布萊登。我對那裡印象最深的就是有很多漆黑的巷子，你知道嗎？黑幫人的勾當都是在暗巷裡幹的。」

我想強調的是，連這樣的地方，我居然也和格根心有靈犀一點通。當他聽我說到這個海濱小鎮的事情，一邊還在辨認我講的話到底是真是假。所以，我們的會面不僅是場聯誼，同時也是在過招。我對於格根的作品確實非常熟悉，不過，在這個講堂，我並不以講述或介紹格根的知識為主。書已出版，你們可以自己看，我不多浪費時間。我不太曉得每個人的狀況，但總之，在我的課堂上，我們之間的互動關係非常重要——我跟「人」在一起互動，才能在此「建構」出一種叫做「心靈」的關係。

生活中的社會體制源於社會建構

我們在談「社會建構」時，除了「建構」之外，也切莫忘了「社會」這個詞。這個詞已經被使用得太輕率。譬如報紙的「社會」版。這個版面的「社會」非常荒唐，凡是在這裡出現的消息肯定都是詐騙、車禍、兇殺、天災等等。你能相信那就是「社會」的定義嗎？其他版面的消息不也屬於「社會」？譬如國際

版，或市井小民的生活，可是為什麼有一個災禍連連的新聞版面要叫做「社會版」呢？

我簡單說明「社會建構」這個詞的意思。它的原文是social construction。加上 *ism* 就譯作「社會建構論」（social constructionism）。社會（society）這個字可以轉成兩種形容詞：social 和 societal。當使用 social 時，是談人和人之間的關係，例如 social relations，就不能說成 societal relations。因為 societal 指的是社會中的體制、機構，是具體成形的東西。

大家都以為只有社會學在使用「社會」這個詞，其實不然。社會學家涂爾幹（Emile Durkheim）認為「社會」乃是人類集體發明的概念，雖然他所說的比較是強調「社會體制」，而心理學則都在談「社會關係」。由於現代漢語無法區分 social 和 societal，因此我要強調：談到人跟人之間的關係時，我們所常用的是 social 這個詞，就是強調其中的關係含意。所以將「social construction」放在心理學中來談，並不離題。格根早期的專業就是社會心理學，他寫於 1970 年代的成名作甚至不僅僅屬於社會心理學，而是有關「知識社會史」的學問。[1]

以講堂來面對現實社會體制的難題

有時把我們自己受教育的過程拿來與其他先進國家的教育比較，會讓我們覺得非常汗顏，尤其是我們的整個高等教育體

1　Gergen, K. (1975/1993). *Toward Transformation in Social Knowledge*. London: Sage.

制，絕大部分都是抄襲翻版的結果——抄襲課程，也抄襲教科書，因此我們花了一個世紀也很難有系統地培養出自己的學問和學者。一旦某天驚覺到這個問題時，一場社會的災禍（societal catastrophe）早就在我們的現代教育體制中蔓延肆虐，至今未休。我們的教育，主要目的不是在培養我們成為一個個有能力的人（able person，能人），而多半是在用一個我們只能裝模作樣的體制當工具，來教我們如何能夠考試及格，用最機械化的選擇題來當作教育工具，以比較分數來證明教育的成敗。但分數高低背後的意義，我們自己卻常無法意識。放眼其他教育制度先進的國家，他們的教育宗旨一概都是要教出能人。「能人」是什麼意思呢？我們都知道，這意思一方面很接近於「有知識的人」，但除此之外，我們還要再擴大理解。在古代孟嘗君的故事中，雞鳴狗盜之徒也是能人。當時孟嘗君門下有食客三千，並沒有通過考試（尤其不會有分數）來招收，反正只要是能幹的人，一旦打聽到了就招募到門下，總有一天會用得著。這種全方位的「能人」概念，跟我們現在的教育體制相比，實在是望塵莫及。

由於我們的教育體制已經病入膏肓太久，教育對社會應有的功能變得非常曖昧，因此我更覺得能有現在這樣一個體制外的講堂，是特別值得珍惜的。近年來台灣各方面的發展有不少看似讓人灰心，譬如常聽到的政府失能和喪失國際競爭力等等說法，大家都是有感的。不過，至少我們的社會還有一種「藏富於民」的現象。意思是許多老百姓家中，其實擁有些寶貝——財物也好，人脈關係也好——他們似乎沒和公眾分享，但會在「自己人」之間利用，讓日子過得好。我們很幸運這個社會擁有這些寶藏，我

在往後的講課中還會把這說成「我們的本錢」——只要拿出一點來，就可以營造出一個共享的社群，像我們這個私設的小講堂一樣。我相信我們對於這個社會的發展，應可用「以管窺豹，時見一斑」的方式，提供一幅比較不令人灰心喪志的願景。更進一步說，我們在此利用這種資源，目的是要培養出面對現實難題的知識、能力和勇氣。

【第一講】

社會建構論在現代漢語心理學中的來龍去脈

在非線性的思考中作知識探索

開始正題之前，我試圖和各位談一個基本的知識狀況：人在思考時，不必然可以採用**線性**的思考方式，也就是保持一定的順序來列出論點：第一點、第二點、第三點。大家常以為「一、二、三」是一種邏輯順序，其實它帶有隨機（random）、武斷（arbitrary）的性質。假如真有心要把思維安排成一種邏輯順序，那樣的排序其實也還另有用意，是一種刻意的安排，而不只是邏輯的自然結果——它企圖步步引導聽者，以特定的思考方式，用邏輯的陷阱將人誘入其結論中。而我要特別聲明：我沒有這種意圖，因此我會採取非線性的方式，看現場的情況來彈性調整講課的內容。

我們馬上要提到的一位當代作者，是哲學家德勒茲（Gilles Deleuze），他特別強調我們習慣的思考邏輯更像是塊莖（rhizome）的生長。這只是舉一個在生活中常見的比喻，例如我們家中常見的馬鈴薯就是塊莖。假設你有好多天不用它，它會開始發芽。如果此時你用一個吊籃把它懸掛起來，你會看到馬鈴薯的芽往四面八方生長。可是如果將它種在田裡，它會因為向光性而只向上生長。我的意思是，馬鈴薯生長的潛在方向是球狀的，向四面八方生長，而我們的大腦也正是長成這樣，因此思考展開的方向也同樣是球狀的。如果我們都按照線性邏輯思考，其實那只是一種刻意的選擇和安排，不符合我們本質上的思考發生方式。

一如各位在上課前都會先拿到我傳給大家的講綱，那是作為

講題範圍的參考，但我們經常未必會依照講綱的先後順序來講課。我不是故意表現天馬行空，而是因為思考本來會有自發的、四面八方的流動性，尤其是我們要採取隨時對話的方式來進行，因此很難只照著講綱來講課。

社會建構論與心理學的相遇

關於格根所談的社會建構理論，我們並不是要跟著理論亦步亦趨，但這理論有一段重要的知識史背景，深刻地影響了格根的學術發展，因此也同樣會影響到我們，值得在此一提。格根拿到博士學位後，首先任教的學校不是他目前任職的斯沃斯莫爾學院（Swarthmore College）[1]。在這之前，他曾任教於哈佛大學一個特別的系，叫做 "Social Relations"（社會關係系）。這個系後來因為種種原因被裁汰掉了。但就其歷史而言，Social Relations 這個系有什麼特別呢？它是由人類學、心理學和社會學三種不同專業的人共同構成的一個系所。把三組不同學科的學者集合在一個系裡是很不容易的嘗試。那是格根回憶中最美好的時光。他和當時許多不同學科的人合作、對談，因此格根的學問絕對不受心理學這單一學科的限制。

我也很幸運地有類似的經驗。當我從美國畢業回台灣，進入了清華大學的「社人所」，那是一個由「社會學和人類學」合

1　〔編者註〕斯沃斯莫爾學院（Swarthmore College）在美國是一所只有大學部而沒有研究所的學校，學生人數大約幾千人，是一個小型學校。但是，美國人通常認定這種學校為菁英大學，因為從這類學校畢業的學生，往往會進入頂尖十大或五十大的研究所繼續碩博士課程。

創的研究所，同樣由兩組人馬構成，後來再加聘一、兩位心理學者，希望能因此而錦上添花，但最終聘請到的心理學者只有一個。總之，社人所後來形成一種三足鼎立的知識結構，我一個人就勉強撐起其中的一足，現在回想起來，覺得真是如夢似幻。但我有幸能因此跟著同事、學生一起，把社會學和人類學的許多經典都讀過一遍，對於一個心理學者的知識發展而言，這不可能是有意的設計，卻是千載難逢的機會——恰好跟格根的經驗類似。

　　格根的理論真正開始產生具有爆發性的迴響，是在《美國心理學家》（*American Psychologist*）這本期刊上。他在 1985 年刊載的一篇文章，標題是〈心理學的社會建構論運動〉（The Social Constructionist Movement in Psychology），在該文中，他宣稱：心理學的「社會建構論運動」已經展開了。這篇文章第一次出現時，大家都鼓掌叫好，可惜在主要的期刊上就不太有人繼續跟進了——這是「主流（mainstream）心理學」的一種體制性慣習。那格根怎麼辦呢？他開始跟世界各地的學者合作，編輯並出版了好幾本以社會建構為核心概念的書。我和格根見面時，問了他一個我非常好奇的問題：「你跟很多人合作編了好幾本社會建構論的書，但我發現其中的美國作者只佔少數，很多都來自他國，譬如澳洲、紐西蘭、歐洲或亞洲。為什麼會這樣？」格根露出了苦笑，他說：他的觀點在美國的主流心理學界不容易被廣泛接受，他的思維方式相對而言是非常基進的（radical）——Radical 常被翻譯成「激進」，激動的「激」，這是不對的。Radical 的字根是 root，就是回到根源、最徹底的地方，因此該翻譯成基本的「基」才對——也就是說，格根企圖把心理學從根

底開始推翻，進行基進的重寫。可是誰敢，或誰能這樣做呢？

哈佛大學心理系[2]，就是美國的心理學之父威廉・詹姆士（William James）的出身地。1890 年他出版的一本重要著作《心理學原理》(*Principles of Psychology*)，這本書的幾種中文翻譯本，都只翻到第九章就停下來，第十章之後翻不下去，因為我們的心理學界已經沒人能看懂。這本書若翻譯成中文，大約會有一千八百頁，因此也不太容易出版。重點在於：詹姆士對於心理學的廣闊眼界，即使在美國本土也沒被傳承下來。詹姆士在出書一年之後離開了心理學系，轉入哲學系。他已經看出，心理學一直追求的主流，果真是憑著自以為是的方法（實驗法）在閉門造車，只選擇了某些「可研究」的題目發展，終而走上了一條看起來很專業，但其實是非常狹隘的「主流」道路。我們往後還會一再回來談這問題。

後現代？後結構？

事實上，當我們談社會建構論時，除了對於「社會」這樣的字要特別小心之外，「建構」（construction）也算是另一個怪字，我現在要來談談這個字。這個字翻譯成「建構」，大家應是習慣了。但「建構論」的翻譯和命名，曾經在學術圈中打過仗。主要戰場不在心理學，而是在女性主義的圈子。

女權運動和女性主義為此發生過一場「本質論或建構論」

2　〔編者註〕除了前文提及的社會關係（Social Relations）系之外，哈佛大學還另有一個心理學系（Psychology Department）。

的辯論。回到這源頭來說，他們之間爭論的議題是：「性別究竟是一種本質？或是一種建構？」意思是：人生下來的性別，就決定了人的特質和模樣？或者人的性別特質是後天養成的？《第二性》的作者西蒙・波娃（Simone de Beauvoir）說：「女人並非生來就是女人，而是經歷過一段生長過程後，才變成（becomes）女人。」換句話說，這就是後天建構論。過去的人當然相信男女先天有別，可是後來經過幾波的女性主義風潮，大家慢慢相信，女人並非生來就是女人，而是被社會文化造就成她現在的樣子。值得注意的是：當時的心理學界幾乎等於沒有參與這場建構論的論戰。

我們使用「社會建構論」這個名詞，有另一個重要的意味，是在回應歐洲學術界出現的「後現代」風潮，其中有個關鍵的概念是「後結構」（post-structural）。我們一般都說：我們現在生活的世界叫做「現代」社會，我們說今天的體制是「現代」體制，我們所說的「現代」就是指我們現在面臨著的處境。但有些人看出：「現代」已經走到盡頭，現代性本身已經卡住了，於是我們不能停在「現代」，而必須走向「後現代」。譬如你相信現代的婚姻制度是依照完全合理的人性而制訂，並且也會永遠延續下去。但現代的婚姻實情卻是：在婚禮戴戒指時宣誓「生生世世永不分離」的盟約，過了幾年後卻出現很高的離婚率。可是，「現代」婚禮儀式仍然在套戒指，仍然說著那些不變的誓言。一切制度仍舊一樣，只是後來很多人不能維持這制度。那是不是人性變壞了？──不能這麼說，一個社會本身的運作，正如歷史的進展，不能以普遍的沉淪來看待。一個人跟另一個人合不來，那

麼，在現代法律所保障之下的婚姻制度就必須反映出它「保障不了」的事實，於是離婚就變成一種正當的選擇。所以我們談的「現代」，看起來就是體制化、系統化、有結構的發展，可是到了某一個時候，大家都發現這結構無法自行維持了。原先我們想像、我們以為的「現代」，在眼前就已經變質了。我們只好開始談「後現代」。婚姻體制的轉變，是「現代／後現代」轉變的典型例子，我們在往後會特別以一堂課來加以討論。

「結構」與「系統」的隱喻

「建構論」是相當新的概念，1985 年才開始在心理學界形成風潮，所以我們接觸到的這個語詞自然是翻譯而來的。一旦使用漢字翻譯，在思考時也就會用漢字去想：「建構」這個詞，在漢字裡是借用了什麼隱喻來翻譯的？就是建築構造。譬如說「構」這個字，不管翻什麼字典，都會發現它永遠都跟建築有關。甚至「結構」這樣的詞在兩千年前的漢代文字中已經出現了，只是並沒有變成一個固定用語。而「結」也可以當成「構」的同義字，譬如陶淵明的「結廬在人境」。「結廬」就是在山裡蓋房子，結是構、構也可以是結。至於另一個字「建」，更明顯地指向建築。所以我們談建構論時，在大家的想像中好像在談一項建築工程。但這只是個譬喻，所以大家不要望文生義。建構論到底在建築什麼呢？它可以在任何東西上談建築。譬如宮崎駿的《天空之城》，在無底的天空中都是可以建築的。也許你會納悶：在我們的現實世界裡，那樣的想像怎麼可能打造？但我要說的是：心理學裡有非常多的概念，就造詞法來看，其本

身就是虛無飄渺的，早在建構論出現之前就已稱之為「建構」（construct），因為即使我們在談論自己的時候，也常發現我們無法直接描述，而需要透過一種間接隱喻的方式才有辦法談出來——「智能」、「人格特質」這兩種「建構」就是其中最顯著的例子。

我們不能忘記自己在知識上所背負的任務——我說的不是什麼文化大師或特殊專業的任務，而僅僅是「使用者」的任務——我們使用現代漢語來作為思考的工具，因此，現代漢語對我們而言就是「最重要的」思考工具。我們對它最為熟悉，最能上手。不過，現代漢語本身也是個災難，因為它的生命還很短，大概在 1910 年的時候才能說它「誕生」了（有些人甚至說它誕生在 1919 年的五四運動之後），把先前的漢語幾乎都翻了兩番。其實語言的變化沒有那麼絕對。而有些漢語史研究者（譬如王力）會認為像《紅樓夢》、《兒女英雄傳》等書中的說白，大致上就跟現在講的白話一樣。我是指「大致上」，因為如果直接把小說裡的對白放上電影，那聽起來一定會覺得似懂非懂。它的用詞方式經常和現在不一樣，譬如說回家叫「來家」，而不是「來我家」，中間少了一個「我」字。所以能夠發現，光是 1910 年前後，漢語的使用確實已經發生了變化。而我們現在使用的很多術語，它的生命實在很短，大都只有一個世紀多而已。因此，我們不要小看這件事情：「現代漢語究竟是不是一種很成熟的語言？」——我們常常需要如此自問，把這些語詞拿來重新檢視一遍，特別在這個課堂上，我把它視為我們「以使用者的身分，在知識上所共同背負的任務」。

心理學的主流與邊緣

今天在談「心理學」的時候，我相信大家對於這個詞已經有共識，而且另有個詞叫做「物理學」，和心理學剛好構成兩種相對的學問。物理學不會去討論原子和原子之間有什麼愛恨情仇，可是心理學卻非談不可。所以我們會覺得心理學有正當的題材，可以跟物理學平起平坐。可是今天我們在講堂談的心理學，並不是在學院裡所定義的「心理學」，因為學院裡面還是會遵循所謂的主流方式，不然它就似乎存活無門了。

我又要回到格根來談一個跟心理學主流有關的話題。我和他一起吃飯時，話匣子打開之後，就變得了無禁忌。我問他一個相當敏感的問題：「你在斯沃斯莫爾學院搞了一種像這樣的質性心理學，我相信，要是到了其他學校，你提出來的研究計畫會被退稿，是這樣子吧？為什麼你能夠存活下來？」格根也回答得很乾脆，他說：斯沃斯莫爾學院這個學校很有錢，它不在乎什麼國科會或國家補助。它只要把有能力的教授聘進來，他們愛做什麼研究、發表什麼文章，都可自行決定。因此格根沒有受到像我們的國科會或科技部之類官僚的限制。所謂的「主流」，用基進的批判語言來說吧，常常可說是以「產官學勾結的共犯結構」在定義學科的趨勢和方向。結果，我們是在讓立法委員告訴我們應該要研究什麼。所以格根的學術自由來自於學校的雄厚資本，也因此才有格根這樣的人物。在美國，你可以一直寫「邊緣的東西」，而且顯然也有些人覺得沒必要進入「主流」。但他編的許多書，美國籍的作者仍佔少數。這就是他的書很特別的地方。

事實上，「社會建構」的概念在心理學界雖然曾經轟動一時，但很快就歸於平淡了。因此，當格根多年後發現台灣這個小地方有人能再度跟他談論，他很高興地引用我們的話說：「有朋自遠方來，不亦樂乎。」

建構論能建構心理學的「心」嗎？

我要說的是：不是只有格根主張建構論，在我認識格根之前，曾經看見他和另外幾個人的著作都在談這樣的道理，因此我認定心理學可以據此而形成另類的發展。我們可以不必認為心理學僅限於實驗室裡頭產生出來的實驗報告，或是諮詢室裡產生的個案史，把那些視為心理學僅有的合法文獻。不是的。心理學應該要散布到生活的整體，生活中無處不是心理學。所以，我們可以用很徹底（radical，即「基進」）的方式說：心理學的核心概念「自我」，其所在之處正是「散布在人的周遭」。這樣想，你就能瞭解社會建構論其實是放眼在這樣廣大的視野中，它也因此跟主流的學院心理學那個「學科」是迴然不同的學問。

我們要談的「建構論」，包括「結構」、「解構」與「重構」；還有像「系統」這個字眼所延伸的各種邏輯。這些字眼都不算太新奇，但我們若能好好加以利用的話，就可以為我們的新心理學帶來生機。「心的建構」就是要談「心的結構、解構與重構」。「自我的建構」也是用這樣的談法。我把這些字眼的解釋當成我們的 ABC 來開始，但我們的目標總是要一路走到 XYZ。

一種「編織」出來的科學？

我們還有個開始的條件，就是要把社會建構論轉成在漢語的世界中使用。現在我們既然不在學院裡面，不必擔心有什麼體制會左右我們上課的方式。但我要回頭來說，我們的擔子是扛在自己肩上，譬如說，一旦我們開始對知識好奇，我們該自問的基本問題是：漢語到底是不是成熟的語言？我們在使用「結構」、「系統」時，究竟能不能夠讓「科學」在此站穩腳？

「系統」這個詞，在漢語裡是何時出現的？我們可以透兩本辭書來確認：《辭源》和《辭海》。任何詞彙在古漢語裡出現過的話，辭書都會註明其出處；但若沒有出現過，則會標示這是現代語彙，會以括弧附上該詞的英文。譬如說「公民」，中國古代根本不存在，那麼一定會在字彙後用括弧寫上 citizen，表示從外文翻譯過來。「系統」這個詞肯定不是源於古代漢語，而是根據 system 這個詞的相似音翻譯過來的，但在翻譯時巧妙地套用了編織法的概念。仔細想想，你就會發現，在科學領域裡凡是談到邏輯、組織相關用詞的中文譯名，都是在套用編織法——「演繹」、「歸納」、「組織」，還有「頭緒」、「系統」，都用「糸」部首的字來造詞。漢語為了要跟西方語言對照，雖然 system 原來的字根裡沒有任何編織法的味道，但是我們就將它納入編織法裡頭，因此漢語的邏輯就跟編織法構成了奇特的因緣。

對於編織法在人類文明中的出現，大家都已經有共識——人類社會裡的編織法一定都是由女性發明並操持的。女性發明了編

織機、編織術，也由她們從事編織工作，而現代科學的系統全都採用糸部首的字。這是不是在暗示：女人比男人更早踏進了科學呢？也許大家會認為我們的社會怎麼可能有這麼先進的思想？我們只能說是瞎打誤撞——但我會說：這就是一種「後現代」的思維——女人雖然無意，但她們真的撞到了。往古時代的編織，女人要是腦子裡沒有邏輯結構就無法編織出東西來。一針一線都要算得很精準。那些結構老早在女性的腦子裡建立完成，所以女人可能很早就擅長於組織和系統思維，只是我們原先沒這樣想過。

所以我們就要用這個機會來說：結構也好、邏輯也好，本來就是替我們的當代科學紮下了一個很重要的基礎。可是後來我們仔細地想想就會發現：結構的意思就是：東西都得先畫出來，變成設計的藍圖，而且實際的建築得根據設計圖來建造。只要設計圖有些錯誤，譬如力學計算疏失，那建築就一定會垮掉。所以說，結構能夠證明做事的對錯，證明科學具有準確精算的可能性，只要有結構就表示能夠算準。

此外，「有系統」則是指：從一個結構到另一個結構之間，乃至在結構和解構之間，都可以一直不斷地連結延伸下去。譬如說大巨蛋的底層結構和上層結構，就有這樣的系統關係。我們說的是底層的建築和上層的政治，大家都知道是如此，它們之間有「系統間的連結關係」，這應該不難瞭解吧？結構和系統就是替我們的科學打好基礎，照這樣去做，我們就可以稱這學問做「科學」。

何謂科學？何謂不科學

　　回過頭來問一個問題：先前談到〈夏日離鳥〉那首詩，大家覺得我談的東西是系統論嗎？無論是或不是，我們在一般的教育之下，不太會去想詩和結構系統有什麼關係。可是我要告訴各位，一位南美洲的詩人波赫士（Borges）說過：「在所有的詩人當中，他從未看過像艾倫波（Allan Poe）這樣精打細算的人，他的詩簡直就像是在解數學方程式。詩中字與字的關係可以嚴密到跟數學一樣。」所以我談到：翻譯一首詩用了很長的時間，因為當韻腳被限定時，你只能夠在某幾個發音的字當中去作非常有限的選擇。於是我每天都在算，算著什麼時候這個適合的字會出現。那是一種嚴格的計算，念茲在茲，但無法用電腦協助。我每天都在換字，直到有一天出現了一個字，雖然可能會稍微偏離作者原意，但它的出現讓整篇詩逸趣橫生。所以這時候才能定稿，我才說它被算成了——是該用「來我窗隙」而非「來我窗前」，因為這樣看見鳥，才不會驚擾了牠，讓牠可以把歌唱完。你可以由此看到：寫詩一樣也是在做精算的工作。

　　事實上，文學家為了要找字，常會陷入漫長的苦思。文學家個人在暖身時常會寫不出字來。杜甫說會「撚斷數莖鬚」，而更好的例子是台灣的一位作家王文興。他的作品《家變》、《背海的人》，大家應該耳熟能詳吧？他的用字風格非常奇特。後來他把手稿公諸於世。那份手稿是影印的，也可看出他的寫作習慣：他說他每天晚上八點一定要準時進書房，坐在書桌前面，拿起筆準備寫，從昨天寫到的進度開始接下一段。然而通常是寫不出來

的。這時候他會把筆拿起來不斷地對著紙張點點點、畫畫畫，畫到整個人幾乎像要起乩那般——在研討會中他曾表演給我們看。在他的影印稿上就可看到非常深的筆跡，可說是入木三分，而他自己的體驗是覺得整個人快要著著火了。所以說，寫作其實很耗腦筋，也可以說要算得非常精準，才能夠下筆如有神。你可能會說：文學家和那些做統計的人畢竟不一樣。但其實你不必堅持這樣的說法。往後我們再談下去，就會發現許多目前被我們認為很重要的規則，也就是我們對「科學／不科學」的劃分，其實都太過僵硬、狹隘。

應該這樣說：科學既比我們原先想的要嚴謹，又比我們想的還要自由。二十世紀時，我們曾經一度以為已經把世上能夠發明的東西都發明完了，尤其是原子彈的爆炸結束了二次大戰後，我們真以為世上的發明差不多就到此為止。但是後來才慢慢發現，原來我們許多的科技發展其實仍非常落伍，譬如大家常用的手機，我一天到晚抱怨這個可怕的發明——我以前拿一隻小小的手機就可以接電話，放在口袋裡很方便；結果現在大家喜歡的智慧型手機越來越大，因為需要更多的功能和更大的螢幕。但為什麼不全部收進一個手錶大小就好？事實上大家都知道，把這麼多的功能全部納入一個小裝置裡，效果一定打折扣。蘋果電腦也知道，小巧比較方便，但目前做不來。所以他們做出的手錶型小電話、小電腦事實上還是個很不成熟的裝置。從這個小例子就知道：現代科技並沒有走到底，它還有很長的路要走。

萬事萬物的「元」

「現代」不就是照著我們所知的現狀一直持續下去嗎？為什麼要用另一個名稱來說它呢？從前我們一直以為我們在思考時，遇到數學的問題時就透過數學的單位幫我們思考，針對文學時就用文學的單位幫忙思考，但我現在要說的是：在建構論之下，**兩種思考所用的單位是一樣的**。無論是思考文學或數學，我們都用同樣的單位在計算或運思。譬如說，我們接下來會一直使用「數元」或「思元」的概念。這個「元」字原來有兩種用法，其中之一是指元素，用字尾「-eme」來代表它的最小單位；但還有另外一個「元」的用法，在普通話裡，是指「meta」，譬如「元理論」是指「後設理論」的意思。雖然都同樣用「元」字，這兩個用法意旨不同，但妙的是，它們會前後連成一氣。我們要強調的「元」，首先是指前者（-eme），然後就會引接到後者（meta）。在往後的講課中，這區分和連貫之處會一直講到清楚為止。

我們先來捻個頭緒：譬如在講動作時，最小的動作單位可叫「動作元」（acteme）。你在做一個手勢的時候，它本身是由一些手勢的元素所構成的。當你揮手致意時，如果改變了揮手的角度，別人所領會到的意思就不同。譬如好朋友見面時，你把手舉高左右搖晃，是在打招呼致意；但如果有一個朋友的揮手方式像是納粹行軍禮，那到底是什麼意思呢？依然在打招呼致意嗎？如果要討論這樣的動作訊息，須注意在軍中敬禮的剛硬動作，是在有階級高低的情況下發生，它和日常朋友之間的柔性揮手是不

一樣的。這時候將這兩個動作加以分析，可以知道第一個動作和第二個動作是由不同的「元」所構成。我們可以在動作後面加上「-eme」，表示「動作元」的概念，英文可寫成 "acteme"（或 "behavioreme"），以表示它們是構成動作或行為的單元。

假若日後我們對於任何觀察的事物，都可以用最小單元、元素來分析的話，包括我們要觀察的「事件」和「物件」在內，那麼科學其實是可以改寫的。不再只有物理學、化學和生物學才能使用分析方法，而是關於人文的所有東西都可以這樣分析。也就是說，只要能夠找得出最小的、可稱作「單元」的東西，都可以成立科學。過去我們以為只有物理學、生物學和醫學才足以代表科學，而人文社會科學都被說成次等科學，現在，我們有機會讓整個知識狀況改觀。其實生技、醫療、物理、化學都是一樣的，分析時也是要能找出最小單元，之後把它串起來，形成一個結構。人文領域也是如此，如果能找出「最小單位」加以分析，不就形成了能夠與自然科學平等的學科嗎？建構論的根底之一，就是要設法把這種概念建立起來。之後無論是社會學、心理學或倫理學，只要是能夠以這種方式建立的學問，就是合法的科學。請注意，這不是說心理學要模仿物理學，而是說：兩種科學原來只是一種。

建構論的下一步要說明：這些最小的單位構成的東西，常常不是用數量可以解釋的，因為我們要談的「元」，當代法國哲學家巴迪烏（Badiou）稱之為 "matheme"，這個字看起來和 mathematics（數學）同源。但還好，有些後現代的哲學家會反問一個問題：「數學」難道都是用「數」（number）來形成

的嗎？不是的。譬如說，幾何學如果把圖形拿掉，若規定畢氏定理：「斜角平方等於兩邊平方和」只能用代數式，不用幾何圖形呈現，有哪個人可以一看就懂呢？換句話說，圖形和代數式兩者是相輔相成的。圖式在數學裡常具有高度的關鍵性。如果只有數，沒有圖形的話，數學是無法發展的。解析幾何 [3] 的出現把兩者結合起來，但在數學史上，這已是後知後覺。數學其實一直在思維方式上推陳出新地進展，到後來，屬害的數學家不用「數」就形成了數學裡非常重要的理論，譬如坎特爾（Cantor）提出的集合論。集合論是這樣的：它先說「有一個集合是由 S 構成的」；然後劃一條線，接下來寫道：「S 是所有飛行物的集合。」這時候，集合的概念裡沒有「數」。也許你認為有，你還想去數數看飛行物有多少。但是你真正要瞭解的時候，並不是用數的。反正那些「會飛的東西」我們都會把它理解為「同一種東西」，或理解成「同一回事」，因而能構成「一個集合」。這樣，在理解上並不會有困難。於是在數學裡產生了一種「不使用數字」的理論。它可以用來解釋所有的「物」（objects），甚至解釋一切「存有」（beings）。在此，它已經變成了一個存有論（或稱「本體論」）。

我們再進一步演練一下「集合」。假若我說「所有會打女人的男人」所形成的集合，你們會想到什麼？不一定能用算的，可是這樣的說法不難成為一個概念──「所有會打女人的男人」，

---

3 一條斜率在數線上用 X、Y 軸構成的二元方程式（二項式），解析幾何就是根據這個二項式畫出的幾何圖形。圖和數字兩者之間其實就有這種相輔相成的關係。

你不一定能用數寫出來，但以我們的歷史經驗卻能夠想得通，所以，數學有時候可以在現實世界之上建立一套思維形式。從古以來，數學跟現實世界已經沒有必然的對應關聯。如果有的話，那只是剛好可以用來替現實背書而已。譬如我們剛才講的「結構」這樣的東西。但是數學本身並不是只靠著結構來進展的。數學有一種非常奇特的演進方式，就是它會和自己的結構鬥法，後來總會冒出一個「新結構」。我們可以由此而上溯到最古老的數學是怎樣產生的。

結構與系統之「元」

我們來進一步談談後結構方法論的一種精華，我們姑且稱之為「元方法」。其中有一個很古老的道理：古代人在開始寫一、二、三時，就是如實地用一根、一根的桿子來表示它和數之間的對應關係。可是對應到數字「四」時，中文是打成一個方格子，而在大約同時代的西方（兩河流域）則曾用四槓「IIII」表示。但我們試看看較晚的羅馬數字：到了「五」時就寫成了「V」，已經脫離了一槓、一槓對應的方式。它已經產生了別出心裁的代號，而羅馬數字中的「四」則是用「V」倒回來減一槓，寫成「IV」。中文的情況可又更怪了。在甲骨文之前的數字圖符，記載一、二、三，到「四」寫成的方格已經有別出心裁的意味，但寫到「五」的時候，出現更驚人的層次轉變。各位請看，它長成這個樣子：「十」或「乂」。為什麼這是「五」？古代人是怎麼想的呢？注意看看：「十」有五個點——就是四個端點和一個交叉點，加起來就是五個點。換句話說，我們一直以為紀錄數字

的方式是一槓、一槓地連續增加，但到了「五」的時候，它的思考方式突然產生了跳躍。於是，我們知道的是：在簡單的數一、數二，數到五的時候，我們發現人類的腦筋已開始作出跳躍的變形。因為再繼續一條條畫下去會是很麻煩的方法。試比較一下雲南的東巴文，他們紀錄一到九的數字時，確實是一槓槓地畫下去，沒有讓腦筋思索躍動，所以這種文字三千年前就凍死在那兒，不可能再往前進了。但我們看到「十」、「乂」這種文字的時候，就不得不嘆服：人類為了要解決數數的麻煩，可以從原本一條槓、一條槓的數法轉變，也就是**超越一階，轉向後設**，而改成數那五個點。這種超越式的轉變就是思維方式的進階。我們在後面還要特別說明這種「進階」——就是「元」的第二種意義，超驗的後設。

因此，我們在談 "matheme" 的翻譯時，因為它像是在談 mathematics，所以我們一般的翻譯者會不假思索把它翻作「數元」，但我們事實上是在思考當中產生了叫作「元」的東西來幫助思考——不是「數」，而是其「能思」，能做分析的單元。所以我們的後現代科學可以回到這麼根本的地方來重新開始。數論、幾何學、集合論等等，任何東西都可以重新解釋一遍。語言學也一樣，我們使用的語言事實上也是用一個個的形、音、義元素湊成的，每一個元素都是變化無窮。光說口語的語音吧——你把我現在講的話錄下來，或把它全部都謄抄起來，最後就可用歸納的方式來整理，錄下幾萬條的口白、抄下很多很多語句。當然電腦很容易幫我們歸納語言中的子音、母音，或一個個語詞，但是我們在講話的時候，實際上沒有人會這麼樣有板有眼的。拿語

音來說，我們以為用注音作為單元，就可以標注人講話的發音聲調，可是事實上人講話的發音常常會產生變調現象，溜來溜去，而不會死板板地按照格式說話。這麼說來，電腦真能把這些規則都歸納出來嗎？正因為是「數不清」，所以不叫做「數元」。

陷入「硬撐」的結構

我們實際講話的發音經常偏離標準，講求標準發音是現代結構主義的思維，但結構再怎麼完整，一旦開始使用的時候，除了變調之外，人還會在發音裡面游走，這才是講話的實情：人一直在創造一些注音也注不出來的字詞。

假如一定得按照注音講話，你可以仔細聽聽，譬如：「星星知我心」這樣的句子。如果是標準國語和普通話的讀法，會是「星星（強調ㄒㄧㄥ）知我心（ㄒㄧㄣ）」，可是台灣人唸出來多半會變成「星星（ㄒㄧㄣㄒㄧㄣ）知我心（ㄒㄧㄣ）」。「星」跟「心」變成發音接近，但事實上字典上的注音明明不同，大家卻都覺得無所謂，反正大家都曉得在講什麼，無傷大雅。強調「結構」有時會變成一種偏執狂，以為事情是照某個方程式去做，但「實情」常常不是如此。我們以為可以按照系統的結構去做事，但後來發現那是自己騙自己，所以才會逼出後結構知識狀況的產生。它並不只是在扯後腿、惡作劇。事實上是因為我們一直在努力維持原來那套結構，甚至為了要維持它而花掉的力氣，比它原來能發揮的功能更多。這種系統結構的強力維持，以及它所產生的問題，我可以用一個活生生的例子來說明。

1985 年，某次在美國跟某位中國大陸第一批留美學生聊

天，不曉得怎麼談到了「鄭成功」這個人名。我唸了「鄭成功」，他卻突然說：「ㄓㄣˋ？中國人有姓ㄓㄣˋ的嗎？地震的震？是ㄓㄥˋ吧！」我聽了，腦袋轉了一圈，禁不住對他講了三字經，因為三字經他也聽得懂。我辯解說：「我們講話，不用翻譯就可以互相聽懂，算是很幸運的啦。但不保證一直都能這樣。接下來還有很多你聽不懂的話，那咱們走著瞧──你不要在一個字上面挑這種毛病──什麼ㄓㄣˋ成功、ㄓㄥˋ成功，我們不都知道在講誰嗎？」

好了，回過頭來，我要講的是，我們講話彼此能通是因為：即使你很會分析，也找到很細微的差異，可是一旦瞭解之後就會發現有些分析其實沒有必要。有些時候，使用了不對的分析，就是在白費心思，只是企圖把系統維持得更完整而已。我們把分析照著理論的某種方向去發展，最後就會發現：這其實是自己在硬撐那個結構而已。到了後來，發展到極致的系統，卻變得沒人要使用了。「標準國語」在台灣的發展最可看出這個事實：只有廣播員才講「標準國語」──全部照著注音唸──也就是結構的極致表現；然而其他絕大部分人都講「台灣國語」，也就是不太理會那種結構，至少是不理會那樣的極致。

人工智慧與「心」的相遇

我要強調的是：心理學本來就可以跟物理學有很大的不同。原因在於心理學要解釋的「東西」或「事情」，和物理學不一樣。譬如我們下一講要特別談的「心」。心到底是什麼呢？它本來就跟物理學截然不同，因為它要解釋的「東西」從來沒有可以

直接觀察到的對象。那麼，難道物理學就是全然透過直接觀察，然後結構化、系統化而構成的嗎？其實也不是。我們今天所知道的科學，無論是在說什麼，都已經比一個世紀前飛躍了一大步。即令是物理學，發展到了某個程度以後，也已經發現不能只用觀察來肯定，而是要透過假設、推想，之後再演算、驗證。但那樣的演算已經是脫離現實進行的。譬如量子力學，誰能看得見所謂「量子」是什麼東西？到了今天，誰不知道那就是一種數學的「建構」？

後來出現很有名的「測不準原理」，也就是發現：所有這些物理「事實」，其實是靠我們推想出來的。推想之後再開始進行運算，包括原子彈的製造也是推算出來的，不是把物質混起來就可以做成。所以我們也瞭解：數學演算並不能帶來保證。科學家原以為觀察、結構，然後系統化，最後就可以算出紮實的科學。然而，科學裡有大半的東西是靠著憑空假設，最後才能有系統地把它「建構」出來。同樣的道理，我們用「建構」來說人，不也就是這樣？

我剛剛就特別舉例，說明一個行為是否可由所謂的「動作元」來構成。要是你有辦法作系統分析，把人的一顰一笑也都包含在內，你要先曉得人的動作裡面包含了哪些「有意義的動作變化」，然後對變化裡的細節都一一清楚地確定下來，就可以模擬出很多人的微妙表情。這就表示你知道了這個「動作」其實是在「做什麼事」。

譬如說，有一種最微妙的表情叫做尷尬，似笑又不笑，皮笑肉不笑，或叫做乾笑。當你這麼笑的時候，事實上並不愉快，而

是很苦。人類直接用肉眼辨識、推理就知道這表情和人的處境，知道他身處於一件難堪的事態之中，這事態有必然的脈絡關聯。我們在往後會專為這種情緒另作講解，這裡只是說：人有這麼精微的能力來判斷事態（也就是事境和事情），但如果改用電腦去模擬，電腦根本不知道它的單位是什麼，事境和事情的脈絡是什麼，所以它要模擬什麼？怎麼計算？我們的科技根本還沒有發展到這地步，所以還有很多事，人能夠輕易做到，但電腦與高科技還差很遠。

回過頭來說，在心理學這樣的學問中，我們想要告訴電腦「一件事情」，但不知道要使用多少層次的資訊才能把這「事情」給模擬出來。講話「這件事」就是最麻煩的事。譬如所謂的人工智慧，其實已發展了很長一段時間，但目前人工智慧還是發展得很粗糙。我們以為智慧型手機很有智慧，結果打開之後想用語音輸入法，在我們說完話後，手機能猜到正確字詞的機率有多高？對著 Google 地圖講一個地名或地標，它的正確率蠻高的，但講其他的話題呢？大家有過這經驗嗎？這已經是現代的最高科技。因為商業競爭的關係，它還有很大的發展空間。只不過，我們來看看「其他話題」的一個簡單事例：假若我們在火車上要發簡訊，可以透過語音輸入法來說：「小花今晚別來找我了，我有事，記得ㄏㄚˋ。」但有些字它就是不能表達出來，像剛才我說「ㄏㄚˋ」這個字，手機裡沒有，可是這個字很有意思，是要強調、要叮嚀，所以才說：「記得『ㄏㄚˋ』」。軟體設計者難道會疏忽掉我們一天到晚在用的字嗎？然而他們事實上就是疏忽了，因為我們講話常會使用字典裡不存在的字詞，譬如說

「嘖嘖嘖」這樣唏噓的聲音；我發出這樣的聲音，你就知道這表示事情很糟了，可是有哪個電腦程式設計師能夠把我發出的「嘖嘖嘖」翻成可以看得懂的字？也就是說，電腦聽不懂了，所以我們才會說：後現代科學的意思在於認定「科學還沒走完」，在這樣的情況下才有機會繼續往下延伸，而要延伸就得推翻先前的思維和假設。

我們下次再繼續來談關於「心」的各種問題，會談到「推翻舊思維和假設」是幫我們重組許多重要問題的基本步驟。也就是說：只有先做到「解構」，才能有機會「重構」。

以科學為名的巫術

我們可以很準時下課，但我想說，我既不是完全按照綱要所寫的內容來講課，所講的東西以前也多半沒講過。今天差不多只講了綱要上的第一節，很多東西還沒談到。下一次，我會和大家談談究竟心理學中的「心」是什麼東西。心理學常常容易被學院派的主流引導到一個要花費許多心思但卻沒有必要的地方。我們不只是在評論學問好壞的問題，而是希望能把這些道理給講清楚。我相信各位一定知道主流的科學常以量化研究的姿態出現，而質性研究變成它的邊緣。我們下次再來檢視一下，為什麼質性研究被看成邊緣，或不科學，而為什麼大家這麼容易相信量化的研究？

這當中其實有很多地方是教育體系的操作，甚至是一個國家體系操作的結果，後來我們就成為數字的迷信者，和相信巫術的小道沒什麼差別。反過來說，一個明智的人做出了好的判斷，你

卻不相信他？譬如在入學的時候，我們寧可採信考試成績也不願相信當場的面試？這是非常顛倒是非的人間鳥事。全世界最重要的人才，在應徵時，要點就在於「他當著你的面，對你表現」。考試再怎麼樣都只是參考而已。可是現在的入學面試變得不需要了。你想想看，這明明是顛倒是非。我當面看著你的時候，你的一舉一動、一言一談，那是什麼意思，我都可以看得明白，可是心理學為什麼不能好好善用這樣的「資料」，卻要把它給邊緣化呢？意思是說，心理學本身都沒有搞清楚究竟什麼是科學的根本，什麼是結構和系統，以致認為自己所掌握的結構就很科學了。但是當我們對「科學」多瞭解之後便會發現，現在很多的量化心理學其實是非常不科學的。以嚴格的科學來說，它常常**使用錯誤測量工具，測出錯誤的標準**，以致把測量的對象弄錯了。譬如十八、十九世紀的顱相學（phrenology），直到當今許多心理測驗的變項，即使測量得再精準，其測量標準如果錯得離譜，那就是完全白費力氣。於是，**我們以為那是科學家的玩意，可是後來發現那正是以科學為名的巫術——巫術不是問題，但科學對它的避忌，造成了自我理解的障礙。**

＊　＊　＊

「人格預測」的狂想與謬論

【學員提問】

剛才提到人的行為為何難以預測，其實比較困難的地方在於人的行為通常不容易符合特定規則，在不同背景脈絡下也會有差異。

譬如說家暴的人可能有某種性格特徵，可是在會談時可能會碰到跟我們預測的性格不一樣的人。那麼，如果政府現在要發展一套能偵測「潛在殺人魔」的工具，要如何去評估呢？（編按：這問題的背景和當時台灣發生的「捷運隨機殺人事件」有關。）

關於你的提問，老實說，你在問的時候可能覺得簡單，但我聽起來幾乎要冒冷汗了。因為這樣的想法必須要先從人的行為分析元素下手，就好像文法一樣，語言有它的文法，行為、身體語言也有它的文法。後來又提到人的行為是不是可以預測？不管是家暴或公共危險，甚至反社會性格之類的，事實上已經離題很遠了。我們單純把一個人限定在臉部或肢體動作等，像語言學一樣進行分析，意思是，我們可以把人所有的表達都視為廣義的語言，因此我們未來的心理學要大量使用語言學的知識。有了這些基礎的建立，才能進一步去偵測事實上可能發生的難題。

「不要說語言在心靈中，而當說心靈在語言中。」──這是建構論的一個基本命題。我的意思是：心理學原以為能夠以行為觀察而自成法則，後來發現大部分的法則都得從語言中尋找。譬如你的心靈，一般人總以為：最知道的就是自己了。但問題是：我們一定知道自己的心嗎？更何況是別人是否知道了？所以建構論會重視的議題是「他者之心」（other mind），除了從我們自己的立場來理解 my mind、our minds 之外，還有很重要的問題──「他者之心」。這是我們最大的考驗。我們作為研究者，首先為什麼可以知道「非我、他者、另外的人」對我所做的任何表達？是表達了什麼意思呢？人說出的話背後有文化傳統的

規則，還有具體的辭典可幫我們確定那些規則是什麼意思。可是我們在語言中永遠都夾雜了一些字典文法中沒有的字，不是嗎？我們先前舉的例子：「你等一下不要來找我ㄏㄚˋ。」「ㄏㄚˋ」在字典裡不會出現，問題是我們大家都能理解，但電腦的字典裡為何沒有這個字呢？這不是很奇怪嗎？電腦還趕不上，因為程式設計師想不通。科技想要盡可能模擬人性，但它顯然還落後得很遠。

因此，我們說「要懂得他人的心」這件事，一定要透過很多沒有想到的媒介，包含剛才提到「脈絡性」。語言背後的支撐就叫脈絡（context），當文本（text）和脈絡（context）合在一起時，讓我們得以理解，也就是說文字、句子，還有當場出現的表情、嘆息等，集合形成了讓他人能理解的表達。反過來說，心理學想要透過心理測驗來測量人心的時候，比我們剛剛所講的電腦還要更笨。心理測驗沒辦法用測驗題那些極為簡化的句子去補捉人心，因為我們說出的語句常有很多意思。心理學家過去一直以為，語言文字一旦被寫成測驗題，再經過信度、效度考驗，就可以打包票說測驗題究竟在測什麼。我在此要拆穿這套謊言，要告訴你：這樣的測驗根本是不可信的。即便它的信效度再高，也只不過是在它原先規定的範圍內，才稱之為信度、效度。一旦離開實驗情境脈絡後，就會變成很笨的東西。心理測驗要理解一個人的意圖，常常必須要測過一、兩百道題目，但其實人和人講話，幾句話就可以瞭解他的意思。而心理學家在此之外竟聲稱發明了很精緻的工具，可以用來測量人。過去的心理學對語言學非常外行，以為測驗題中寫出來的一句話，就必然代表特定而標準的意

思。這真是太悖離語言的道理。任何一個句子要是用不同的聲調來唸唸看，馬上就會變成不同的意思。我們在聽人講話的時候，你要有這種本事，才叫做能聽懂話，能用來閱人或閱事。「閱人無數」的意思是擁有很多江湖經驗。我看人聽話就能懂得他的意思，但心理測驗完全不具備這種本事。

剛才還提到人怎麼去看一個人有沒有家暴傾向，或危害社會等等性格特質。我只能說：要準確預測、猜中一個人是什麼人，這是一個神話。很早以前的心理學就想這麼做，發明一種可以預測人的方法，但是過了百多年，我們都知道這個嘗試已經失敗。最早高爾（F. J. Gall）發明了顱相學[4]，測量一個人的顱部指數，從頭部前端量到後腦有個長度，從太陽穴的左邊到右邊也有一段長度，由這兩個長度算出一個商數，叫做顱部指數。然後高爾宣布顱部指數達到某一個數值以上便比較有犯罪傾向。結果，後來發現他測量的其實是種族特徵。你們曉不曉得：歐美的白人，他們的頭型較長，而典型的蒙古族，頭型傾向於扁的，量出來的顱部指數跟白人不一樣。但高爾說標準的白人頭型跟偏離標準的頭型就顯現了不一樣的犯罪指數。所以，要是我這個扁頭族在一百年前接受高爾的測量，我會被列入具有高犯罪傾向的族群裡。如果一百多年前有個華人跑到歐洲、美洲去，那肯定是社會邊緣分子，不可能打入上流社會。譬如在拉丁美洲有很多地方，華人在那裡以零售、攤販等最容易活下去的方式起家。不過華人有一點

---

4 〔編者註〕德國解剖學家弗朗茲・約瑟夫・高爾（Franz Joseph Gall）於 1796 年提出了顱相學，之後此學說在 19 世紀曾風靡一時。

很厲害：過去當攤販的，現在很多都變成百貨公司老闆。拉丁美洲不知道有多少的商場經營權都握在華人手上，可是如果在百年前測量，他們會被視為高度犯罪嫌疑人。百年之後都變成高社會階層了——還是同樣的頭型。一直以為可以測量的東西，原來是建立在一個錯誤的測量方向上。原來這些「犯罪傾向」的頭顱不是黑人就是亞洲人——原來高爾真正測量的不是犯罪的潛質，而是種族差異。

　　因此我們現在以為能夠測量人格特質的測驗，其實都因為對於語言本質太沒概念，以致都有胡言亂語、自圓其說的意味。下一次我再跟各位好好分析，看起來最準確的人格特質測驗，裡頭瞎扯的成分簡直到了不可思議的程度。這為什麼還會被人認為是很了不起的心理學？那也沒辦法，學術界形成的「主流」，有時就是知識社會學之下的盲目典範所衍生的結果。

【學員提問】————————————
您剛說的「不可靠測量」也包括衡鑑在內嗎？

　　「衡鑑」基本上只是「測量」的一個比較鬆散的講法。**測量**（measurement)，意思是用量尺、用一定的數值，就可以量出來；衡鑑的話，就包括使用各種不同標準的量尺來進行測量，還加上一些非測量的**評估**。譬如說根據人格測驗來跟人面談，把他看起來像不像罪犯的**看法**也寫進去，兩者結合在一起就叫做「衡鑑」。衡量、鑑定，在漢語裡可包含很多彈性的變數。可是，因為我們傾向於在醫院、犯罪偵察系統、社福機構等等地方使用，

所以後來的衡鑑方法還是按照一定的操作手冊、測量公式而得出。本來可以靈活運用的東西，到了一定要按照公式去做的時候，常會把它變得呆板、失去彈性。所以「衡鑑」只是把測量的概念轉變為把多種評估結合在一起，簡稱為「衡鑑」而已。本來的用意是要擴大測量的範圍，使得機械化的測驗之外能加上人文關係的判斷，但後來用這個字來進行公式化操作，並沒有使它變得更有內涵。

「心理學」與
「理心術」

我們的討論聚焦之處，一般稱為「心理學」，但必須記住的是：我們要以**後現代轉型**之後的種種學問來面質心理學，而對心理學產生啟蒙與挑戰。就在同時，我們必須有自覺：我們是用漢語來**重新承接**這些挑戰的。我們要學會的心理學，用漢語來說，就應換個名稱叫「理心術」——我們要學會的是一種學問的「啟蒙創化」過程。

這是什麼「東西」？

我常常念茲在茲地想著：來講堂到底要跟大家講些什麼呢？即使在通車上台北的時候，我都還會一直在構思什麼才是有趣的題材。今天就在高鐵上，我摸到了一串鑰匙環，想到了一個文字遊戲：「東西究竟是什麼？」

你們知道什麼叫「東西」嗎？不知道才怪。但我說怪的地方是：為什麼你不覺得奇怪？為什麼我們在漢語裡面有這麼一個稱為「東西」的詞彙？

老師：（手中亮出一把迷你小劍）這是什麼東西？

學員甲：嗯……像刀子的劍……

老師詢問其他人：這是什麼東西？

學員乙：鑰匙圈，像刀的鑰匙圈……

「像」，這樣說還蠻準確的，如果你說「這『是』一把劍，或刀」，那就錯了。我如果在捷運上把這「東西」拿出來，沒有人會嚇到，但若有人在捷運上亮出一把刀來，大家肯定會驚慌逃開。因為它只是劍的百分之一比例的小模型，嚇不了人。而我詢問「這是什麼東西」時，你立刻就回答得很準確。我們再來看看：

　　老師：（拿出壓扁的寶特瓶）我再問一次──這是什麼東西？
　　學員某：寶特瓶，被壓扁的寶特瓶……裡面還有飲料。

　　還有別的答案嗎？我要問的是：「第一、它的容納功能已經喪失，可它原本是個容器，對不對？第二、它的形狀也劇烈改變了，為什麼你還知道它是寶特瓶？你是根據什麼線索而知道呢？」有誰知道？或有誰不知道嗎？你我之間沒人不知道，但我還是要問：「這『東西』本來是什麼？現在是什麼？」

　　漢語有趣的地方在於：我們把物品稱為「東西」時，難道大家從來沒有想過「東」、「西」原是指兩個方向嗎？可是為什麼當我問「這是什麼東西」時，大家卻能回答：這是寶特瓶、那是一把劍，這是什麼、那是什麼。怎麼能夠這樣肯定回答呢？「東西」原本的意思竟然是指東邊和西邊，漢語是不是有點瘋了？它在講什麼「東西」？在此之外，我再進一步，舉出一個好玩的句子「東西究竟是什麼」。在漢語裡，這句子可以這麼說：

「東西究竟是什麼？」

「究竟是什麼東西？」

「是什麼東西，究竟？」

「什麼東西，究竟是？」

這是漢語的妙處——文字本身形成了迴圈，怎麼調換位置，意思都一樣，所以還不只是東邊西邊而已。各位注意，我們用漢語思考、閱讀，但這語言本身就充滿著妙趣，值得我們更加注意。你可能見怪不怪，老神在在。可是就要像胡適說：「在不疑處有疑」，才能真正進入值得我們談的問題。

「東西」、存在、存有

關於「心理學」或「理心術」，延續上一講，我希望大家瞭解的，實際上是我們受到所謂後現代、後結構的思潮衝擊之下，不得不做出一些反應。自從十九、二十世紀以來，我們一直陷入「西潮」，即西洋衝擊的狀態下，幾乎從未停過，而且還在變本加厲，越演越烈。當我們以為可以喘息時，西方思潮卻仍持續不斷地轟炸我們的文化。特別是漢字的文化一路受到影響，我們今天一直強調的漢語，其實最重要核心就是漢字。漢字先傳到了朝鮮，後來到了日本，然後整個漢語圈從十七世紀起就一直受西洋影響；而我們今天所使用的漢語，有相當多都是在日本（東洋）翻譯了以後，再轉手傳回原來漢語的發源地，也就是我們的生活裡。大家往往料想不到，今天我們使用的漢語，尤其是學術和各種現代專業的用語，其實有很多是來自日本人所使用的「漢字」

（*Kanji*）。

關於這段歷史，不得不提當年清華學堂國學院中的四位大師：梁啟超、陳寅恪、王國維，以及趙元任。王國維是國學大師之一，學問淵博不在話下，翻譯了很多著作。其中關於心理學的有《心理學概論》及《心理哲學》，這兩本都是丹麥作者哈羅德・許夫定（Harald Høffding）所寫的。請各位務必記得：王國維當時用的漢語是文言文，還沒有進入所謂的現代漢語[1]。但

1　〔編者註〕19世紀日本明治維新後開展了「言文一致運動」以及文字改革運動，提倡廢除漢字。留學德國歸來的國語改變主義者上田萬年在日本作了《國語與國家》的演講，提出了「一個國家、一個國民、一個國語」的三位一體國語觀，鼓吹「國語是國家的藩屏，國語是國民的慈母」。通過國民教育在日本推行標準日本語。不論『國語』或『普通話』，都是借自近代日本所用的名稱。

1902年，京師大學堂總教習吳汝綸從日本考察學政回國，為日本推行國語（東京話）的成就所感動，向京師大學堂管學大臣張百熙上書，主張以京城聲口統一天下，以一統國民。吳汝綸稱道王照的注音字母「盡是京城口聲，尤可使天下語言一律」，而得到當時管學大臣張百熙、北洋大臣袁世凱的支持。光緒28年（1902），張百熙奏陳所擬學堂章程，奉准頒行，史稱《欽定學堂章程》，確立了漢語的國語地位。

辛亥革命之後，中國普遍有著各種改革舊有文化的思想；新文學運動，主要起源於1915年陳獨秀在上海創辦的《青年雜誌》（自第二卷改成《新青年》〔*La Jeunesse*〕，研究這段歷史的人們也普遍以《新青年》作為該雜誌的總稱）。

在《新青年》雜誌中，猶以1917年至1919年之間由胡適發表的數篇論述為重。例如1917年1月的〈文學改良芻議〉，以及1918年4月的〈建設的文學革命論〉等等。隨著1919年所發生的五四運動，當時全國瀰漫著一片反傳統、求革新的呼聲，進一步推助了新文學運動的發展，然而「新文學運動」和「五四運動」兩者之間其實並無直接關

是，王國維在翻譯時所用的一些語詞，譬如「心理學」、「倫理學」、「主觀／客觀」、「本能／經驗」、「神經系統」、「意識／無意識」等等，無不來自日本漢字，後來也都保留在現代漢語中使用。[2]

這樣的例子多得不得了。我強調「這就是我們現在需要面對的問題」。這在現代的語言中已經司空見慣，若沒有特別加以注意的話，就不覺得那會構成問題。因此，當大家看到這個文字現象並對它進行判斷時，不能只把它稱為「象／形」文字。事實上不只詞語文字變形了，文字的功能也變了。「象」原是個大家會用來思考的意義元、意義單子，也就是 *matheme*。因此我要說，*matheme* 這個字不能只翻譯成「數元」，翻譯這個字的人要負很大的責任，若不多加說明，很多讀者會以為這是它唯一的翻譯，這樣就會把概念狹隘化了。

我提到的是所謂的後現代思潮，當它在巴黎風潮洶湧時，

係。

新文學運動來自「言文一體」的要求。文言文作為舊文學工具，已不合時宜，不能適應新時代及報章雜誌的需要。加上西方新學的刺激，一切新學術新思想，必須以一種新文體方能表達流暢。因此有識之士提倡白話文，以普及和開放教育，改進民智。

〔作者補註〕1918 年，甚至是五四運動後，經過這些分水嶺後的漢語才叫現代漢語。在此之前屬於近代或古代漢語。

2　王國維曾慨嘆「譯西語之漢文」的匱乏，主張沿用日文譯語，他說：「日本之學者，既先我而定之矣，則沿而用之，何不可之有？」，他又說：「余雖不敢謂用日本已定之語必賢于創造，然其精密，則固創造者之所以不能逮。」這些話取自梁啟：〈王國維「境界」的西學來源〉一文，見 http://hk.huaxia.com/zhwh/gxjd/2278059.html

產生了幾位大師，如拉岡（Jacques Lacan）、傅柯（Michel Foucault）、德希達（Jacques Derrida）、德勒茲（Jacques Deleuze）等等，目前都已過世；但後浪推前浪，現在還有一些新秀思想家前撲後繼發言，如南希（Jean Luc Nancy）、阿甘本（Giorgio Agamben）、巴迪歐（Alain Badiou）等人。其中巴迪歐的發言很有力量，他的哲學論點一直強調：「我們要回到數學。」哲學唯一的路子就是回到數學，可是他說的數學不是回到「數」，而是要回到存有，即回到「*作為存在的存在*」。它的英文翻譯是 Being *qua* Being，似乎有點咬文嚼字，但這是新思潮所帶來的必要衝擊。

　　「*Qua*」要翻譯成什麼？是哪一國語言呢？*Qua* 是拉丁文，也是法文，就是英文的 what。但 Being *"qua"* Being 不應翻成 what，而應轉為 as，也就是 Being as Being。「存在」也不光只是說「東西就在那兒」，所以那便存在。「一個人存在」，和「被你視為存在」，是兩回事。而我們真正要回去的是「存在之為存在」的那種「東西」。

　　所以漢文的「東西」這時候就瞎打誤撞，發揮了很奇妙的作用，把我們要談的「存在」變成大家耳熟能詳的語詞。我們講「東西究竟是什麼」？又可東又可西，它的意義不定。可是它真是歪打正著：當我們講「存在」、「存有」這些翻譯時，相對於原文來說，實在非常彆扭。在古漢語裡面，「存在」、「存有」是沒人能聽懂的。但現在它變成了我們哲學裡面最重要的語詞。心理學也是如此，我們談到所謂科學哲學的時候，不也一樣要回頭談到究竟什麼是「存在」嗎？這就是所謂的第一原理的問

題——但凡要談論任何東西的前提，它的第一條件是它必須要存在。若不存在的話有什麼好談呢？在我們面前，它必須存在，但這樣的說法當然也是個難題。所以巴迪歐就一直說，數學最後一定會回到一個問題，就是 *Being qua Being*，作為存在的存在。

提到 Being *qua* Being 這樣看似弔詭的語詞，我想請大家假設一下自己是孔子的徒子徒孫，以這個角度把整本《論語》再讀一遍。孔子會喜歡像這樣玩文字遊戲或詭辯嗎？意思是講東像西、講西像東，他會這樣嗎？大家應該很熟悉《論語》，一路歷經這麼多考試，或光是看別人引用的就夠多了。印象中孔子可曾講過任何拐彎抹角的話？我想大家都會認為孔子語言的特色之一就是直言和無隱：知無不言，言無不盡。孔子幾乎沒有所謂的推論，他直接告訴學生「忠是什麼、仁是什麼」。他會定義一個命題，然後直接給答案，所以沒有拐彎抹腳。大家都習慣他的直言無隱，從不詭論。可是，孔子偶爾也會說出幾句詭異的句子，譬如這個自稱「無隱」的人就說過：

　　父為子隱，子為父隱，直在其中矣。

這句子大家都會背，但有人懷疑過這句話嗎？有人看過它的解釋嗎？要解釋真的很難。「父為子隱，子為父隱」是說父親和兒子都在隱瞞。然而「直」卻在其中？當初在抄錄的時候抄錯字了吧？說謊居然還可以叫做「直」？大家一定覺得非常奇怪吧？

我們再來說文解字：原文說「直在其中矣」。大家回憶一下小學的國文，寫「直」的時候中間是三劃，不是兩劃。為什麼三

劃呢？因為「直」在造字的時候，是一個「目」再加上一豎。

　　　直：甲骨文 ，在眼睛 上加一豎 ，表示目光
向正前方看。

　　古時候也可以把目橫著寫，如果把「目」橫寫，再加上面的
一筆，你會想到什麼呢？就是「德」的右邊那部分。道「德」在
我們的傳統當中，有些很基本的德目，父子間最基本的倫理不就
是「孝／悌」嗎？因此當孔子說「直在其中」的時候，他說的是
「孝悌之德」在其中，而不是我們今天說的正直不正直，或真實
不真實的問題。他說的既然是「德」在其中，所以他當時說的話
仍然沒有拐彎抹腳，否則從字面來看，根本是詭辯。

　　然而，孔子有一次真的講了一句非常詭異的話，我稍後再邀
各位來作分析練習。根據我們顛撲不破的考試傳統，你們本來就
逃不掉的。

我們需要的是「人學」中的「理心術」

　　心理學有一個很重要的任務，我希望我們今天能夠回到最
根本的地方。用希臘文構成的一個字 *Psychology*，被翻譯成英
文，流落到今天，然後我們接受了日本的漢字翻譯，叫做「心理
學」，這在漢語裡其實也變成了一個很怪的詞。只是如同我剛剛
說的「東西」那樣，「心」—「理」—「學」這幾個字你用得很
習慣了，所以不覺得它是怪東西。

　　我要說的是：「心理學到底在研究什麼」？心理學有一個

「對立面」的學問，叫做「物理學」，一樣也是來自日本的翻譯，剛好形成對仗工整的「物和心」，可是心理學在造詞的時候叫做 *Psychology*，而物理學叫做 *Physics*，它沒有 *-ology* 的字尾，沒變成 *Physicology*；就好像數學叫 *Mathematics*，也沒有 *-ology*。那什麼東西會有 *-ology* 呢？有很多你們都知道的：*biology*（生物學）、*sociology*（社會學）、*anthropology*（人類學）、*archaeology*（考古學），其實還有很多很多你沒特別注意的 *-logy*。

「*-logy*」字尾是什麼意思呢？就是言說、道說、講道理。道理的希臘文叫做 *Logos*[3]。所以「心理學」這三個漢字攤開來就變成：「心／講道理／學問」。那麼「物理學」呢？很不同的是，它沒有使用 *-logy* 為字尾。亞里斯多德認為 *Physic* 在希臘文裡面非常簡單，就是指「自然地、東西就在那兒的、萬物之學」，所以它沒有必要再加上「道理」（*-logy*）去間接描述它。

自然科學發展到後來，也透過數學來講道理。譬如力學裡的阻力、壓力、等加速度等等，都運用了數學作為它的語言。但我們在心理學上，是不是也一樣要用數學來說它呢？不一定需要，因為我們要回到根本，不管是用量（ㄌㄧㄤˋ，數量）、用量

---

3 〔編者註〕邏各斯（希臘語：λόγος）是古希臘哲學、西方哲學及基督教神學的重要概念。在古希臘文一般用語中有話語的意思；在哲學中表示支配世界萬物的規律性或原理；在基督教神學是耶穌基督的代名詞，因為他是上帝的旨意或話語，也是萬物的規律的源頭，中文《新約聖經》一般譯為「道」。

（ㄌㄧㄤ ˋ，估量），甚至用圖像、用行動的方式都可以，為什麼一定要用數？所以物理學不一定是心理學的好榜樣，它們研究的是不同的東西。物理學和心理學如果剛好在對立面，那就應該是不一樣的學問。

我們現在可以說：心理學和物理學既然站在對面兩極，那麼這兩種學問彼此之間必然也有相通的地方，就像冷與熱的兩極之間，有個相通的概念叫「溫度」。希望我們能夠把這相通的原則找出來──找到之後，我們就不必像十九世紀到二十世紀初那樣打混仗，不需要像自然科學與人文科學之間那樣爭奪誰是真正的科學。當然，就學術史來說，後來人文科學打了敗仗，自然科學很強勢地滲入整個高等教育裡，幾乎是二話不說的，到處都是它；而社會科學和人文科學就一直苦苦力辯，辯論了很久之後，人文科學才有人跳出來說：「我們未必非要數學不可」，真正根本的學科，很可能是心理學。因為不管是說到物理、生理，或什麼理，一講到「理」，那個理要能夠說出來，還要被人知道，那「知」本身，不就是心的現象嗎？所以，所有的學問應該返本歸宗，最後都要回到心理學來。

當時有位德國哲學家這麼建議，但他在哲學史上沒有名留青史，因為很快就敗下陣來了。他的名字是赫爾曼‧保羅（Herman Paul）。在他之前還有一位文德班（Wilhelm Windelband），他講的東西比較有內容。他認為：所謂自然科學和人文科學（或「文化科學」）之間有差別，也就是說，這兩種學問各有其性質，確有差別。簡言之，就是知識有「通則（通名）」（nomothetic）和「個例（描意）」（ideographic）的兩

個原則，而兩種學問各據一方，平分秋色。當然後面一定會有人說：其中必有共通的道理。很快的便有了這樣的說法：「基本道理就是數學。」另外一邊想要奪回道理的基本盤時，就提出心理學，但後來為什麼會敗下陣來？其實我們無妨在這裡立刻來試試看：任何一個命題、陳述，經過講道理的過程之後，也就是經過互相面質的辯論之後，你馬上就會看出其中的輸贏，高下立判。

先「知道」，後「有理」

關於講道理是什麼光景，我現在舉個自己曾經身歷其境、感受良深的例子。我在大學一年級時修過一門「哲學概論」的課，當時授課老師在台上這樣說：「我們在談哲學或任何知識時，需要講求真理，客觀的真理。」什麼是客觀的真理呢？他舉的例子是：「玉山上面有一顆樹，不管你有沒有看見，不管你知不知道，它就在那裡，這就是客觀的真理。」他認為客觀真理的意思就是「它在那裡，但跟你我無關」。

那時我聽了覺得不太對勁，就舉起手來。於是，我開始跟老師滔滔辯論起來，也就是開始講道理了。當時我說的大意是這樣：「老師，您剛才說玉山上有一棵樹，您既然說『有一棵樹』，所以您講的樹已經是指特定的一棵樹。如果說：『玉山上有很多樹，不管你看不看得見，它們就在那兒。』這樣說，我可以接受，但我引用您說的原文：『那一棵樹，不論你知道或不知道它的存在，它都存在。』然而既然說『那一棵樹』，是一棵特定的樹，很可能它早已像植物園裡的任何一棵樹那樣，是有編號的。那您怎麼知道它在不在那裡呢？像前兩天有颱風，說不定就

把它給吹倒了？或是被雷擊劈斷了？總之有很多可能性發生。因此，您怎麼會那樣肯定地說『那棵樹的存在跟你知不知道無關』呢？」——我的意思是：這位老師所說的話，事實上自相矛盾——既然提到了有一棵樹，那就表示「已經知道了」，後來又說「這跟你知不知道都沒有關係。」這說法不是明顯地自相矛盾嗎？所以，像這樣講道理，你們也就可以分辨出誰有道理、誰沒道理了。

當時我這樣講，那位老師反而愣住了；他沒料到我會這樣說，不知道要怎麼回嘴，所以才會讓我一直講個不停。坐在我旁邊有位比較老成的同學，他拉拉我的褲子，要我趕快坐下。下課時，那位老師看起來已經在冒冷汗，我想他自此會永遠記得我了。果然，到了期末考後，那一科我被死當。拉我褲管的同學也被當了，但他考五十幾分，因此不甘心地去找那位老師理論：「我很認真寫了，為何你給我五十幾分？」卷子拿出來以後，發現那位老師根本沒有仔細看內容，他就只是瞄過去，就打一個分數；這位同學還發現了我的卷子上面寫的是四十分，是個死當的成績——我在同學之間早有綽號叫「蘇格拉底」，可是蘇格拉底的「哲學概論」在大一就被當了。【哄堂大笑】沒關係，後來一直到大四，我發現大家還是叫我「蘇格拉底」。

我要說的是，我們在辯論時能夠成「理」，或心理學在說「理」之前，都需要先知道「理」是什麼。如果你說「理」跟你的知或不知無關，就說有個「客觀的東西」本來存在，這樣的說法就是不合理的。現象學大師胡賽爾（Husserl）就說過：「客觀，至少是有兩個主觀之間的互相同意」。也就是說，沒有什麼

東西「本來在那兒」，可以逕自稱作客觀存在——那樣的「客觀」存在其實是「無觀（關）」，意思是「跟我們不相關」，所以我們又怎麼能肯定它的存在呢？「有一個客觀真理」，好像不證自明。但事情沒這麼簡單。這樣講話的人，只要一說出口就會露餡，自己的語言擊敗了自己。

我們要接續談上次談的一個重點。我說 *matheme* 原先被翻譯成「數元」，但應該翻譯作「思元」才對。後來我沒再多解釋，你們可能會覺得「思元」會不會是個過度解釋的說法？從 *matheme*、mathematics 來看，它應該和數學有關。那為什麼可以改譯成「思元」呢？關於 *matheme*，我在綱要裡提出了幾個我認為可以改譯的遣詞造字：「數元」、「量元」、「象元」都是可能的說法，但「思元」是這一切的根本。我們一樣可以用字源學來分析 *matheme* 這個字。將之譯作「數元」的這位翻譯者，其實是望文生義。我們今天說的數學（mathematics），在希臘文裡叫 *mathēmatikós*，它有個動詞態：*mathein*、*manthanein*。這個詞當動詞使用時，完全不是在講「數」，而是講人「可以學」，還可以「學到」，也就是「知」。

我們會問：「為什麼 *matheme* 後來會變成數學呢？」因為在學習、學會的過程當中，有一種思考方式叫做「量（ㄌㄧㄤˊ）」。譬如我們說「考量、思量」，所以「量（ㄌㄧㄤˊ）」當成動詞來用時，它不是數量的「量（ㄌㄧㄤˋ）」，而是在估算、猜測、揣度的「量（ㄌㄧㄤˊ）」。*Matheme* 原有這樣的意思，因此你只取其中的一個字義「數（量）」來翻譯它，那是斷章取義。我們要還原到最根本的地方，就需要用

「元」這樣基本的東西來承載那個「量（ㄌㄧㄤˋ）」，也就是「思」的動作。因此它的解釋可以是「數元」，也可能是「量元」，甚至於可能是「象元」。後來我總稱為「思元」。這個問題聽來還是有麻煩，待會我會再解釋。我們先來做個起步的練習，好讓我們能進入這問題的核心。

漢語中的邏輯發展

現在，我們拿孔子說過的話為例。他好像從未說過任何怪力亂神、胡言亂語的詭論。但現在我就試著把孔子說過的一句話，轉變成形式邏輯來呈現，以「知之為知之，不知為不知，是知也」為例子，內容可以寫成這樣：

知之為知之，不知為不知，是知也。

若

知 = A

不知 = ~A

則這句話就變成：

A = A

~A = ~A

∴ A + (~A) = A

但我們都知道的邏輯應該是「A + (~A) = 0」；但這裡是「A + (~A) = A」，變成了什麼邏輯？可見我們所熟知的語言（古代漢語和現代漢語）之間，隱藏著很奇特的距離，可稱為「知的詭

論」（或稱「悖論」）。

「知之為知之」和「不知為不知」，這兩個命題說起來都是對的，可是第三句話就怪了：「是知也」。我們把「知之為知之，不知為不知，是知也」的第三句寫成：A + (~A) = A；一個數加上它的負數，結果應該等於零。可是，為什麼孔子加起來的結果「是知也」（=A）？你們過去有沒想過其中的問題呢？今天我們難道要動用「批孔」的方法，把孔子揪出來說「講這話真沒道理」？

有意思的是，他的弟子記下來之後，其實也沒有人懷疑過他。甚至我們今天在字面上還都解釋為：「一個人知道就知道，不知道就不知道，這是一種學問的謙懷態度。」孔子在態度上既然是「知無不言，言無不盡」，不知道便會說不知道。但孔子說：如此便叫做「知」。我們改用 *matheme* 去分析的時候，會發現這是個怪論——他說「知之為知之，不知為不知」，最後算出來，應該互相抵銷了，那為什麼還叫「知」呢？

現在我要開始為孔子辯護了。孔子所說的「知」，前後根本不是同一個。所以不能以相同項目去代入。如果用邏輯的「數元」去代，最後會發現根本就代錯了——前面那個 A 和後面那個 A 不是同一回事，只是在講話時這樣說，其實應該要說成 A_1 和 A_2。也就是說：A_1 等於 A_1（知之為知之），A_2 等於 A_2（不知為不知），最後兩項相加時，A_1 加上 A_2，卻跳了一層，會導致「A-second」（A 二世）的誕生。請再看一遍：

知之為知之，不知為不知，是知也→

$$A_1 = A_1$$
$$A_2 = A_2$$
$$A_1 + A_2 = \text{A-second}$$

「知」與「不知」相加，結果生下了另一個知，叫做「知二世」。孔子應該用此法解讀，但他的弟子恐怕沒人這樣想過。可是到了大約四百年後莊子的時代，就不是這樣了。當時對語言本身的問題感倍增。所以《莊子》裡出現大量的詭論。而莊子最厲害的對手，惠施，也是真正的詭辯大師。不論如何，孔子的語言中可能也有同樣的問題，只因為我們在邏輯這部分發展得很慢，或者相較不被重視，因此跟希臘、羅馬比劃邏輯時，會感覺相差甚遠。但回過頭來說，孔子的語言並沒有犯錯，他在使用漢語的時候，漢語本身有一種與希臘、羅馬不太一樣的邏輯。這種差異後來被誰證明了，或正式表現了？所謂的「東方邏輯」，在印度佛學上有一套「因明學」[4]，是佛學中使用的因果辯證法。但因為這套方法不太受漢人青睞，因此在漢傳佛學中並沒有廣為流傳，宋元之後幾成絕學。此傳統近百年來有所復興，但這還不能當作定論，我們目前不必在此旁生枝節。

4　因明，梵文音譯「醯都費陀」，在古印度發展的邏輯學，是一種思考方法，也是探索真理的工具之一，為五明之一。佛教、耆那教與印度教都受到它的影響。「明」字已包含了「學」之意。是起源、發展於印度正理派的一種思維和推理方法。

「三段論」與蘇格拉底之死

我們現在慣用的邏輯是希臘的三段論：「大前提→小前提→結論」。談到三段論，最常聽到的一個例子是：「蘇格拉底會死。」依據的道理是：「人都會死，蘇格拉底是人，所以他會死。」最後結論就是「蘇格拉底死了」。這是關於共相／殊相之間的因果關係，是一種推論的道理。但我要從上述那個「最常聽到的」那種三段論案例談起。

關於蘇格拉底的死，柏拉圖《對話錄》裡的〈克里多篇〉描寫得非常細膩。但我要說的是，除了邏輯之外，這段邏輯範例的敘事簡直荒謬至極：「人都會死，雖然蘇格拉底是一個特別的人，但他仍屬於一般的人，因此蘇格拉底也必死無疑。」這個例子，在教科書上不斷沿用，但我每次看到只覺得要噴飯。因為蘇格拉底的死是個悲劇，當大家談起他的死亡，聽了都會落淚，怎麼會說「因為人都會死，蘇格拉底是人，所以他會死」呢？我們能這樣講耶穌嗎？「耶穌是人，所以他會死」？可以這樣說嗎？明明知道蘇格拉底是個重大事件——「全雅典最聰明睿智的那個人」到了後來被國君賜死。因為不想砍他頭，所以改讓他喝毒藥，偏偏他喝了以後還沒死，慢慢地講了一段話「我感覺到我的腿……我感覺到我的腰……」，直到後來真的死了。誰不曉得蘇格拉底的死是個天大事件？怎麼可以說「因為蘇格拉底是人，所以他會死」呢？

因此，不要只相信這種三段論是「好嚴密」的邏輯。蘇格拉底當然是人，所以他的死亡是必然。可是這必然性是廢話。我們

在講任何人的時候，都不能只說「他一定會死」，應當是為他的死感到惋惜；而對於蘇格拉底，我們還加倍感覺到「他實在不該死」。蘇格拉底當時還活力充沛，臨死前要蓋上毯子，他又突然起身交代後事，告訴他朋友說：「克里多，別忘了到阿斯克雷比斯（Asclepius）那兒，幫我償還一隻雞的錢，別忘了。」因為阿斯克雷比斯是一個神，蘇格拉底曾經向他許願，因此事後需要還願，但他已經來不及了。至於雞，則是祭拜阿斯克雷比斯的指定祭品。[5] 蘇格拉底臨死前便這樣交代——死前仍然有活力，也有很好的記憶力，對吧？因此，在談邏輯的我們，現在陷入一個非常奇怪的處境：那嚴謹的三段論，沒把蘇格拉底當一回事的邏輯，後來發展成為所有科學方法的基礎，然後再加上數學。兩個道理合在一起，從此便壟斷了西方的知識傳統。

我們可能在驚魂甫定之下，回來談東方的思維方法。從孔子、孟子一直到荀子，都沒有人重用邏輯，即便荀子稍微多講了一點點，但也比不上西方的程度。我們的傳統很奇怪，今天受到後結構、後現代的衝擊，事實上卻還一直朝向「現代」發展、抱住「現代性」。也就是認為西方發展到最高峰、最厲害的科技就是船堅炮利的那種「現代性」，然而我們好像不知道：「現代性」背後的思想，卻是你死我活的鬥爭，一有矛盾就要開戰。這

5　一個好譬：如果大家想去報考交大研究所，會注意到交大前門有個小土地廟，所有的考生都會去那邊祭拜，然後奉上供品，其中必然有一項供品是「泰山仙草蜜」。大概所有研究生都沒辦法回答什麼原因，因為這是公認的規則，大家都認定是「泰山仙草蜜」。一箱也好，三罐也行，就看你的志願有多高。不要用別的牌子和別的供品，拜奶茶之類是沒效的。

是怎麼回事？這種「現代性」還要繼續領導我們嗎？

　　我要說的是：現在整體的學院氛圍偏向西方的現代性。我們在談心理學時，曾經以為只要模仿物理學的做法就叫做科學了。「科學」（science）這個字在希臘文字裡是「知」，就像 mathmatics 原來是指「學會、能行」。一個「學會」的人才叫作有知、有學問，但那是指「學會」什麼呢？在我們的成長過程中一定體驗過「學會」。當我們真的感覺到自己「學會」時，真是高興、驚奇、想要雀躍歡呼。曾經有哲學家說過：整個西方哲學最重要的是一種「追求 wonder 的求知慾」，即愛智（philosophy）——philo 是愛、sophy 是智，所以哲學是愛智之學，因為智而驚喜。但不一定所有人都認同這樣的概念，譬如上一講提到的格根。他涉獵非常多現代、後現代知識領域，而他提出的建構論概念先前也有人提過；他就認為哲學不只是「愛智之學」。至少不是以一個人的「愛／惡」、「智／愚」來界定人的知識。以下要介紹幾位可以和格根相提並論的思潮和人物。

無法言說只可體會的默會知識

　　大約到了 1960 年代，人本主義心理學（humanistic psychology）風潮已經在美國發酵，很多人認為心理學終於掌握了自己的東西，可以用來反擊自然科學，以及那種一直仰賴物理學、生物學、化學，像是行為主義之類的「以邏輯實證論和生理學來支撐的心理學」。因此，我們可以說，人本主義風潮在一九六〇年代席捲了全美國的學院。在此風潮當中的幾位代表人物亞伯拉罕·馬斯洛（Abraham Maslow）、卡爾·羅傑斯

（Carl Rogers）等人，由全美 APA（美國心理學會）的會員投票當選過理事長，可見當時多紅。但可惜的是，這樣的光景就只是「一代風雲」而已，之後就煙消霧散、後繼無人了。

當時能把人本主義的**知識論**寫成一本書的作者不多。我們可以談談其中一位佼佼者邁可・博藍尼（Michael Polanyi），他的代表作是《個人知識：邁向後批判哲學》（*Personal Knowledge: Towards a Post-Critical Philosophy*）。*Personal* 其實不必翻作「個人」，它在此處指的是「親身經歷的人」，這種親身經歷的知識跟談論自然科學或物理學的知識不同，不像在談物體互相撞擊力道的種種計算。因為算了半天和我們自身就是沒關係。常見的例子是計算由撞球算出來所謂的因果律：白球撞了紅球，則「白球是因，紅球是果。」然而把這樣的因果律放到人身上，就會發現那經常是無關宏旨、文不對題的。

博藍尼認為，「有一些我們親身經驗的事情，當我們想說的時候，會很意外地說不出來」。譬如：學騎腳踏車。這是很多人有過的經驗，從不會騎到會騎那天，你終於不必再跌倒，然後會越騎越順、越騎越遠、騎入忘我之境。那一刻，心中有無比的喜悅，就像 mathematics 的希臘文意指「學會」。「學會」讓我們打從心裡覺得驚奇而美妙，彷彿自己的腳變成了風火輪。感覺自己變成了哪吒三太子，成了騰雲駕霧的孫悟空。如果要告訴別人「從不會到學會」之間的差別，你能說出來那叫做什麼嗎？得到了所謂 Personal Knowledge 之時，你會說什麼？真的講不出來到底有什麼差別。要說是「平衡感」嗎？但平衡感也只不過是個抽象的打邊鼓而已，是你自己掌握到了如何可以不倒，且

不限於「這一輛車」。這種關於騎車的道理，說它是「道理」卻又不可道也。因此博藍尼便說有一種知識叫做**默會知識**（tacit knowledge），它無法言說，不能換用某種**明示**的方式來表達。事實上學會騎車的過程，得要掌握無數的小訣竅，直到能夠一個個地掌握下去，最後全部掌握了，便能夠順利上路。你學會了，但你不會說。

語言 —— 知識傳承的必要途徑

同樣的道理，譬如書法運筆，當你已經寫得很好時，人家問你怎麼做到，你卻無法輕易讓他體會，只有你自己全神貫注時才能感覺到運筆的手腕可以如何靈活有彈性。或許你可以把這些周邊支援（subsidiary）的小技巧一個一個列舉出來，可是講完了以後，很關鍵的地方通常不能言說，叫作「此中有真意，欲辯已忘言」。語言本身究竟是不是傳遞知識時最精要的方法？這是個大哉問。但問題是反過來——如果不採用語言來傳達知識，那知識便無法累積，我們簡直就什麼也沒有了。

歷史上有個可驚的例子。殷商人發明了甲骨文，後來商被周滅了。滅國時，商王朝最後一位大師箕子，是紂王的老師。箕子所任的是太師之職。當周滅了商之後，想把箕子留下來請益國事，可是箕子不肯，反而向周武王請求讓他放逐回到老鄉，就是東夷的北朝鮮。今天考古學證實，箕子回到老家後曾建立過一個小小的「君子國」。但奇怪的是箕子身為殷商的大師，學問豐富卻不懂得甲骨文，是個文盲。周武王建國三年後，發現自己不會治國，便請有學問的箕子過來，向他抱怨說「吾不知彝倫攸

敘」，也就是說他不懂治國之道。箕子便開始滔滔說了起來，在《書經》的記載中把建國之道完美地擬定出來，這就是《尚書》中的〈洪範〉篇。雖然有這樣的祖先，但韓國人卻要等到八百年後，漢字傳過去時，才學會文字的文明。

因此，不懂文字是很嚴重的問題。如果人類不會講話、不會寫字，我們的文明從哪裡來？大家都很聰明，我上課舉例時大家都能很快地反應和辨識，但只憑這種聰明，如果要再理解更複雜的問題時就會遇上麻煩。因為在講話之外，我們還需用書寫留下來，才能做反覆思辯。我先前談的「知之為知之，不知為不知」，翻譯成現代知識時肯定會覺得麻煩。除非你已經學到利用邏輯慣用的方式，一步一步寫下來，才能為孔子辯護，說明這句話本身並沒有違反邏輯，而是我們的邏輯違反他的道理。事實上我們以為很有邏輯的想法，其實不見得很有道理。孔子講的道理是真道理、硬道理，但我們的邏輯卻低估了他。**請注意：我在為他辯護時，談到的真正硬道理在此：知之「為」知之，不知「為」不知，「是」知也。這兩個「為」和一個「是」，在邏輯裡稱為一種運算子，即「思元」，但是我們用西方邏輯卻沒認出那是運算子，所以用形式邏輯來解讀，反而誤解了他。我們的「反誤解」之道，就是要把其中的「思元」寫得更明白。**

現在回過頭來探討心理學，它到底是要「談什麼道理」？心理學當然是要談「心」的道理。關於「心」最知名的學說之一，是佛洛伊德（Freud）提出的「無意識」（the Unconscious）。雖然在當代的心理學中，不涉及精神分析的學院心理學已經完全忽略這部分。可是如果我們真的要談論精神分析，那就非要去讀

佛洛伊德不可。他的作品有《全集》二十四冊，目前對於這門學問的專業門檻就是要把《全集》讀完。這已經不是普通人可以做到的事。但大家都別驚慌——談佛學的人也沒有讀完《大藏經》的——我們只是要知道，知識和文明的累積就是這種規模。我們回神過來，就會發現：我們在講堂中以現實的可能性，還是可以繼續談下去。假如要以人本主義作為瞭解「心」的方式，我們先前提過：至少要先憑靠博藍尼寫的那本書。

社會辯證法與社會實體的建構

除了邁可‧博藍尼，還有像彼得‧柏格（Peter Berger）、湯瑪斯‧陸克曼（Thomas Luckmann）兩位，他們的著作《社會實體的建構》（*Social Construction of Reality*）是一本早在 1967年便出版的經典，比格根更早使用了「社會建構」的觀點，認為所謂的實體（reality）並不是指「有個客觀的東西存在那裡」，而是任何的實體都要經過一段社會建構的過程才能夠成為實體。建構的過程會使用到「社會辯證法」（social dialectics）。這個辯證法是怎麼產生的呢？是將黑格爾的辯證法稍作修正，強調要形成任何的社會體制，首先必要的過程是「裡面的東西要向外部投出」，稱為外部化（externalization）。有個東西產出之後，接下來就會進入社會辯證過程的第二步，也就是說，它必須要成為一個客體（object），亦即一個「可說、可道、可行，還可拿捏、可捉摸」的客體，這過程叫做客體化（objectification）。到了第三步，就要倒過來，把客體予以內部化（internalization），我們所接觸的任何社會客體，就是把那「可說、可道、可拿捏、

捉摸的東西」變成我們的知覺。這樣就構成了社會辯證的三個過程：外部化、客體化、內部化。當我們認為已經感知了「社會實體」時，那實體跟一開始時在社會產出的東西已經不一樣了。幾乎所有的社會知識，最終都是以客體化之後的內部化為結果，我們很難再知道原先外部化的「東西」究竟是什麼。

那「東西」最初是從哪裡冒出來的呢？有時我們需思考人的本體有什麼生產性，這問題就是在問「體的本質」，我們留待下一講再來詳談。另外一個探索「最初」出處的方式，是要回推到歷史的前端，就像我們在說漢字時，一定要從古漢字的形音義來作推衍。我們在講解建構論時，都會提到關於起源的問題。起源本身是很奧妙的，為什麼當時的人想事情的方式會是如此呢？就像你學會騎腳踏車的那一刻，也很難講出背後的道理一樣。如果在甲骨文時代就有人學會騎車的話，一定也會把它寫成一個字。騎車「這件事」寫成一個「字」，大家試想想看會怎麼造字吧？車子的「車」字，不是我們現在談的車輛，而是古代很簡單的獨輪車。我們所知道的甲骨文，神奇之處在於能把一個物體、一個事件、一個意象，用一個造型表達出來，於是學習文字的人只需傳遞文字造型就可以表達那些事／物／意。字體本身具有象形、指事、會意的功能（也可叫做象形、象事、象意）[6]，但這時候文字就是在經歷客體化過程，等到我們去學習這個字時，早已不是這個字原先創造時的意思。這整個造字過程，就是後來稱為社

6　「象形、象事、象意」之說出自班固的《漢書・藝文志》，他比許慎的《說文解字》早了大約二十年，故不是許慎所說的「象形、會意、指事」。

會建構的過程。

接下來，跟建構論的形成和演化有關的，還有另外幾本重要著作及幾位作者，我列出一份書單讓大家參考（見書末所附的「延伸閱讀書目」）。

（講堂中對於這份書單的說明，在此略過）

我提出這幾本經典著作，在本講堂裡面所談的東西都跟這些經典有關。如果你們願意去看看，肯定會對於我們現在談的問題有更精準的掌握。我們可以直接進到書中——我想每一本書都值得變成八堂課，我在此只是讓大家先知道這樣的關聯。這個問題我們就先擺開。

關於「A＝A」，你想的其實是……

回歸本次的主題，我先前稍微把「知之為知之」的問題往前推了一步。我們曾將「知之為知之」化為形式邏輯的語句，發現了 A（知）有兩個，即 A1、A2 的問題。我們以為可以用形式邏輯來翻譯孔子說的話，但卻沒有翻出句子中的「為」和「是」。「為／是」屬於邏輯的基本運算子，也就是建構論方法中的「思元」，但在傳統形式邏輯的式子中並沒有寫出來。漏寫了就表示沒有呈現出整體。如果我們要理解孔子這種思考的運算方式，要以進入後現代知識的方式，亦即換用另一種邏輯的方式來討論。

提到後現代，有幾位不得不知道的人物：早期在法國繼承佛洛伊德的人是拉岡（Lacan），另外就是英國劍橋的維根斯坦（Wittgenstein），他的語言哲學絕不能忽視。還有另一位，早年我們一直以為他只是一個現象學家，即胡賽爾的大弟子海

德格（Heidegger），他後來超越了他的老師，走到了更遠的地方。而且他後來所寫的書，書名都非常簡單：*What Is Called Thinking?*、*What Is a Thing?* 這意思就如同我一開始問的問題：「什麼叫作思（或知）？」、「東西究竟是什麼？」一樣。

海德格曾提出了一個驚人又有趣的問題。他看大家都玩邏輯，就提議大家回到亞里斯多德那眾所皆知的邏輯三律——「同一律、交換律、排中律」——特別是同一律的問題。在大部分的教科書中，「同一律」（Law of identity）就是指「A 和它自身相等」，寫成邏輯式子就是「A＝A」。可是海德格提出了另一個看法，很像建構論方法，但也有詭辯的意味（所有的哲學家都是擅長於詭辯的）。他說：「A＝A」的式子，其實已經將人導入了陷阱。A 如果「等於」A，那麼在寫式子的時候，應該寫的不是「A＝A」，而應該寫成「A」。因為 A 和 A 相等，所以 A 是 A，只有一個 A。可是「A＝A」之中有兩個 A。「同一律」「有兩個 A」是什麼意思？此外還加上了「等於」這種「運算子」，強調「A 等於 A 自身」，就如同孔子的「知之為知之」中加了一個叫「為」的運算子一樣。注意這些遺漏的運算子，才能理解建構論中的「元理論」。

扭曲變形的寶特瓶怎麼會「等於」它自身呢？它原來是什麼樣子？絕對不是扭曲變形的樣子。那還等於它自身嗎？然而，大家只要一推想就知道，它原來就是寶特瓶。我準備來上課時，企圖要語驚四座，就把瓶子拿起來揉捏，在課堂上就變成「這是什麼東西」的問題。當時我滿腦子都在想這些問題，「什麼東西等於它自身？」——這是利用運算子，把 A 拆成兩個來

寫，但這個「製造問題的東西」又是什麼呢？那就叫作「思」（thinking）。當你說「A 等於它自身」這句話時，**你正在思考，正在運算**。所以 A 和 A 相等的意思，其實就是：There is someone who is thinking about the identity of A。那個 thinking 會讓一個 A 變成兩次出現，變成所謂的**相等**。這樣，「思元」就完全進入了我們的理論方法。

「人文科學」和「自然科學」之間有什麼同／異呢？就是：If you don't think, nothing happens。就是這樣，「A ＝ A」這麼簡單的式子裡，原來隱藏了一個沒說出的道理。一個東西和他自身要相等，**你必須先思考以後才能夠如實知道**，甚至可說：A 等於 A 之時，這個人已經不只是在 thinking，而是在 creatively thinking。我已經把一個東西捏成這個不成原形的樣子，可是我們都說「它是它自己」。所以，大家就知道這有多好玩：當我們用傳統邏輯來運算時，永遠不會算出一個寶特瓶和變形的寶特瓶，原來是同一個，是不是？然而建構論的邏輯對於「一個東西」、「一件事」做過更根本徹底的思考，可說是回復了人文科學的邏輯。

因此，以非常有趣也容易理解的方式，我們就能夠重新知道什麼是「人文的邏輯」；即使在很簡單的一個式子裡，它會使用到各種「東西」，包括我在式子裡面寫到的「元」。先前說過，這個「元」字有兩個意思：第一是當成「元素」，第二是當成一個 meta，就是「後設」。意思是「A ＝ A」這樣看起來很扁平的式子，在寫上一個等號之後，它其實已包含著三個「元」，變成一個像是 3D 的結構，可以在不同的向度（不同的次元）上進行

運算。所以你會知道：我們談的建構邏輯不是扁平、線性的，而是曲狀、3D或是迴旋扭動的。

佛洛伊德所「不知」的那個「東西」

有一天我兒子問我，究竟什麼是佛洛伊德所談的觀點？他問的其實就是屬於迴旋扭動的那種觀點。高中「公民與社會」課本上每次談到佛洛伊德時，所有課本都不知所云。所以我擔任課本的審查委員時，每次都要求發回重寫，強調內容寫得錯誤離譜，害得我必須很費勁地一個一個指出。最後連其他審查委員都說：「宋老師，我們覺得你講得很有道理，但連我們聽得都還似懂非懂的，那你要編寫的人怎麼辦呢？他們肯定不懂的。」於是我作出一個妥協，把自己指正的論點寫下來作為「備忘錄」，以便日後駁回課本內容時給寫書的人作為參考。備忘錄的意思其實等同於給編書人用的小抄，內容是關於那些寫書的人所認為的：「Super-Ego（超我）代表社會的良心」。我肯定這說法只是知其一不知其二。Super-Ego永遠都在否定，喊著No、No、No。課本上都說它是作為「社會的良心」。在佛洛伊德的理論中，假若永遠都只會說No，這樣就能夠有良心嗎？要是社會充滿了否定和拒絕，大家都只會活在心寒的禁忌狀態中——整體社會就會變成一個僵固的極權社會。

事實上佛洛伊德在講人類的精神世界時，可以分為Id、Ego、Super-Ego三個層次，或舞台上的三個角色。他們之間的關係是彼此相接、彼此制衡。但佛洛伊德認為Super-Ego何時會發動呢？就是當Id有任何動靜時，它就會首先趕到現場，當

場說 No。Super-Ego 會跳過 Ego，直接對 Id 喊 No。如果我們拿雙手作為道具，左手從肩膀到手掌代表 Id，從左手手掌和右手臂彎相接處代表 Ego，而右手就是 SuperEgo。當左手想要有動作，此時代表 Super-Ego 的右手（即和左手掌在臂彎處相接的右手），它會折過來掐住左手臂，是來制止它（Id）的動作。假使用空間來呈現，我們的精神世界必須用 3D 或立體的模型來做動態的演示。佛洛伊德想事情時其實比較像是這樣立體而動態的，不像課本上寫的那麼呆板。他強調 Super-Ego 是直接對 Id 下指令、踩煞車的，不透過 Ego 來作為傳遞訊息的中介。

因此，當 Ego 被晾在一旁不知道該如何是好時，白天發生的衝突和矛盾，到夜晚就會演變成一些很奇怪的夢境，在夢中呈現「又想要、又不要；想去要、又不去要」，這很不容易說清楚，可是很明顯的是，有一種「要和不要」的矛盾在其中。所以 Ego 必須學會做一件事：在欲望的「要和不要」以及意圖的「去和不去」不斷衝突的難題下，用它自身在夢中開始思考判斷。想辦法讓矛盾解決，讓欲望和意圖在現實中結合而得到合法實現。我透過手勢向我兒子說明三者之間的關係，因為我在現場能夠直接用手當作教材工具，可是那些課本上的編者寫書時並不知道這種方便的示範。那麼，我在備忘錄上該如何寫呢？一個很簡單的手勢，寫的時候要怎樣描述？要寫多少東西才能讓人看懂呢？[7]

7　在作這段講解時，我確實用雙手擺出手勢。在課堂上，所有的人都看見了這種「很容易」的示範，但在本書的描述中卻不見得容易懂。講堂裡所具有的「當下性」（immediacy）不是一本書能夠輕易移置的，特為之誌。

Super-Ego 是對著 Id 發命令的，那 Id 是什麼東西？它自己不知道，連 Super-Ego 也不知道。甚至佛洛伊德也不知道。所以佛洛伊德把它叫做「*das Es*（the It）」，英文翻成 Id，把它直接翻成漢文應叫作「那玩意兒」。但現在的許多編譯者卻把它翻作「本我」，這就是在胡說。佛洛伊德從來沒有說過「那個東西（Id）」是「意思清清楚楚、根本的我」。它的名字不就叫「the It」──「那玩意兒」嗎？不知其名，就姑名之為 Id。就如同我一開始談的「這是什麼東西？」也就是已經發生的事，但你卻不明白那究竟是「怎麼一回事」；而且不只你和我，甚至是任何人，我們都無法清楚「那是怎麼一回事」。

佛洛伊德關於 Id 的概念，跟孔子的「不知為不知」不是挺合拍嗎？因此孔子就像是佛洛伊德的先知。不強硬的解釋「不知」，這在諮商和臨床實踐中也是很重要的原則。如果你自己無法承認這原則，那麼你的「知」絕對是一種在霸凌別人的知識。就是這樣。所以自然科學裡面其實也有很多東西，正是「強不知以為知」。

當自然科學發展出核子武器時，那些科學家在戰爭過後還說：「我只知核分裂會有巨大的能量發生，我沒想到會被當成武器。」這是負責任的語言嗎？要說這些物理學家都很天真無辜，能夠這樣說嗎？不是的。明明就是他們的發明，到後來演變為武器，那些知識本身的後果是有人要負責的。然而，我們的人文知識不是用來殺人。我們的知識一概只是為了能夠瞭解人、瞭解人，最後還是想要瞭解人。然後設法與人接觸、溝通、傳授，企圖把一些看起來不能說清的東西講清楚。這樣的知識就稱為「人

文的」，叫做「斯文」，並且我們還給它冠上了很好的漢字，現在可以回頭把它叫作「心理學」。還有，我們也特別把這種心理學稱為「建構論的心理學」。因此，我們就能從建構論的根本邏輯「數元／思元」來重新談起。

心理學與社會建構論，一拍即合

我們今天可以說「心理學」這三個字挺好用的，「心」剛好和「物」相對；「理」便是講道理的；那麼「學」呢？就是你需要親身接觸才能學會，就像騎腳踏車一樣。所以「心理學」三個字，就剛好把那個「很難講的東西」和「你也許可以學到的東西」，再跟「一個可以言說的道理」結合在一起，變成了「心理學」。因此，心理學與社會建構論正好一拍即合，而且兩者發展似乎可以並肩齊步、攜手並進。

雖然歷史上的事實不是如此，社會建構論在心理學界的發展，就知識的歷史而言，應該算是後知後覺。然而，當我們將Psychology 翻譯成「心理學」時，建構論其實已經隱含在其中了。所以我強調，真正重要的是「我們怎麼知道那個很難說的東西」。而所謂的「心」，就像剛才我問大家「怎麼知道」那個已經扭曲的寶特瓶仍舊是寶特瓶。由於寶特瓶只是一個常識上的稱呼，我們在使用共同語言的條件下，很容易理解。但是我們所要知道的「東西」其實又是很多人說不出來的。你說：「我知道啊──點滴在心頭。」梁啟超也說過：「如人飲水，冷暖自知。」大家都以為這便可以作為心理學的格言──但問題是「點滴在心頭」不過是個比喻而已，應該是點滴在「大腦」吧？但如

果說「點滴在腦袋」，「東西」只存在於個人的腦殼裡，這種話說出來時不能保證別人一定知道你在說什麼。雖然我們可以透過「觀其眸子」，從靈魂之窗來觀望，也許可以多多少少知道一部分，但我們和他人既然隔著一個腦殼子，還是看不見眼睛後面一時裡究竟發生了什麼事情。心理學可以說「反正我們每一個人自己都知道」，然後心理學的最後一章就以此作為結論了，這樣可以嗎？如果可以的話，我們今天就不必聚在這個講堂中，從頭講起了。

心理學的知識有一個很大的麻煩，就是你以為自己知道，在 common sense 的情況下這是毫無疑問的。但若要你說：「我心裡在想什麼？」——譬如，更進一步問：「我今天對你說話是善意還是惡意的？」你們首先要猜我的意思吧？抱持善意的話，我就是知無不言，言無不盡；懷抱惡意的話我就是招搖撞騙，讓你們覺得我很有學問，所以你不敢開口發問或回嘴。光是在課堂上，至少我有這兩種可能性，大家在面對這種處境時都得要學會對情況做判斷。不光是「冷暖自知」，而是「學而時習之」——這已經是大家都很熟悉的語言了，但大家都肯定明白其義嗎？——我們下次再談吧。

＊　＊　＊

老師剛才有提到「知之為知之」，後來還有提到「運算子」的部分，那這之後會在別的講次再提到嗎？感覺像是蠻重要的東西？

對。像我們今天談得還不夠深入，而我在上一講次談的內容，差不多可能已經預告了第三講、第四講的題材。這是我第一次在體制外的講堂上這樣談，所以我不確定這內容到底要講幾次才會講清楚。我講述時不像是為大家「準備考試」，不是告訴大家如何劃重點。我一定要設法讓大家跟我一起練練工夫。所以我問了些基本問題，像是如何騎腳踏車，大家會說我懂、我知道。那樣的「知」確實是知道，但你能夠將道理說出來嗎？這時候你產生了疑問，而我開始說明所謂「知」其實包含很多東西，譬如說 Matheme，不管稱作「運算子」或叫作「數元」、「量元」、「象元」等等，最後還可叫做「思元」。不同的翻譯，不同的意思，分別在說：當我們思考時，是用哪一種單位在解讀。「量（ㄌㄧㄤˋ）」其實也是「量（ㄌㄧㄤˊ）」。我說自己在思考時叫作考量、思量、衡量，「量（ㄌㄧㄤˊ）」本身並不等於「量（ㄌㄧㄤˋ）」。

反思「質、量之爭」

今天我們的學院心理學非常偏重量化研究，即使過去質性與量化雙方一直在鬥爭，但最後總是量化研究勝出，之後就會一直對質性研究高喊：「你們是偽科學，而我們量化才是真科學。」當主流不斷地強調「真科學」時，如果我們回頭問：「那麼量和

質有何不同？這不同究竟是什麼意思？」多數人無法回答，因為大部分人只知道所謂的量是指數量，但並沒有想到所有的量都必須在編碼之後才能產生。而所謂編碼的意思是：當研究者收集了原始資料（data），把 data 變成 ABC 等等符號，又轉化成 123 等等數碼。原始的觀察結果在這種神不知鬼不覺的編碼過程中被轉變成數元。本來得到的結果是 ABC，後來轉成 123 時，這資料其實已經被做了手腳。當量化研究把「量（ㄌㄧㄤˊ）」的結果變成「量（ㄌㄧㄤˋ）」時，結果其實不盡然準確。因為原始的真實已經被做掉了，做了一些科學本質上不該做的事。但大部分的人仍被矇在鼓裡，甚至會詭辯說：「這是不是超出討論範圍了？」於是，教科書上的內容都只呈現原始資料被換成數量後的結果。這樣偷天換日的說法，大家一定要信服嗎？

如果你會搖頭，那就表示我們可以這樣回應：「這樣的數學實在太低級了，表面上是嚴謹的計算，但其實數學本質根本不是這樣。」因此，運算子可以稱為量子或象子、數子，各種「子或元」的說法都通。總之從 Mathematics 到哲學之間，有很多種不同的單位在運作，這是我想談的東西中非常重要的一部分，往後我也會用這樣的方式來談關於「質和量」。大家可以先假想有種東西叫做「量體」（quanta），而另一種必定可以稱為「質體」（qualia），質體和量體之間究竟是怎麼回事？註定是對立不能相容嗎？其實質量彼此可以合併，如果有一方排斥另一方，那肯定犯了錯，譬如量化排斥質性。但反過來說，如果以質將量收納，卻完全合理可行，因為質體包含的東西很多，量體只不過是其中的一例而已。但量化研究作為知識方法的一項分

支，竟然反客為主地說要把質性研究併吞或排除，這是非常不合邏輯且違反道理的事。偏偏現今的學院裡面，很多人莫名其妙地信奉這一套，集體陷入不可自拔的泥淖。於是當代心理學所發表的研究報告都成為 GIGO 的結果，這是心理學人自己說的笑話：「Garbage in, garbage out」。它也老早就被其他領域的人嘲笑說：「你們的數學實際上只是在用一些罐裝統計。你們都只能靠著 SPSS 統計分析軟體，從中選了一種計算方式，然後輸入 data，按下一個鍵，答案就出來了。」要知道，有些其他學科的研究，方程式還都是要自己去寫的，但心理學居然只要按一個鍵，答案就出來了，這到底是什麼東西？真是欺人之談。所以我們下次再來仔細地談量和質之間的必然關係。目前主流強調的「科學心理學」顯然是錯得離譜，容後細談。

「誘練法」：打造科學知識的新體系

講綱中提到的分類學、因果論等等，我們還都沒仔細談，往後我們會認真介紹，譬如類型學（typology），其中包含的「型」是型態學（morphology），和我們常見的科學分析（analysis）、分類法（taxonomy）很不一樣。它在分析思考時憑著形體、形象來作判斷，所以不是靠數量來區別，或仰賴所謂的「程度」就能區分高低。我們會說，在結構和結構之間，量似乎是可以漸進的，累積到一個程度就導致「量變到質變」的轉化，躍進為下一個結構。其實並不盡然如此：所謂範疇（category），在一個範疇和另一個範疇之間，有時根本沒有「量」的關係。

以一個簡單的例子說明。法國哲學家柏格森（Bergson）曾說：當我們在談「情」的時候，大家都知道所謂的七情六慾（在漢語中指「喜怒哀樂愛惡慾」）。人們高興時會說自己 happy（快樂），或用另一種相似的情感說 joyous（喜悅）。請問 happy 和 joyous 的差別是指**量**的多寡嗎？當人在快樂開懷時，會說自己的「快樂」比「喜悅」在數量上高出兩、三倍嗎？把喜悅乘以二能等於快樂嗎？恐怕用膝蓋想就知道不可能了。喜悅是喜悅，是一種輕微的情感，輕盈的喜上眉梢；而快樂會表現得更興奮鮮明。或許會有人說：「那麼，只要測量腎上腺素就知道是 Happy 或是 Joyous。」這依然是胡扯。兩種看似接近的情緒，其實互相之間並沒有「量」的關係，而是在本質上有所不同。如果連兩種相似的情緒都沒辦法區辨，還能夠宣稱是心理學嗎？當哲學家這樣問，主流的心理學就會被問倒了。因為多數心理學家都以為只要測量腎上腺素就可以知道答案，殊不知這是在問東答西。

　　我想談的是，為何我們所習慣的科學都只能玩「歸納法」和「演繹法」？其實一定要有第三種方法，我把這第三種方法用心翻譯成「誘練法」（abduction）。如果大家去翻一些關於科學方法論的教科書，會發現 abduction 這個字很少出現，而真正知道的人其實已經進入了一種不同的層次。曾經有位數學家說：「數學之所以會進步，是因為它在否定自己的同時，創造了一個新的體系。」

　　如何去創造一個新體系呢？其實不是要去特意創造，而是利用假設的方式做不斷的推敲，譬如我們假想將一把利劍變成

模型，在手中反覆玩弄劈砍並且不會造成傷害，然而玩的過程中，腦子裡也許會靈光乍現——有某種東西，拿起真槍實劍反而料想不到。因為當手中真拿起一把劍時，那種鋒利會讓人毛骨悚然。[8] 也就是說，我們真的拿起刀劍來時，就會被他的鋒利嚇到，變得很難去思考別的事情了。可是拿起仿造刀劍的鑰匙環或模型時，就可以用手去觸摸，思量刀刃的角度好不好等等。

因此，一個像是可以開啟問題的模型[9]，它會誘發你去玩弄、體驗，在這段玩弄的過程中，很可能誘發我們想出新理論來，這就是誘練法。在科學方法裡頭還很少人去下工夫，但實際上不管是物理學、心理學，透過誘練法都可以產生出一種非常有創意的理論進展，能夠誘導我們思考到更多層次。我們在講堂一開始討論「心」的時候，發現它原來是指一個身體器官，不是我們想像中的思考中心，於是我們開始透過考古學和甲骨文，藉由歷史去追溯。這一段思考方式其實就是利用誘練法，但是學院心理學中很少人使用。主流的研究認為這樣的討論大概只能投稿到哲學期刊中，然而科學哲學事實上是所有的自然科學、人文科學

8　有一次我跑到朋友家中，拿起了他祖父在日本時代當警察時藏起的一把武士刀，我們頑皮地把刀鞘抽開，雖然刀身表面已經鏽跡斑斑，但是拔出刀來時，我們全身起了疙瘩……那刀鋒之鋒利，讓我們冷汗直流，相比下，菜刀簡直像是幼稚園的玩具。多年之後，這位曾在美國擔任高級工程師的老朋友才告訴我說：「古法鑄造武士刀銳利的程度，即使以現代的技術，也無法超過。刀刃銳利到僅 3 個鐵原子…這 3 原子的事是我以前在貝爾實驗事工作時的大老闆（老美電磁波專家）告訴我的。」

9　我們有必要稱之為「啟題模型」（heuristic model），在此暫不作進一步的強調。

都必須要有的基礎。因此心理學也必須進入哲學，之後才有辦法再回到現實中。實驗心理學之父馮德（Wundt）本身就不贊成心理學和哲學分家。[10] 所以我們的心理學不但要會解構也要會重構。但所謂的研究方法，其實無論質、量都能並行無礙。在科學上，我們談的並沒有離題，事實上就是一直在設法重建方法論的基礎。

10 Wundt, W. (1913/2013). *Psychology's struggle for existence* (2nd ed.) (Translated by Lamiell, J. T.). *History of Psychology, 16(3)*, 195-209.

【第三講】

「心」的社會建構：

關於「我知、我懂」
的重新思考

我們必須開始用漢語裡最精妙的幾個**範疇**來展開社會建構論。古漢語的一個單字，常比現代漢語的雙字（或多字）詞包涵更多也更模糊的意義底蘊（即語意內涵）。「心」即是我們第一個要掀開底蘊的問題。

以社會建構論突破學院中的知識壁壘

在所謂的學院心理學，或是心理學相關學系，譬如諮商輔導、臨床心理學等等，事實上在學院裡都是門牆森嚴的，他們所使用的教材基本上有一些壁壘分明、難以打破的規矩。譬如，談到精神分析時，有些人可能以為精神分析已是炙手可熱的顯學，但實際上台灣所有的心理學系，或諮商輔導系所，幾乎都不談精神分析——不只是避談，而是根本不敢談。有些人勉強會談談加上了一些號稱帶有「東方特色」的精神分析，譬如榮格（Carl G. Jung），但其中含有很多一廂情願的色彩，不見得是榮格的本意。一般的心理學課程，只有在人格心理學裡面，可能會有一、兩個章節談到精神分析。一直到現在，如果打開美國最新版的教科書，裡面關於精神分析的章節可說是寫得糊塗至極，內容幾乎半世紀沒有更新，彷彿完全不知道這個世界上的精神分析到底發展成了什麼東西。而且書中對於精神分析的解釋，如果拿到歐洲的學院去比比看，大家都會認為這是很片面的描述。然而心理學系的人自己並不知道，他們以為這樣就可以把精神分析一筆帶過了。所以精神分析對心理學來說已經是另外一門學問。可是歐洲的學院大多數並不是這樣，和美國學院是兩個不同的世界。

有趣的是，雖然我們的講綱裡主要以建構論的方式來開講，

且讓大家先知道內容會跟後現代、後結構主義有關，但我們的講堂策劃人在一開始就提醒我說：「你千萬不要把這裡的學生當作博士班來教。這裡的學員基本上還是社會人士。」可是，反過來說，我已讀過許多心靈工坊的出版物，以這些書籍當作課堂的標準，來衡量讀者們對於格根這樣的著作，可能會想聽些什麼。因此，我打算把大家引進某個一般稱為建構論「入門」的地方。但我說的「入門」，是要離開那些「麻瓜」的世界，像哈利波特一樣，「碰！」地衝進一個魔法學院。

我並不是這種說法的始作俑者。事實上，心靈工坊出版的書籍已經暗示了非學院派的旨趣，根本不打算臣服於學院，出版了許多非主流典型的書籍。這些書在市面流通，完全不受限制。所以大家看到了心靈工坊的書時，不要立刻認為「現在學院中已經發生了變革」——事實不是這樣的。心靈工坊的書仍然只能作為心理科系學生的課外參考讀物，它是以「旁門左道」的方式在學院外流通的，課堂裡很少談論。但如果一定要推展的話，是有機會的，譬如我稍微點算一下跟榮格有關的書，心靈工坊已經推出了十幾本，然而榮格在精神分析中又是一種「另類」的精神分析，全世界的精神分析都把榮格的學派叫作「分析心理學」（analytic psychology）。所以，只要是在這學術世界中打滾過的人就會知道：在心理學領域，這些門派其實都還有相當嚴謹的內行／外行區分。

我在此問大家一個「內行」的問題：「美國常發生種族歧視，這看似荒謬不文明的現象，請問是哪些種族之間有這樣的關係？」大家都會說是白人和黑人。但如果只這樣說，就實在

太外行了。我們知道的「白人」到底是指誰？在美國的拉丁美洲人（Latinos）是白人還是有色人種？大家已經開始有點困惑了吧？譬如說西班牙人、葡萄牙人，也跟中南美洲的原住民混血，可是他們有一些確實長得金髮碧眼，膚色略暗，那他們是白人還是有色人種？總之，如果知道內情的人一定也會知道「拉丁美洲人」的分類是很曖昧的，很難說他們是白人，但當然也不是黑人。再說，當地的白人之間，沒有人會不注意義大利人、愛爾蘭人、猶太人等等的區分——以及歧視。總之，當我們越瞭解在地情況時，也就是成為內行人時，會發現事情遠遠不是那麼容易說清楚的。

我現在提到的問題稍微有點寬泛，就當作是課堂的熱身階段，讓大家稍微瞭解一下所謂「門派」、「族群」等等「內行／外行」區分，都來自社會建構。現在，我們立刻切入正題。

建構知識的方法：「道問學」

我把講堂與現實比喻作《哈利波特》中的霍格華茲學院與麻瓜之別，說這是屬於兩個完全不同的世界。我認為心靈工坊所具備的氣氛，與我們所說的「學院派」確有不同的分野。譬如在講堂「談問題和問問題」出現的狀況，與學院中的情境確實不同。我特別強調在這裡不光是講課、聽課，也不僅是提供如同補習班一樣的考試畫重點。反過來說，在這裡大家像是古代儒生一樣，是專程來求知、做學問的。古代讀書人是怎樣讀法呢？大家不要以為他們只是在自家的寒窗邊咬牙苦讀。自從唐代出現了科舉考試之後，官方和坊間相應產生了類似現代補習班一樣的升學特攻

隊，針對考取功名而設立的機構，就叫作書院。

　　書院體制在科舉推行後就蓬勃發展，到了宋代可說進入了高峰，但書院還是有國立、私立之別，求學問的方式也漸有分別。到了明代，書院已經供過於求，開始產生一些紊亂詭異的現象。所以書院也像我們現在談的學院一樣，和追求知識產生了許多倒果為因、以手段為目的等現象。

　　我想談談一種知識追求，也就是求學問的光景。我曾經在河南參訪過一間宋代留下的嵩陽書院，那個建築物裡有個現象特別有趣，值得跟大家說一下。那間書院座落在嵩山的山腳下，北宋五子當中的程頤、程顥就曾在此任教。我當時注意到牆上的圖示說明，瞭解到這裡的書院並沒有大講堂，沒有一次容納數十人、可提供演講的空間。但這間書院其實已經遠遠超出私塾、講堂和一般鄉間學校的層級。幾乎是想要考取進士的一批人才會來此精讀，換句話說，這樣的書院等級已像是研究學院。裡頭雖然沒有教室，但學院設立了一間不很大的中央講堂，並且由教師坐在裡頭輪值。講堂中間放了一張桌子，叫做「教席」，而學生們會三三兩兩地走過來，向目前輪班的夫子請教。學生會來一批又換一批地圍著老師進行「問學」。

　　我不確定那些老師每人要輪班多久，也許三小時或半天就換一位夫子，但學院的上課方式就是有問必答，可是不作主動講授。換句話說，求學者自己要先看書，之後自行前來提問題，老師就坐在教席上等著讓人家來問。因此，所謂的「學問」就是這樣的意思——古時學院確實採用「道問學」的方式。「問／說」、「請益／開示」，就叫做「道問學」。關於宋代書院，我

沒有整體情況的瞭解，但實際上我看到的一個光景就是如此。因此，我要特別鼓勵大家在這個地方，就像書院一樣發問，我們一起成為一批「有機知識分子」，彼此間相互培養「道問學」的機會。

漢語心理學的發展脈絡

這個課堂每次結束後，照例都會有人留下來發問要求解惑，而我總會在這裡多待個十幾分鐘後，才因為需要趕車而告辭。有一位夥伴跟我談得意猶未盡，便跟著我一路走到捷運站入口。這一路上，我們討論的時間大約持續了十分鐘。走到捷運站門口之後，我以為他是順路陪我走過來的，結果並不是，他跟我說了再見，便轉身離開。我覺得這非常有意思，他跟著我一路提問、談論，而且還提出了一個非常關鍵、重要的問題，我回想課堂上果然也有人問：「老師是否要用『詩學為體，科學為用』的方式來闡明『漢語心理學』？」在這樣的討論之下，我覺得我原來應有這樣的打算，就是重整並產生一種新的心理學。

我曾再三地告訴大家，我們在台灣有「本土心理學」，而在中國大陸，他們事實上已逐漸擺脫台灣的本土心理學，自己成立了「中國心理學」。因為他們的學會組織非常龐大，所以很快地集結了一群對心理學史有興趣的人，就談起了「中國心理學史」。這類著作也相對地多了起來。剛開始時，因為這樣的學問在文革時代是被禁止的，心理學系都關門了，而心理學的老師們都被批鬥下放。所以到改革開放後，他們才重新建立系所。他們開始時第一個取經的地方就是台灣。因為台灣在發展「本土心理

學」，所以他們也把本土心理學當作經典來傳播。他們不向西方取經，而是渡海來台灣取經。之後常常以兩岸三地的名義，由台灣、香港和大陸的心理學者一起談「華人本土心理學」。

可是，久了以後，這群學者發現在不同的政治立場冠上「本土」會衍生很多問題，於是，他們慢慢改用自己的方式來發展「中國心理學」。然而，這和我們現在談論的「漢語心理學」是不一樣的。不論是台灣發展的「本土心理學」，或是「中國心理學」，都已經被地名或地理區域所侷限。我們著重的是我們在生活中用以思考、行動的語言工具——「漢語」。我們的語言在語言學裡的正式稱謂是「漢語」。雖然漢語包含了多種方言，可是後來產生了被稱作共同語言的「官話系統」。自從近八百年來，經歷元、明、清逐漸發展出的「官話系統」，在中國大陸稱為普通話，在台灣則是國語。「漢語」正是華人世界裡最通行的一種語言，台灣的國語和中國普通話除了少數的名詞不同外，基本上「不需要翻譯便能夠對話」，在語言學的定義上，就是屬於同一種語言。

漢語在現代化過程中的偏誤

然而，「漢語」在現代化的過程出現過非常多問題，它一再經歷多重的轉譯，導致我們使用的每個詞彙都可能問題重重。因此，我們目前使用的「現代漢語」到底是不是一個適當的學術語言呢？我們其實很難拿捏——有時候它的意涵不對，但使用習慣了就難以改變。譬如，大家都知道心理學中必然會談到「同理心」，甚至不只是心理學，在報章雜誌上也到處看得到。可是

「同理心」作為心理學的術語，究竟是從哪裡來的？怎麼使用？是什麼意思？如果經過考察，大家都使用的「同理心」，在我的著作中曾經再三強調：「同理心」是很片面的翻譯。當時的始作俑者不知是誰。台灣第一本發行量最廣的《普通心理學》作者是楊國樞和張春興，後者甚至編了《張氏心理學辭典》。雖然兩位都是我的老師，不過「吾愛吾師，吾更愛真理」這句話我很當真，所以我要說他們都沒有認真考察這個詞的翻譯。後來大家談到「同理」，以為這就是「我瞭解你」的意思。

可是實際上，被我們譯為「同理心」的「empathy」，不只是「同理」而已，它的真義是與人「感同身受」，並且有一種好像能進入對方體內去理解的意思。Empathy 這個字，em 的字首，意思就是進入，而字根 *path* 指的是情感，特別是悲情，所以 empathy 翻譯成「同」、「理」就太不著邊際了。我們在翻譯時為什麼不用「同感」或「同情」呢？因為「同感」、「同情」在我們的語言中已經是很常用的語詞，因此就別出心裁地翻譯出「同理」，就是要能夠和同感、同情有區別。但是這麼做其實是誤解原意，導致 empathy 這個字好像只是說出一種道理，然後大家的心事和情感就可以有簡單而共通的理解。這是個心理學的關鍵字，對於能夠精熟使用漢語的人來說是理解上的偏斜，所以我們對於漢語的語詞要有更為準確的掌握。

「百年來，我們毫無貢獻」

在談「漢語」時，也很難不聯想到思想傳統的問題。我們在整個漢語世界裡，心理學的流派常會宣稱自己屬於某某學派，

例如某學派自稱它們的核心精神是「儒家」，或把自己的思想傳統通稱為「道學」。然而，如果真的去讀本土心理學裡關於這些傳統的作品，就會發現他們對儒家典籍幾乎沒讀通就開始濫用，因此對「儒家」的解釋亂成一團。知道這問題的人很多，但是因為本土心理學的圈子很小，形成一個自我繁殖的小圈圈。每當跟外國人講起的時候，他們慣於說整個華人圈子的文化都叫做 Confucianism（儒家）。這是一個過度簡化的說詞，就好像說整個歐洲都是基督教一樣的意思。用基督教來概括整個歐洲，以及用 Confucianism 來宣稱自己，還說自己是「儒門子弟」，這樣說實在過於浮濫。

即使要談儒家，至少也要有能力區分最早的原始儒家，接著是漢儒；從漢到唐時，儒學可以說是沒落到沒有聲音了。等到再度冒出來的時候已經是宋儒，在宋到明之間，有另外一個很強的「理學」勢力興起。他們表面上發揚原始儒家，但實際上受到非常多佛學和道家玄學的影響，以致宋代的理學講出來的東西比原始儒家要複雜得多。譬如光是北宋五子（周敦頤、程顥、程頤、邵雍、張載）就有大量的著作，因此可說宋明時期有過儒學的高峰。接下來就是清儒。清儒稱自己的考據學叫做漢學，他們排斥宋學，因為宋學講義理，但清代的考據學不講義理，義理之學被排斥到當時的主流之外。

細說起來有很多名堂，但總之，若要談儒家，大略可分為四種，各自有不同的著作方式，甚至於連求學方式都不相同。那麼我們今天聲稱自己源於儒學，究竟屬於哪一種儒？我們所讀的四書五經確實源於原始儒家，可是它的註釋是誰寫的？漢儒作了

大量的註釋，後來到宋代的集大成者是朱熹；然後更多的考據、註疏大多是清儒寫的，所以，自稱儒家的人究竟屬於哪一家的儒呢？當代有人聲稱自己是「新儒家」，這說法其實也還只是新的嘗試。他們若以為只要用現代語言去改寫一下就能成為新儒家，這裡頭就不會真正形成有意義的新東西。

　　所以話說回來，前不久香港有一位頗具名望和人氣的心理學者英年早逝了，為此一時間有訃聞廣泛向外發出，邀請世界各地的學者前去致敬。這位學者名叫梁覺，我曾經碰過他，當時不覺得他很有批判性，但後來他說過發人深省的一句話：「不管是本土心理學或是中國心理學，在這一百年來，我們這些講中國話的心理學家對心理學毫無貢獻。」因為沒有創造出任何一個有效的心理學範疇，可以讓後人在新範疇中對心理學產生新的思考。因此梁覺明白地說：「百年來，我們毫無貢獻。」

在漢語語境中找尋科學心理的新範疇

　　現在我們回過頭來談最根本的問題：我們在使用漢語時，怎麼可能沒有產生新範疇？意思是說，即使我們用了一個名詞，可是我們急著在它後面附上了一個原文，譬如說「同理心」後面括弧寫上 empathy。到目前為止，有沒有哪一個範疇的名稱後面是不用附加英文的？在心理學裡就是沒有。甚至，本土心理學目前的掌旗者黃光國先生，他在本土心理學裡一直談的「關係取向」，其實也是根據西方現成的談法；「人際關係取向」或「社會取向」，這幾個詞在後面必定會加括弧寫上英文，像 interpersonal orientation、social relation 等等。這些都還是翻譯

的詞，也就是說，目前仍然沒有以漢語的語詞作為根本來解釋心理學的。例如談到人格（personality）時，大家還是習慣一直使用像「人格特質」（personality traits）的概念來進行討論，所以心理學在此真的沒有產生過任何一個有效的新範疇。總之，我在幾年以前也一直認為這是不可能的。後來有幾位思想史、社會學的研究者提起幾個漢語的概念「報」、「度」、「緣」、「勢」等等，都像是在嘗試建立漢語心理學的新範疇。我覺得這是好的開始，但目前仍然只是零零星星的提議，尚未形成有意義的新系統。

我所期望的漢語心理學，必須從根本而重要的議題出發，然後能跟著進入知識論和方法論的發展。最終還會影響到形上學（本體論或存有論）的問題。這是個宏大的宣稱，我卻不能只停留在說大話的階段。我們必須很切題地來展開這種論述。我稍後會對此做個較明確的例示。現在先談談知識典範轉移和知識革命的問題。

心理學建構論典範的初步發展

第一個很大的議題是關於心理學知識典範轉移的現象。我上次提出許多參考書目時，有一本重要經典被我漏掉了，而那其實是最不應該漏掉的書，即庫爾特（Jeff Coulter）的 *The Social Construction of Mind*（《心的社會建構》），也就是相當於我們這個第三講的講題「心（靈）的社會建構」。此書出版於 1979 年，比格根在 1985 年發表的那一篇引起學術界關注的文章更早了六年，所以換句話說，庫爾特早在格根之前就討論過「心的社

會建構」（*The Social Construction of Mind*）的議題了。大家聽過「庫爾特」這個名字嗎？如果沒有聽過，那也不是你們的錯，因為他不是心理學家。換句話說，在心理學圈內是聽不到的。庫爾特自認為是個社會學家，所以他在寫「社會建構」時強調的「目前」，也就是 1970 到 1980 年間，出現了一個詞叫做「知識社會學」，而且真是風起雲湧。大家開始對於「知識是什麼東西」，特別是社會科學和自然科學之間一直以來的對抗，就在知識社會學中被重新提出來，帶來一些非常有力的說法，進行了一個大反撲。

其中有一位非常重要的人物，講到「科學典範轉移」，這就是孔恩（Kuhn）。他從自然科學談起，認為諸科學的發展都有個共通原則，就是新典範的興起會把舊的典範打倒，成為另一個廣為人知的典範，人們會普遍接受。一個典範在形成時，它不只是學說，還會結黨成群構成一股勢力，然後接下來就會重新瓜分其他典範的地盤，形成了一個很重要的「科學的社會學現象」。孔恩談到典範轉移時，其實也帶著學術政治的運作方式在其中。可見科學本身，不管是物理、化學、生物或數學都好，都一樣難免如此。何況是人文和社會科學裡面，典範轉移意味著各派系的支持者彼此之間的激烈鬥爭。如同春秋戰國時代諸子百家爭鳴，墨家的人在攻擊儒家思想時批得那麼猛烈。背後的道理是什麼呢？很明顯的就是階級鬥爭。因為墨家的支持者在「士農工商」中，不排在「士」的地位，因此他們跟「士」居多的儒家就有明顯的階級差異。這樣的現象會在典範轉移的過程中出現，像是不同的學派之間彼此鬥爭，企圖壓過對方。

孔恩和其他學者把這個現象稱作「知識的社會學」，意思是說「知識不只是知識本身」。每一門學問在進行時，暗潮洶湧的勢力派別就在底下搏鬥。所以庫爾特在講「心（Mind）的社會建構」時，就說：「心理學家以為 mind 這個東西被心理學霸佔來使用以後，就會變成心理學獨門的看家本事。」因此當心理學家在講 mind 是怎麼一回事，他們就會在一旁對這種「心理學主義」（psychologism）嗤之以鼻──心理學談 mind 的時候把它描述的很神祕，但實際操作時卻又笨拙無方。至少在理論和實踐兩面都犯了非常嚴重的錯誤，一再地被指責出來後，庫爾特說：mind 這個主題如果是交到社會學手中，尤其是知識社會學的手中，「我們社會學家可以講得比心理學更好」。所以庫爾特寫了《心的社會建構》這樣一本書，十年後還寫了另一本更精采的 *Mind in Action*（《行動中的心》），繼續以科學哲學來討論心的知識社會學。

　　後來的格根為什麼會和其他主流心理學家這麼不同呢？其實可以說，格根背後真正的力量還是來自知識社會學的。在歐洲後現代主義中，維根斯坦是一個引發後現代與後結構主義的樞紐人物。格根不斷地討論他，而庫爾特也在談維根斯坦。另外，我上次談到彼得‧柏格和湯瑪斯‧陸克曼的那本主要著作《現實的社會建構》，他們提到社會建構之中主要的方法論是「社會辯證法」，也就是指有一個產出的外部化過程，中間有一個辯證的客體化過程，之後會進到內部化過程。我們在社會生活中的學習，會把知識內部化，變成自己的東西，但內部化的都已是客體化之後的產物，和最初的外部化已經沒有關係。因此，那所謂的產出

是一種心靈或身體的產出，但「學習」卻是指把社會客體化的產出給學進來。因此我們每一個人所學到的，盡是黨派之見，而不是原創的想法。這就是知識社會學想告訴大家的觀點：我們學到的知識，事實上已經是被高度派系化、規格化、客體化的東西。我們會覺得自己不太能夠掙脫派系，因為思想的原創者在思考時其實是天馬行空的，可是我們最後所學的卻盡是規格、制式化的操作知識，讓人覺得越過雷池一步就像進入無可挽回的險境一般──這只是一個簡略的描述，往後有機會，我會把其中的具體實情講出來，讓各位體會這種險境的滋味。

掀起知識典範的角力與革命

當我這樣談時，很多人提醒我：「你談的東西也太危險了吧？是不是要進行知識的革命？」但我的想法是：革命絕對不會發生在一夕之間，它需要經過步步慎重規劃，要經過長時間的發展，才能夠顛覆傳統。那麼，需要多長時間呢？我們所熟知的中華民國建國革命，歷時很久，起義多次，也似乎一直沒有「完成」。革命幾次會成功，其實很難講，所以我現在的說法像是要掀起革命嗎？大家就不用擔心了。我並沒有設定要打倒誰。雖然我常常不由自主地取笑一下我的前輩或同輩學者。但取笑式的講話是有道理的，在社會建構論中甚至可以把這種道理說成一個重要的範疇：Irony（諷喻，見當代史學大師海登・懷特〔Hayden White〕的名著 *Metahistory*）。

好，上次我們這樣談下來，有些人會擔心這些講法具有危險性，但是，有趣的事情正在於：假若心理學中從來沒有提過

「心」的範疇，它又怎麼能成為一門學問？這太不可能了，以儒學舉例，在《論語》中，子貢曾抱怨夫子很少跟他們講「命、性、天、道」，而比較常談到「詩、書、藝、禮」，所以「詩書藝禮」是孔門教學時最主要的內容。可是關於「命性天道」的玄學，孔子卻很少提到。據說直到了晚年，也就是經歷十三年的周遊列國（也就是被放逐）之後，已經六十七歲的孔子回到魯國，終於能夠安心下來編寫晚年著作時（當然目前考據的結果還在爭論中），至少有一些人相信《易傳》當中有一部分（〈繫辭〉）就是孔子所寫的。

《易傳》其實就是儒門的玄學。孔子說自己五十知天命，然後說：「假我以年，五十可以學易。」其實孔子五十歲時才剛開始，且當時他正忙著進入他的仕宦之途，因此那些話是指他的願望，而不是他「學易」的成果。孔子當時還沒來得及仔細研讀或談論《易經》，直到流亡之後，他才有機會深入理解現實人生的殘酷。當他賣力講述仁德治國的道理時，卻沒有一個王侯願意聽，而且到處都有人準備要暗殺他。於是孔子就一直顛沛流離、四處藏匿。到了晚年，孔子可能談了一些跟玄學有關的東西，後來才被人慢慢理解；尤其是到了宋代以後，才普遍被接受。所以，玄學在儒門之中一直不發達，原因就在於孔子到了晚年，才要開始談論時卻過世了。至於玄學的興盛，要等到宋儒將道家的玄學以及大乘佛法的禪學結合起來，才慢慢發展出玄學論述的能力。

漢語中的「心」範疇：以宋代爲例

我要和各位分享宋儒使用的玄學語詞，這些詞語用現代話來說，屬於哲學範疇。我們的漢語哲學裡，其實都還一直沿用他們創造的一些重要詞彙，但是因為先前很少人做過有系統的整理，所以內容飄忽不定。我們把北宋早期的人物攤開來看，譬如胡瑗、范仲淹、司馬光等，還不列入北宋五子；他們已經有了一些開始。如果我們去讀他們的這些文字，一定會感到驚奇，因為他們幾位已經企圖要有系統地推出一些東西，只可惜後來這個系統沒有真正完成。譬如胡瑗曾經談過命和性：「天能命人之性，而不能就人之性，唯人能就其性。」所以說，子曰「成性存存，道義之門」——這是在《中庸》裡面的話，也就是在解釋孔子說的話。孔子當年所談論的一句話，差不多隔了一千年才由北宋的學者把「天和性命的關係」作出了詮釋。

接下來談談范仲淹。大家都知道他說過「先天下之憂而憂」這句話，他的學問深厚，甚至也研究《易經》，譬如他用「氣」來解「易」時，特別講到「升」卦：「升，地中生木，其道上行，君子位以德升之時也。夫高以下為基，木始生於地中，其舉遠矣。聖人日躋其德，而至於大寶⋯⋯以順而升，物不距矣⋯⋯」我知道，光是這樣念一遍，要大家馬上了解，是困難的，因為它是根據《易傳》裡所用的卦辭，串起來所作的說明：用《易經》裡的一卦來說「氣」，如何跟「木」（所謂金、木、水、火、土「五行」之中的「木」）之間產生了一個叫做「升」

的關係。氣會動的話，就像木氣[1]會升一樣，升之後就會有榮華，所以他講的君子之德，就像是木在升的狀態。升就是上升的升，出生的生也是上升的升，他就利用這樣的方式來思考。請注意：這絕對不是邏輯學，這是用詩的語言在講哲學，也就是我想談的「詩學為體，科學為用」的一種方式。

接下來更進一步的是司馬光。大家知道他的大作是《資治通鑑》，把古史以來一直到宋朝的歷史，全部用編年史的方式重寫一遍。這手筆之大是很驚人的。他重寫一遍「資治」通鑑，因為他是皇帝的老師，所以重新寫一本書讓皇帝來惡補歷史。除此之外，司馬光還有一項不為人知的喜好，就是他很欣賞漢代的思想家揚雄。揚雄寫過一本《太玄經》，那是一本奇書，後來的人不太敢談它，因為它利用《周易》八卦的道理，自己又推出了一種不同的卦爻系統。他用了很奇特的符號去解釋卦象，寫出以「體圖」、「性圖」、「名圖」三個系統交叉的另類易經。《易經》本身蘊含的道理是把人在生命中所遭遇的狀況（人生處境，Human Conditions）濃縮在六十四種卦象中，而每一個狀況另有分支，透過十種「象」去解釋，最後差不多可以衍伸出三百八十幾種象象的卦辭。卜卦的結果以最後的卦象做解釋，基本上就是把人所可能碰到的六十四個狀況寫成一個範疇圖示，亦即把人生處境用三個卦延伸為八卦、六十四卦，再分別串連出一段有神喻（oracle）意味的意思。

因此，《周易》形成的就是一個範疇系統，一方面是數位的

1　「木氣」聽起來就很玄，但在英文中的 sap 卻是盡人皆知的普通話。

（digital）推導，一方面是詩意的延伸。揚雄所作《太玄經》也是如此，同時揚雄也把卦象用詩意的方式將數位的東西轉化成另一種編碼，再由此形成另一套可以被人理解的「象」。而在揚雄的《太玄經》之後約一千年，司馬光自己又寫了第三本易經。這本書鮮為人知，名為《潛虛》，潛水的潛，虛位以待的虛。司馬光用自己的方式透過數碼把人類的狀況再編寫一次。像這樣重寫易經的道理，在漢儒聽起來是離經叛道的，所以大家不太注意揚雄和司馬光寫的作品，然而在外國的漢學家看起來，這真是稀世之作。

揚雄寫下《太玄經》這本高度革命性的著作，但長久以來還是被埋沒。司馬光看到後立刻視為至寶。因此，他在朝庭擔任過宰相，退休之後還為繼續為皇帝撰寫有助於治國的歷史百科，但他在此之外還潛心寫下《潛虛》，也就是第三本易經。一般而言，我們認為「心」或「生命」是一個系統，需要用許多範疇來形成一套結構。司馬光在《潛虛》裡運用非常耐人尋味的文字把這套結構系統勾勒出來，他說：

> 萬物皆祖於虛，
> 生於氣。
> 氣以成體，
> 體以受性。
> 性以辨名，
> 名以立行，
> 行以俟命。

這段話本身構成了一個本體論下的七個範疇，如下：

> 虛者物之府也，
>
> 氣者生之戶也，
>
> 體者質之具也，
>
> 性者神之賦也，
>
> 名者事之分也，
>
> 行者人之務也，
>
> 命者人之遇也。

由於生命必須要有一個系統把上下貫串起來，貫串了以後要用另外兩套看起來像是輔助的次體系來說明它是什麼意思。「虛」字表示「物」之府，「府」字是一個詩的意象，表示住的地方；氣者生之「戶」，這也是一個住處，但表示出入的地方；質之「具」，表示可以使用的器物；性者神之「賦」，這裡的「賦」可能有兩種意思，一者表示資賦的賦，另外也可能在講詩，譬如風雅頌，賦比興；而「性」則是神的一種言說的方式。然後「名者事之分也，行者人之務也，命者人之遇也」，這些就不再一一贅述了。

司馬光渴望很有系統地談生命，但我們沒有看到他在文章裡特別作出解釋，譬如以一章的篇幅對「虛」作解釋，然後說明「賦」的涵義。司馬光在文中是馬上進入對「心」的卦象來做解釋，不只是六十四卦而是有不同的圖示，五十五卦或七十五卦，然後在解釋卦象時都會重複前面文字中的用法，譬如「萬物皆祖

於虛，生於氣。氣以成體，體以受性」，所以司馬光並沒有真正創造性地推導出描述各種心靈狀態的卦象系統。如果我們試著寫一本「心學概論」、「心學總論」或叫做「性命之學總論」，是不是能把司馬光所談的七個範疇寫成七個章節呢？照理說，司馬光應有本事去寫出這樣的著作。然而，漢語的世界其實從來沒有發展出這種論述的本事。能夠像佛學那般，講述時會先鋪陳總綱，然後用第一章、二章、三章這樣一直演繹下去，如此一來，一本數十萬字的大經典就出現了。照理說，司馬光那種人既然鋪設了這樣的總綱，也應該做出這樣的東西，但他其實沒有這種本事，後來的人也沒有本事——漢語的文化，整體而言，沒有發展出這種論述本事。因此我想問的是：「直到現在，我們到底能夠創造出什麼樣的新範疇？新系統？」其實剛才談的範疇都只是把歷來令人敬佩的古代經典，即《易經》的玄學、道家玄學，以及儒家的論述等加以拼湊。我說其中有詩意的想像，但我的老師史作檉先生不太同意，他認為那些東西比較接近望文生義，包括《易傳》的大部分內容。只不過，像揚雄、司馬光這類的人物，把歷史上諸多典範流派串在一起談，便算立下了創舉。可惜後繼無人，所以現今我們也不曉得「司馬光們」所留下的學問遺產要怎麼才能闡釋和覺解。

讓漢語的知識寶庫得以重現

我說過，我們並不是要掀起革命，而是企圖將漢語中被遺忘的東西在當代重現，並且替它做個充分的解釋，然後我們也許能夠產生新的範疇。雖然表面上我們繼承了傳統文化，但作為後繼

的子子孫孫，我們並沒有承擔起這些傳統的責任，直到受過整套的西方訓練後，才發現西方發明的範疇其實和我們傳統的範疇比起來實在是各有千秋的。因此我們不是沒有東西，但為何不拿起原有的範疇來談道理呢？

背後的原因大家都曉得：由於現代漢語是種軟弱無力的語言，如果將它拿到古漢語情境中使用，根本無法說得通，無法讓人理解。倘若大家嘗試把《潛虛》中的詞彙翻成英文，看看現代化如何交流，那根本不會成功，因為在英語的情境中無法找到適當的字詞來翻譯。於是我們就會感覺到心虛，就會想：「漢語竟然連英文都對不上，所以是我們出錯了。」但事實上如果我們擁有屬於自己的獨特文化寶藏，西方人若懂得這回事，至少他們的「漢學家」（Sinologists）也該想辦法把它翻譯成西方語文，就像他們翻譯了孔子、老子那樣。

漢學是一種很奇特的學問。基本上是屬於西方的中國研究，但中國學者[2]也稱自己做的學問叫「漢學」，就像是在彈奏「變奏曲」一樣，有中國主題，但所有的變奏都是以西方的方法為基底。所以我們在此採用的談論方式雖然也像漢學，但各位一定會慢慢聽出其間的不同。

在知識的歷史上，我們來看看西方哲學家如何詮釋漢語裡出現的範疇。拿一位法國當代知名的女性主義學者克莉斯蒂娃（Kristeva）為例，她曾經談到「氣和虛」的關係，她知道在中

2　我們談傳統時，所用的「中國」之名，不是指當代政治版圖上的任何國名。比較容易理解的方式是用英文的形容詞態：Chinese。

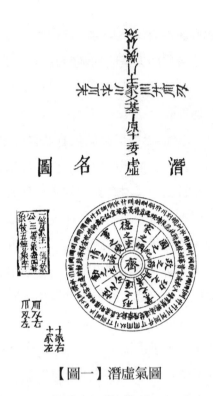

【圖一】潛虛氣圖

國形上學體系中「氣和虛」是最高層次。後來所謂的「己和性」在儒家裡面可能很重要，可是相對而言，更重要的是道家的「氣和虛」。所以司馬光其實已經是個兩面人了，表面上自稱為儒，其實他最高的思考範疇是道家的虛和氣；這已成為宋明理學的慣例。克莉斯蒂娃在講氣和虛時，已經知道這種詞彙在當代的寫作中很難找到相應的詞來翻譯，但是她找到了一個在梵文中可以對得上「氣與虛」的概念，叫做 Chakra。大家會發現這個字並不生疏，因為在《火影忍者》的動漫影片裡就不斷使用了。因此，這是很有趣的，為了要翻譯一個古漢字，結果發現只能夠在

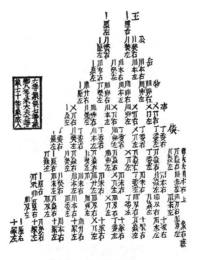

【圖二】潛虛體圖

古梵文裡找到能對應的字。透過現代英文或德文就無法找出這個字來。所以大家就知道,其實我沒在搞革命,我只不過強調了:「請各位看看自己的傳統裡留下來了多少寶藏。」而寶藏也者,有時候只是一直埋藏,有時則被不識貨的人被當作垃圾丟了。

回顧同學課後追著我到車站的那一幕,她說:「老師這樣的論述不是很危險嗎?」我說:「一點都不危險,問題是我們對自己太沒信心,所以別人雖一再告誡,我卻並不感覺到危險。因為古代聖賢們為我背書,他們寫下的經典支持著我,所謂六經皆我註腳,不就是這樣?」但現在的問題是:我們的古聖先賢們並沒有講清楚,因此現在我們要替他們來重新闡述道理。然而我們不能憑空臆測,只是活在一個現代社會的結構下,我們該怎麼辦?我們藉社會建構論把原來存在的東西加以顛覆,重新闡述。既然

要重建論述，我們有沒有辦法回到希臘文，或古漢文中去談？西方人會選擇回到希臘文，譬如海德格就大量使用希臘文來談現象學，還偶爾讀一點德文翻譯的《老子》、《易經》等，他慨嘆說：「非常可惜，西方人能用的歷史只有兩千年」——意思是印度和中國人有四千年以上的歷史可用。四千年前祖先留下來，要「子子孫孫永寶用」的概念和語詞，後來被強勢的西學所蓋過。

中西哲學最高點的交織：自然

因此，如果我們虛心回頭檢視，大家會發現許多漢語的詞彙本身是非常高明的，例如海德格晚年不斷談到的一個概念 *Ereignis*。Er-eigen-is 中的 *eigen* 是「自」或「出自」的意思。這個字在德文中是稀鬆平常的用語，可是當哲學家將它認定為一個非常重要的概念時，許多的翻譯者用漢語反覆嘗試，卻不知道該如何翻譯，直到後來有人綜合了諸家之言，拍板說道：「它應翻譯做『本成』。」然而，我翻閱了佛學辭典，發現佛學裡已經存在「本成」這個詞了，但它的涵義和 *Ereignis* 沒有絲毫關聯，這該怎麼辦呢？上次我批評過「本我」是個很糟糕的翻譯，而我們現在很習慣將佛洛伊德的概念翻為「本我」，這種用詞的方式在漢語中就變成粗製濫造。好在後來我發現，如果我們懂得老子所說的「自然」是什麼意思，用它來翻譯 *Ereignis* 這個字，就精準得不得了。老子所說的「自然」和今天的自然科學（Natural Science）指的「自然」截然不同。

「自然」的意思是指自然而然——「自」是指自己本身；「然」則是指確立／肯定。因此「自然」意指「它就是自己本

身」。所以老子說：「人法地，地法天，天法道，道法自然」。這段話在當代容易被誤以為指「道，效法遵循著 nature」[3]，這豈不是在談演化論？難道老子和達爾文體驗出了一樣的道理嗎？但是真正明白老子的人就知道不可以這樣翻譯。地法天，土地上的生發會跟隨天體運轉，所以地法天。天法道，道已經是一種形上學最高的概念，但老子竟然還可以進一步，回過頭談「道法自然」，幾乎跟康德（Kant）說出一樣的話："Thing-in-Itself" ——萬物自身就是如此。但康德把「萬物自身」變成了不可知的怪物，老子卻完全沒有這個意思。那麼，老子的「道」是什麼意思呢？老子的「道」就是「是什麼就是什麼」，所以是「自然」，是自然而然，我是我、他是他、東西是東西，不需要藉別的東西來作為自己的法則。但我不特別偏好這種套套邏輯，看來莫測高深，卻很容易流為裝模作樣的語言。所以，我們的尋語之途，其實還有很長的路要走。

海德格晚年時喜歡老子的東西，他說這種智慧其實在西方更古老的智者口中也講過，但今天放到哲學體系中來談時，還得再定義清楚。譬如「自然」，大家已經習慣生物學、物理學所說的「自然」，就是自然科學。很難反轉過來再去思考「自然」的其他意涵。我既然和大家談過「自然」的意思，以後你們就不要再去把它連結到自然史（natural history）、自然科學（natural science）。「自然」不是那個意思。Nature 這個字在漢語裡頭

3　陳榮捷編譯的 *A Source Book in Chinese Philosophy* 一書中，對於《老子》中的「道法自然」這句話確實使用了誤導的翻譯："And Tao models itself after Nature."(p.153)

最多指「生」而已。生之謂性，凡用生來表示性，一般認為這裡的「性」字指真實的性狀，或指生物之本能、生理慾望等生命之屬性，譬如「食色，性也」。Nature 會翻譯成「自然」，是受到日本漢字的干擾而形成的亂局。可是我們現在也已經掉入了泥淖裡面，現代漢語把古代漢語的精華變得混濁不堪。

事實上「道法自然」是非常高明的一句話，大家要曉得：談到最高的形上法則，已經高到沒有再高可言，因此「道」只能等於它自身。就像我們談到海德格時說過的概念：「A = A」，證明了 A；但這樣的證明是不對的。因為「A 等於 A」表示至少有三個「元」或運算子已經介入其中：「A」、「＝」、「A」共有三個符號出現。這三個符號說明了一件事：「I am thinking」、「You are thinking」、「We are thinking」。而所謂同一律的意思，一個東西和它自身相等，不是因為它自身會相等，而是指「我思」。笛卡爾（Descartes）的第一命題是「我思故我在」，但現在「我思，就叫做自然」。「思」之中的 -ing 表示自然，也表示「我的」。如果用古漢文來說，就是：「我謂之然，我然之也。」這樣說可以嗎？大家的古文程度可以接受這樣的說法嗎？把那個力量回歸到人身上，就是說「能思」，便能使這個宇宙跟著「思」而運轉。能思的人叫作什麼？叫作「能人」，也常叫作「哲學家」，他們的確是這樣，讓整個哲學能夠起死回生，讓存在得以存在，讓生命得以重生。

性命、天道、心與思考

但我們的要點不在於談哲學，而是要回到心理學的角度。像

「心」這樣的基本概念，從前的人可能太過倚重於使用一種詩學、隱喻的方式來思考，如果不使用隱喻就會講不出話來，以致邏輯抽象思考能力變得軟弱不堪。在語言上純粹使用抽象推演的思維和表達方式，是後來一波漢傳佛學之後的漢語才能有的本事，宋代的哲學家（思想家）也才有辦法用這樣的語言說出來。所以，既然我們已經受到西方（包括上一波的印度）的挑戰——或鍛鍊或折磨——這麼長一段時間，如果還要說是邏輯能力不行，這就實在講不通。

今天已經談到第三講，我發現這些講課內容從第一講開始，就出現一種螺旋般的循環，所以大家會聽到有點重複的東西，可是我要談的要點仍在於「心究竟是什麼」。因為在我們整個漢語的傳統中，「心」這個字果然佔據著一個很高的位置，幾乎等同於「思想」，甚至是「性命」和「心靈」等。這些現代漢語詞彙在古漢語中可以濃縮成一個「心」字。起源於甲骨文的時代，距今差不多四千年前的殷商時代。當時正要開始創造漢字時，人們以為人體的核心部位就是我們的「心」，相當於今天的「腦」所具有的功能。所以為什麼「心」這個部首可以用來創造出那麼多個漢字，甚至到了漢代的《說文解字》，以「忄（心）」為部首的字，已經多達三百個。「心」這個字具有非常重要的意涵，但它一開始起源於一個美麗的誤會，後來我們稍微做出了修正，創造出另一個字，也就是思想的「思」。這個字為什麼這樣寫呢？

「思」在甲骨文裡的樣子是 🦗 ——下半部的結構像是人的心臟，上面是人的大腦。語詞自行產生了修正，人們發現自己在「思」的時候，是透過腦在思考而不是心。心在那兒撲通撲通

地跳動，它怎麼還能夠再去思考呢？心能夠產生脈搏，分為左心室、右心室，可是它不會思考。後來發現時，我們已經無法改變「心」這個字的寫法了。然而，我們都知道：談到「心」時，它可能與性、命，和天道有關，而「心」和性命天道之間，則必須要透過「思」才能夠彼此串連起來。

心學與心理學發展的畫地自限

所以我想強調：心理學正站在這樣一個利基之上——「利基」（niche）是和財經相關的語詞，意思是在整個市場中最有可能會得利的位置。我用經濟學做個比喻，來說心理學可以有很大的發展餘地，不像是學院派的心理學受到那麼多的約束——在談「發展餘地」之前，我只談談其中最不可思議的一個限制就好。

在談到人格或性格時，學院心理學有個奇怪的堅持，就是幾乎必然會要使用人格測驗，或性格衡鑑等等的評量工具，而評量時需要把人格（性格）與智能的相關重疊之處完全排除掉。人格心理學有這樣基本的排除原則——心理學以此為前提來推演「人格」、「性格」，等於把發展的可能變成自我局限。人和人之間發生接觸之後，一旦需要判斷對方的性格時，對方到底聰不聰明、能力高不高，是絕對具有影響力的關鍵因素。可是當心理學把這個因素從人格的概念中排除掉，難道現實生活中的我們，都可以不管對方是上智下愚，就能論斷他的性格嗎？當心理學主張自己是一門科學，所以採用某種計算方式把所有測量的干擾因素都排除掉，這裡的「排除」究竟是什麼意思呢？我在此先解釋

一個關於心理測驗的術語：「難度測驗」──凡是有**難度**的，跟沒有難度的，就是兩種不同的測驗。意思是，只要具有難度的題目，就涉及智能高低。於是把有難度的測驗題通通排除，這就是所謂人格測驗的基本原則。

什麼叫有「難度」？就是受測者需憑藉智能來作判斷或選擇，而不是有沒有學過的問題。當一個人具備越高的本事（智能），就更能夠跨越困難而有越好的表現，這就是能力和難度的關係。但在性格測驗中不能考驗一個人的能力，只能去考驗人的**種種典型傾向**。譬如喜歡什麼顏色？喜歡跟誰接近？或在某種情境下會有什麼特殊傾向──譬如焦慮反應，內向／外向等等。但這都不許跟智能問題產生任何混淆（confounding），性格測驗和智能測驗一定要分得很清楚。可是在人世間哪有這樣的事？每個人的性格差異中，都會同時表現了他的能力。當我們認為一個人有出色能幹的能力，我們對他的誇獎和欣賞中，同時也包含了他某方面的性格。譬如說某人在公共場合中處事表現得落落大方，或沉著穩健，或幽默機智；或是誇讚一個人為不世出的天才，同時也說他可能是內向、專注力高等等。問題就在於能力和性格不能一刀兩斷。然而心理學已經武斷地說那是智能測驗、這是性格測驗。大家可以再想想看，心理學設立了這樣奇怪的前提，卻認為如此一來能讓這門學問變得「純淨」。這裡的純淨是什麼意思？譬如常見的物理問題的定義：「在真空之中」、「在標準狀況下」之類的，物理學可以用這樣的假設來當前提，然而一個「人」的「標準狀況」是什麼？把物理學的標準套用到心理學以後，會讓人認為這樣的心理測量變得更為「純淨」嗎？追求

這樣的「純淨」只能說明心理學非常「怕髒」。因為有潔癖，每次碰到一點點含糊不清的定義就馬上要切割。然後帶著畏懼來制定心理學中天經地義的科學法則。在我看來，這簡直是知識歷史上最荒唐的故事，但學院心理學的人一直到今天都還引以自豪地奉行這種的原則。所以我要說的是：心理學本身從起點開始便充滿了一些莫名其妙的餿主意。它事實上是一個工具主義，譬如說先有測驗之後，我們才決定要測量什麼。這就是工具主義，以手段來界定目的。然而真實世界中，人根本不是這樣活的。

心學的第三範疇：心理學的新立足點

所以在「心」的問題上，一切需要重新開始：「心，究竟是什麼東西」——古代的人起先把「心」誤認為「心臟」，但後來經過修正，「心」果然就發展成為一個很廣闊的世界。我們跳開漢語傳統來看看歐洲的中世紀。那時講人心時，有個基本共識，會用一個簡略的方式來說：人性含有「知、情、意」三大範疇。看起來中世紀的講法都比我們現代心理學還高明，因為現代人的常識只知道自己具備「理性、感性」這種二元論。然而為什麼中世紀的思想家可以知道人具有「知、情、意」三元的範疇一起運作？「知、情、意」是什麼意思？「知」跟我們說的理性很接近，而「情」跟現在的感性接近，可是「意」要怎麼歸類呢？「意」其實講的是「意志、意向」，也就是「會讓人產生動力」的一種狀態。它不只是理性，也不只是感性，而是這兩者交叉後產生的另一層次的狀態，當代心理學稱為 motivation。要點是具有「產生動力」的主動性，兼含有性格／能力的概念，變成了第

三範疇。

中世紀的經院哲學已經具備這樣的深度，那麼在我們的漢語世界裡，有沒有可以和它相當的東西呢？大家會發現：現代的漢語得要回頭來學這些，這是把原本已經發展到很高明的語言字詞簡化後，所必須付出的代價。因此，李安導演的片子《理性與感性》看起來已經將人性問題全部包含在內。但這是不對的——從十二世紀後早就有人看出：除了理性感性之外，還有一個叫做「意」的東西，它究竟在哪裡？為什麼我們現在不談了？

我曾經向大家提過「喜、樂、哀、怒、愛、惡、慾」，拿出其中的「喜／樂」，我問大家：是否認為兩者是數量或程度高低的差別？是否「喜」的量只要乘以二或三就等於「樂」？我們大家都知道不是這樣。兩者在本質上有差異，如果我們想要把喜、樂分別開來，一定有一個分別之道。要做出分別得有一個第三元，它會向你顯示喜和樂的不同。那不完全是邏輯演繹的結果，而是人曾經親身經歷過「喜／樂」的狀態，然後「知道」這兩者之間是不等質的，「知道」它們之間不是量體關係而是質性差別。於是這種區別（distinction）被劃分出來後，它本身也成為人的一種理解範疇。而這個區別一定要包含在「思」裡面。

什麼叫作「思」？什麼叫作「你知道、你懂」？這樣的問題過去長久以來在哲學也好、心理學也好，到後來都會陷入一種二元論的爭論，不是 A 就是 B、不是這個就是那個。所謂的第三元，它可以成為一種非常重要的新範疇，可是常常都會在二元對立的狀態中變得軟弱無力。然而，社會建構論在這地方發揮，能夠把二元論的問題推進到一種「重建」的狀態。不論在漢語

或西方語言，甚至是現象學家都認為，把人心翻譯成 mind，以及它的形容詞 mental，再加上 psychology，這是個錯誤的翻譯。因為還有一個形容詞，就是 psychology 的字根 *psyche*。*Psyche* 的涵義不同於 mind。*Psyche* 是個希臘字，雖然講的是心，卻不等於今天講的 mental 或 mind。部分的現象學家曾明確指出：「*Psyche* 這個字很可能是將 mind 和 mental 融合，再另加上某些意義」，當代的人卻已無法明確說出那加上的是什麼意義；然而古代的希臘人似乎知道。因為現代慣用二元論的方式來區分，所以無法明確說出第三元的性質。當思想進入後結構的時代，它常會使用一種方式來對付二元論，我們可以說它就是三元論。但那意思是：當某一個東西和另外一個東西對抗時，那個「對抗」本身就是「第三元」。當我們把某一個東西拿來和另外一個東西做比較時，這兩個東西會被擺在同一階序，我們稱它為「第一階」（first order）。舉例來說，當我在秤金塊和銅片時，兩者重量不一樣，但是誰告訴你不一樣？是天秤。因為天秤本身既非金也非銅，它不屬於兩邊的任一方，它是個第三者。你可以畫個三角形的三個端點來代表這三元，把底部的兩點連成一線，代表一階，而頂端的一點不在這線上，就如同擺在另一階。因此對兩物所做的「衡量」本身就成為「第二階」（second order）。看起來是三元，但我們也要把它理解為二階——「對立的二元」是第一階，把「對立」認出來就是進入第二階。這種「認出來」在心理學中也常稱為「後設認知」（metacognition）。

解構、建構、重構：以社會建構論打破二元對立

　　當我們在思考一物時，物本身不會思考，譬如說「我」在思考「你」。請問「我就是你」或「你就是我」，哪種說法對呢？都不對。法國現象學家梅洛-龐蒂（Merleau-Ponty）某一天在法國海邊的避暑勝地，看到遠方大約五十米左右，有人拿起了一頂大草帽往自己的臉部一蓋——為了遮陽。突然之間，他靈光乍現。當那個拿草帽的人做那個動作時，梅洛-龐蒂認為「我完全知道他在幹什麼」。梅洛-龐蒂的認知和那人的動作之間產生一種莫名其妙的默契——我的「知」跟他的「行」產生共鳴。他既不是我，我也不是他，但那個共鳴本身在知識上是個第三者。也就是說：對於這個共鳴現象，必須要具備後設思考才會發生。把二變成三，三本身就突然蹦出來，讓它本身既是一種二的關係，也變成三的「另一種」「元知識」。[4]

　　講到這裡，會很難理解嗎？我很賣力想要解釋的，就是如何利用「後結構」的方法來理解「結構」。這想法雖然和現有的常識非常不同，但一定有一種容易懂的解釋。

　　若把這套思想原則帶回心理學，那將會有助於我們的理解。因為心理學要談的問題，永遠都是如此的。譬如我們剛剛談過的「喜／樂」，大家都經驗過，也都曉得要比喻喜悅可以說「喜上眉梢」，如果量一下心臟，感覺上並不是在狂跳。但是人在快樂

4　這段說明，其實在莊子和惠施的辯論中曾經出現。就是「觀於濠上而知魚樂」那段。這就是「後設認知」的表現。古語今語不同而已。

的狀態中就很不一樣：受到他人祝福或慶生時，因為是真心喜愛的人送自己禮物，可能讓我們心跳加速，想衝上去擁抱等等。那樣的情緒和淡淡的喜悅就是根本不一樣。然而，我們知道這兩者的差別，卻一直想去找出「喜和樂的共同元素」，當你一直不斷想去找，其實是找錯了方向。我們應該說「喜和樂是不同的」，乃是因為在兩者的「比較」之下，經驗可以把兩者「區別」出來。要點在於你能說出它的差異、區別，這在沒有比較的情況下是無法產生的。任何質性的定義都不只在它本身，而在於它與他者的比較／區分。而凡是在做著「比較／區分」的，就叫作「思」。所以，質性的本質在於人之所思，而不在於物自身。

換句話說，比較的重點也不是在為快樂和喜悅下定義，而是兩者之間涵義接近，但屬於不同的向度。能夠把「異和同」說出來時，就已經說出了這門學問裡很重要的一個關鍵。整個建構論都在這樣的思維下，可以把我們所思想的任何東西都「重新進行比較」，這樣就是在進行所謂的解構和重構。任何過去沒有想過的比較，今天都可以拿任何東西來做這種前所未有的比較。以建構論的方式比較之後，我們就可以推翻過去的瞭解，恍然大悟地意識到：自己以前老是把「東／西」當成固定的死對頭，從來沒想過「東／西」可以有另外的方式重新比較。重新比較就是重新構思的意思。於是這「東西」就變得不一樣了。

「懂你，懂我」：人文心理學與實驗心理學的不同理解

我本來習慣在紙張上作圖構思，可是今天我居然沒把草稿帶

來。但我把庫爾特的書帶來了。庫爾特是 *Social Construction of Mind* 的作者，我在書上寫了一些筆記，我覺得他寫了一些非常有趣的概念，但這個問題其實原先是維根斯坦提出的，經過他吸收以後又詮釋得很好，讓我們知道心理學過去都有一些成見，以致把自己變成一門蔽塞的學問。庫爾特的提問法是這樣的：「當一個人說『我瞭解』（我懂）」時，另一個人回應『我知道你懂』、『我瞭解你的瞭解』，那是什麼意思呢？」這是個非常有趣的問題，但你去問問看身旁的小孩、大人或家人看看。如果你問：「這樣你懂了嗎？」他說：「我懂。」請問，這樣真的能保證他懂了嗎？

「我懂」這句話可以在以下這幾種很難避免的情況下以對比的方式出現：第一、面對上司時，如果你敢說不懂，就得面對炒魷魚。你絕對只能回答「我懂」，然後再回去惡補究竟上司說了什麼東西。第二、你的愛人問你「我這樣說，我對你的情感有多深，你懂了嗎？」你當下說「我懂」，但心裡卻會想著「我好幾次都懷疑他／她的心意，我真的懂嗎？」──你不能在一個人說「我懂」時，就認為他懂了。「懂」本身可以在非常多不同的情境中使用，而我們沒有辦法去考驗它。實驗室的心理學家認為可以用百般的方式去考驗，追求真相。他以為可以這樣做，可是他無法作出考驗的「變項」和方法，也就是無法設計出這樣的測驗。人和人之間說「懂」，其實你只能說：「我半信半疑也得接受他的回答。」然後去觀其眸子，人焉廋哉。當他說「我懂」時，要仔細看看他的眼神。因為在人和人之間本來就只可能這樣；而實驗室裡卻沒有這種可能。

當我一心只想找所謂的「懂」的範疇是什麼，想辦法去找出「懂」的 *-eme* 是什麼時，好像在「懂」本身中找出一種原子，這樣其實是想錯方向了。用一個邏輯分析的方式去分析「什麼叫作懂」是難以辦到的。可是我們可以另外想辦法去瞭解，因為從古以來人就一直在說：「我知道了，我知道了。」譬如閩南語裡說：「皆哇哉（這我知）、接哇八（這我懂）、這哇欸ㄏㄧ尢ˋ（這我會、曉得）。」我們都會說一些類似的話，但這些話到底在講什麼？

　　譬如對話中（閩南語）：「這你八黝（你瞭解吧）？你知黝（你知道吧）？」閩南語中那個「八（懂）」字寫成漢字會寫成什麼樣子？或換成國語，我們平時說的：「我知道、我知道。」可是「知」為何在中文裡會寫成這樣呢？我們利用網路上的甲骨文字典來看一看——我得表明我對這種網路資訊的運用是很有選擇性的，必要時都會予以修訂。因為甲骨文的文字學，在詮釋上還有很多不確定的說法。「定於一尊」是個假象。目前的運用只是基於電腦軟體上的方便，不得不然。我還是保有詮釋上的自主權。

　　知，甲骨文 𦐧 ＝ 𠂤（矢，代行獵、作戰）＋ 𠙵（口，談論，或標的）

　　道，甲骨文 𧗟 ＝ 𠘧（行，四通大路）＋ 𩠐（首，代表觀察、思考、選擇，或人首）＋ 止（止，行走）

古人一向以詩為體，以科學為用，可是當他們還不知道何謂西方科學（science，知）時，「知」這個古字是怎樣構成的？為什麼要寫一個「矢」，旁邊擺著一個像是「口」的東西？你去查甲骨文字典，裡面居然沒有這個字，直到戰國時代才出現。但這不太可能，「知」這個字這麼重要、這麼基本，怎麼會在甲骨文中找不到呢？而後來在戰國時又為什麼會出現？我們講的「知道」，是一個在心靈中發生的事，為什麼要畫一支箭矢，以及在旁邊加上一個口字？也就是對於「知」的解釋，得透過兩個「象元」——「矢、口」兩者結合起來，才叫做「知」。這意思其實還不太明白，留有一點尾巴，我等一下再來交代。

我剛才問你們說閩南語「你八（你懂）」，那你知道「八」這個字怎麼寫嗎？閩南語的「ba（d）」，懂就是「八」這個字，可是有另一種讀法叫「ba（h）」（濁音，陽平）。「八」的意思看起來像是兩個互相分開的東西彼此相通了，這就是閩南語中的「我瞭解你」。相知的關係就叫做「八」。所以我們漢語裡的「知」，在它之前可以有好幾種不同的用字，而且各有不同的意象。但這個字的象元太奇怪了——後來我發現，更早以前有一種「聖智者」，古代社會裡的領導階級中一定要有這種人，於是「智」在甲骨文裡面出現的樣子真是會把大家嚇一跳——為什麼會是這樣的寫法呢？

和 ＝ 干（干，木制武器）＋ 人（矢，弓箭）＋ 口（口，談論，或標的）

甲骨文和銅器上的金文不盡相同，由於甲骨文經過大篆、小篆、隸書等改變，以致後來的字體對其前身產生了誤解和變形，可至少大部分形體是保留下來了，譬如右邊「矢」、中間的「口」和左邊有點奇怪的「干」。清代學者指出此處的「干」曾經寫得像「于」，在古代是代表「器」的意思。換句話說，所謂智者的意思是指用「箭」射中一個標的，但是過程中還用到某一種器的支持來進行。[5]我們身為漢語的子弟，卻常不知道自己的祖先在想什麼。但是對祖先而言，他應該至少覺得把箭矢拿在手上，然後，啪一下射中目標，就表示「知」了。射中了還表示這個人很聰明，是個「智者」。我翻譯出來的意思就是如此，當然後續還有討論空間。每一個漢字都值得繼續討論，直到意義貫通為止。（這裡只能先賣個關子。）

　　如果用建構主義來看甲骨文，會發現，古人果然會利用某幾個「象」，組合成一個跟原來看起來不相干的字，後來構成了一個抽象的意思；可是抽象的意思沒辦法不用具象的事物去代表。因此，「知」的具象表達就是把箭矢射到某一個目標上，表示「知」道了。我們延伸地說，這種能夠「知」的人叫做智者——智者的「智」是把「知」寫在一個日或一個白上，原先被認為是器的部分，後來慢慢被認為也許有別的涵義。但驚人的是，現代的古文研究者大膽發現，在古漢文裡面出現「口」字，且放在字體的下半部，這樣代表的不是一般人想像的「箭靶」，而是代表

5　這種支持的「器」，在射箭的工具上也可能是指很具體的東西，至少在韓國的弓箭中還可以見到，名為「片箭」，就是在弓上加一支在弓與弦之間垂直的竹片（干），以穩定箭矢。

女性的性器官。這是郭沫若在研究甲骨文時的一項重要發現——
這種符號擺在字體下方時，通常代表那個人的身分是一個女人。
這就讓「知」的意思發生了重大轉折：相知，相八，就是「相
好」的意思。而最初的智者、聖人都是女人。我們在利用「象
元」解字時，也曾經錯得很離譜。因為解象的要點常在於解事，
而不在於解人、解物。

聖，甲骨文 🔣 像長著大耳 🔣 的人 🔣，表示耳聰大
慧者。中國遠古祖先認識到，善聽是內心寧靜敏感者的
超凡能力，能在自然環境中辨音識相者，是大覺悟的成
道者。有的甲骨文 🔣 加「口」🔣，一般解為口說，表示
預言——但此說還需進一步詮釋。

以上是取自網路最通用的甲骨文解釋。但我們只參考而不必
盡信，因為光是那個「口」的位置，在甲骨文裡就和以上的網路
資訊不符。

聖人的「聖」有一個大耳朵，還有身體，旁邊加上一個口，
這是「聖」字最早的寫法。也就是我們現在看到的，有耳有口，
再加上旁邊的一個人。我們現在寫的「耳呈」是個變形。其實旁
邊應該是一個人。反正就是耳和口還留著，但底下稍微變了。
所以這個人起碼是善聽者，但如果他還是能言善道的人，為什麼
最早的寫法要把口放在下方呢？若表示說話，應該把口放上面才
對。放底下表示在標示性別，表示這個聖人是女人。古時候在母
系社會裡面，那些智者、聖者、君、后、司等等帶著口的字，都

表示一些重要人物，而她們全都是女性。這是母權社會的常態，不值驚怪。

　　如果你現在如此大膽（基進）地說這種話，是在跟自己的語文傳統對立，這在我們傳統裡是大逆不道的。然而後現代主義所受的啟發，很多源自於女性主義。女性主義的基本前提：女性在歷史上被抹得一乾二淨，大家都忘了她們在整個文明上有什麼貢獻，可是如果回到歷史中翻舊帳，大家會發現其實女人的貢獻非常多。結果我們在漢字裡就找到了一大批很厲害的人物，用一個符號標示了她的身分是女性。於是我們找到一個方式，回到古老的源頭，並且使用一套看起來很基進的方式來利用「象元」，解釋我們的文明來源。這是通過建構論和後結構的方法，才能找回來的傳統寶藏。「大逆不道」本身就因為不道，所以也根本無逆可言。

漢語中的本體論：是

　　我們一直強調我們的知識傳統沒有本體論，沒辦法講存在、存有之類的概念，但是我們後來知道存在主義其實是在講「是／不是」的問題，而不是講物（對象）的「在／不在」。我們後來把這個字叫做 being 或 to be。而在西方的語言裡面可以清楚的知道 I am、You are、He is 當中的 be 動詞變成一個很重要的關係字，一旦出現，它就會帶出後面所提及者，形成一個謂語（predicate），也把前後連起來，所以那個 be 所說的「存有」，相當於中文裡頭的「是」。可是在中文語句裡的「是」常常會被省略，譬如我們說「孟子者，孟母之子也」，這句子裡

並沒有用「是」，沒有說明孟子「是」孟母的兒子。中間那個「是」在漢語中常常可以省略，也就是說，我們覺得繫詞沒有必要，因為已經把頭和尾講出來了，它自然會連起來。可是在西方語言裡它不能省略。只有誰曾經省掉而又被人注意到了呢？就是笛卡爾所說的「我思，故我在」。用拉丁文寫成 *Cogito ergo sum*。*Cogito* 就是我們現在知道的 cognition，也就是知；*ergo* 是一個連接詞，也就是 therefore；*sum* 就是 being，所以直譯原文就是 Think therefore being，這句子裡沒有「我」，我們原先用的是日本人的翻譯「我思故我在」，把兩個「我」加了進去。笛卡爾的原文沒有「我」，所以就是「思故在」。拉丁文不用 be 動詞，甚至不用主詞，就可以把句子完成，古漢語其實也是一樣的道理。

然而，任何東西，你要討論之前，需要知道它是否真的存在。否則我們討論下去就像是揮拳打在空氣中一樣，完全沒有意義。因此在討論前，為了確定「存在」的問題，我考察過「是」這個字在古漢語的寫法。其實非常奇特，又是個值得繼續深思的字眼。它有時是一個三角形，或是畫一個圓形，底下圖形指的是「足、止（趾）、走」。「趾」在古漢語就是步行，而「是」字中間這一條槓在古漢字中就是一個邏輯符號，一個運算子，表示這個和這個有關連。所以「是」就是「走向那裡」，向那裡走過去。那你們知道三角形或圓形的符號是什麼東西嗎？我查閱過郭沫若的字源學解釋，先前也已經談過，這幾個符號都是在指女性，跟我們剛剛在字體結構下方看到的「口」字符一樣，都是以女性的陰部來指示她們的性別。

是，金文 𝌆 ＝ ☉（日，太陽）＋ ㇌（又，手）＋ 止（止，即「趾」，腳），這是後來的變形，表示太陽直射，日正當中，人們用腳進入夏季的忙碌（這種解釋分明是瞎扯）。但看原文：上口下足（步），是指走向母親，表示「走對了」，才叫「是」。

網路資訊讓大家看見所謂「公認」的解釋，但我作了必要的修改，如上。

「是」的原文表示向女人走去，特別指向母親走過去，然後就得到了肯定，這就叫「是」。意思等同於這樣的行動：「你是我的好兒子——乖兒子，給媽過來。」請大家想像家中媽媽只要一召喚，兒子就乖乖過來了，即使被痛罵一頓也還會回答：「是。媽。我是。有。我在。」因此，在中文裡「是」這個字，就是兒子朝向媽媽走過去的景象。要做出這樣的分析，除了要具備研究古文的底子，還需要把建構論的本事綜合在一起，才會得出這樣的建構。

要把一個很抽象的物（或事）具象化本來就很困難，可是如果在古人的世界裡發生這種事情，產生這樣的文字，可以說是很自然的。當時真正有權力呼喚人前來的，就是聚落裡的大媽，因為在早期的母系社會中，誰是爸爸？他在哪裡？大家都不知道。五、六千年前的世界真是如此：「古人知其母不知其父」，所以會呼喚兒女的人只可能是媽媽，不會是爸爸。在家裡當媽媽呼喚一聲時，你不就走過去了嗎？走過去的你會說：「是。」（Yes! Yes, I am! Yes, here I am!）所以形成了「I am。我是。」這樣的

說法。直到後世人的扭曲之後，把「是」寫成稍微形上學一點，在象徵女性的符號「口」中間打上一個點，表示走向太陽。所謂天乾地坤，向一個最大的天體走過去就叫「是」。但原先甲骨文不是這樣寫的。「抬頭三尺有神明」，抬起頭看見大太陽就在那兒，表示天；所以把「是」的意思變成了走向天神報到。然而，我們原來的世界並非如此，「天」也從來不是指「日」，因此「是」這個字也從來沒有這麼宗教性的意味，這是受到思想改造後扭曲變形的意識形態——被父權體系蒙蔽了三千年的意識形態。

回到源頭，重下定義

在建構論的觀點中，所有的東西都可以經過某種想像而重構。這樣講，其實也不算是革命，只是很顛覆我們的常識。回到文化的源頭，竟然發現我們可以為自己的生活重新下定義。這樣，我們就瞭解：所謂的「心」，不是「你」知不知道，或「我」知不知道，而是有時你知道了什麼但我不會知道，你打算幹什麼我也不知道。然而，我們兩者之間一定存在著交集，能讓彼此互相領會。相會時的結果可以叫作客體化，或可以說那是社會的共同產物，它可以是我們的文明，也可以是某種概念思想，或就是具體的文字了。建構論想要告訴大家：「你我的心靈，或『知道』、『懂』，這些東西就是如此製造出來的。」不是在談你知不知道、懂不懂什麼的問題，也不是強調心理學如何能從人心中把東西挖掘出來。憑空去挖掘人心是挖不出東西來的——還有，你真能動手去「挖」嗎？這種侵入性的知識，已經屬於暴力

的範疇，哪有什麼正當性可言呢？還是要從人的周邊環境下手，才會發現：其實有更多線索可以讓我們瞭解「什麼是最基本的心靈、心智」。

我們開頭只先用「心」來具體例示：思元、象元。後面我們還會談到更多內容，讓大家發現：一個漢字的涵義本身，就是知識的一片廣場，它會迴盪出很多餘韻，可以談得非常廣泛。所以我們可以推導出比前人所知更為豐富的內容。譬如我要談「情是何物」，以及談「慾是何物」時，我要用不同的章節來講。大家可能以為情一定會說到愛情、人情等等，然後慾望肯定會結合於其中。我認為不見得是這樣。「慾望」早在你想都沒有想到的時候便存在了。

我們回頭來繼續談前文中的「知」。在甲骨文中，看起來像是箭矢射到標靶，但如果「矢」旁邊的「口」是指女性陰部的話，那麼所謂的「知」究竟指什麼？如果知道這支箭矢可以是陽具的象徵，那麼在陽具和陰部相接的時刻就叫做「相知」。屈原曾說：「樂莫樂兮新相知，悲莫悲兮生別離。」這句話提供了最佳說明。為什麼「相知」是如此快樂的事情呢？在佛洛伊德的著作《超越享樂原則》一書裡，講得最簡單的原則，也是生活裡面最樂的事情，就是性的交合。那就是享樂之最樂。所以「知」這個字若是指性交的意思，這聽起來雖然嚇人，但有些時候，我們沒辦法避免這種理解。如果朝這方向去想，還真是不無道理。

人的相知有些時候是：「我終於把這件事情講出來了。」——那會有多快樂呢？起碼我可以用知來跟某人相交了，心事可以交出去了，但這樣還不至於叫作快樂。那人在什麼時候

和人「相知」是最快樂的呢？「樂莫樂兮新相知」，屈原講這種話是在扯什麼呢？事實上，他講的是非常自然的事情——男女在巫山雲雨中「相知」也「相惜」，因此「知」本身就是這麼樂的事情。以「心」來作為「本體」，才有可能產生這樣的體會，也就是最準確的理解。

* * *

【學員提問】

傳統中女性的地位其實一直是被壓迫的，從婆媳問題、纏足跟老師剛才所談的內容，兩性地位的差距相當大，這是怎麼一回事呢？

歷史是一個相當大單位的思考對象，我們不必談達爾文生物演化觀點的幾十萬年，我們就談五千年，或就算只用一千年作為單位，文明本身也有很大的變化。甲骨文發明的時候在四千年前，當時的社會狀態中，女權是普遍彰顯的，這一點大家可以在古文獻找到的證據非常多。譬如要證明一個人的血統時，不是要證明他跟父親的關係，而是要證明他和母親的關係。所以姓名的「姓」是女字邊的，一直到今天都還是。這表示當時的社會狀態是如此，我們今天只是將舊習沿用下來，但已經扭曲了原意，可見這就是一個歷史事實——包括扭曲的事實。後來女權消失了，這樣的議題我們往後會談到，就在「第七講：男男女女」。

回到性別關係的議題，為何女性主義在後現代主義佔據非常重要的地位？因為女性確實經過許多不同的時代演變，五千年、

兩千年或一千年，得看當時發生了什麼事件。譬如剛才談的纏足，大約距今一千年前開始發生。一千年以前的女人並沒有纏足。換句話說，當時女性可以四處跑動。但開始纏足以後，女人就被廢了功夫，除了自己的閨房家屋以外，就走不出去、走不遠。到了外地，要是沒人扶著她，幾乎走不了路。因此整體女性在社會權力階級中更加下降，這是一段非常悲慘的歷史。

這段歷史中最奇怪的是：整個漢語學術界裡都沒有留下任何一篇文獻去檢討。明明自己的媽媽、姊妹、老婆的腳被纏了，卻沒有任何一個男性去談論。直到外國傳教士來到的時候才點破：「你們女性的腳怎麼搞的？」然後才發現要裹小腳時，腳是需要先往內捲，後才裹起來。那被捲起的地方，如果裡面稍微有點發炎感染，要怎麼辦？裹腳布是絕對不能拿下來的，所以無法治療，就讓腳發爛。古時因為纏足而死掉的人有多少？從來沒有報導。直到這個惡習被外國人揭發以後，漢人自己也覺得無地自容，才開始推動我們現代的「天然足」。我們的「現代化」包括語言的現代化、生活習慣的現代化，同時也包含了性別關係的現代化。

因此，我們的歷史是一個很麻煩的東西，我們在講社會建構時，其實也在談歷史文化的建構。作為學心理學的人，如果對自己的文化不瞭解的話，常常也沒辦法說出有意義的內容。大家沒有想到，只是一個字、一句話、一個活動而已，居然影響到整個歷史發展。好個「三寸金蓮」。看到那些百多年前的照片時，請大家靜默地反省一下，千年來我們的文化陷入這樣的野蠻關係中，卻又引以自豪。女人在這麼長的時間裡，社會地位低下，是

因為她們的活動力被閹割掉了──不是被閹割性器官，而是被剝奪了基本行動力。大家是否意識到：這也是我們的「文化遺產」，我們千萬不要忘記其中的鉅額負債。

「靈」的社會建構：

理心術和靈（巫）術的
本體論與方法論問題

談論「靈」，其實也牽涉到廣泛語言建構之中屬於「心」的另一個問題面向，我們要在循迴中來回碰撞，持續做螺旋狀的前進，從而看出我們在現代社會中對於「靈」欲拒還迎的矛盾心態。

我們上一次從「心」的概念出發，接著要談論「靈」。大家都知道我企圖從漢語裡面選出一些心理學的範疇，作為我們將傳統推進革新的方式。首先，這不是指發明什麼理論範疇，而是指利用字源學，讓漢語中的許多古字詞轉化成為心靈之學的新範疇。我們毋須創造，只是要考掘。而這是外國人無法替我們做到的事。我們所面臨的問題在於：這將觸及方法論或本體論這類原先在西方的體系下建立的學問，因此我們需要先熟悉那些「論」是什麼概念。有人曾經問我：「本體論是什麼意思？」當我開始解釋前，還需要先釐清：即先前我們談過「現代漢語大量採用日本翻譯」的問題，而「本體論」（ontology）一詞正是來自日本的翻譯。雖然現在我們已經用得很習慣，但對於 ontology 而言，它並不是個很恰切的譯名。

心理「學」與理心「術」

當我們要開始談關於「靈」的社會建構時，必須意識到：這是漢語中特有的字，也就是說，在西方語系中無法找到相當的語詞──漢語系和印歐語系本來是兩種截然不同的語言體系，因此在互譯時都會碰到這樣的困難。回顧我們談論「心」的社會建構時，除了強調關於心智的部分，如 mental、mind 等概念之外，同時也談到關於「心性」的含意。此外，我們還談論「心靈」這

個複合詞的概念，譬如「心靈工坊」不就用了「心靈」一詞嗎？然而，我們使用「靈」字時，往往沒有想到「靈」在古代完全源自於巫術的傳統。我們現在談「靈性」時，常不知道它跟巫術之間究竟有什麼關連，但現在我決意要這樣開始談論，必定會引起各位意料之外的問題意識（或說是知識的騷動吧？）。

談論「心理學」，特別是其中跟「助人工作」有關的部分，我將它稱為「理心術」。這是先前談過的概念，當時我還沒來得及認真解釋，但上次課後有同學特別留下來問：「為什麼要用『理心術』這樣的說法？跟原來的心理學有何不同？」我反問他：「那你知道心理學的『理』和理心術的『理』有什麼不同嗎？」「理」字原來是個斜玉旁的字，所以「理」跟玉有關。而這個字本來的含意就是整理：古代的玉石保管者時常得整理——那些玉石需要打磨、拋光，反覆加工除去雜斑等等，而尋常人家是無法碰觸到玉石的，只有高階的仕宦貴族才擁有這等權利。特別是在古代，玉石大都是用來製造禮器，因此只有站在當時社會地位高端者才有機會接觸使用玉石的祭祀禮儀。這麼說來，此處的「理」不同於平時我們所談的「理」。至於「道理」，那又是後來的延伸用法。「道」確實是在「談論」，但是「理」比較像是藝術的加工、整理，而這過程，我就用來指稱「理心」。

所以，我們現在就要來面對什麼是「理心」的問題。大家都已是漢語的慣用者，但平時不見得會仔細去考慮語文的由來。如果我們停下來思考一下：對於「心」的「整理」，的確比較像是一種「術」，而不是一門「學」。「術」通常有兩種意涵，其一是科學技術，如 technology、technique 等。而大家都知道科學發

展有個核心面向，在於是否具備足夠的科技或工法，足以達成我們的理想目標，這就是「術」。然而「術」字還有第二個意涵，就是和古代所稱的「術士」有關。「術士」所擁有的「術」，不像我們今天所指的技術。事實上「術」的涵義與講述、敘述的「述」在根源上接近。「述」字的部首「辶」意思是「走」，而古字「術」的部首則是「行」。

術，甲骨文：

术，甲骨文 ⿰ = ⿰ （又，抓）＋ 八（八，分，剝離），篆文 ⿰ = ⿰ （行，通道）＋ ⿰ （术，推測是用植物編織的意思——但這只是一種與脈絡不符的推測，不必盡信。）

古字 ⿰ （行）的意思也和「走」相同，所以「述」與「術」兩個字的意思今天雖然分道揚鑣了，但原意是相通的。大家都會認為「技術」較像是動手，而「講述」則是開口說話，看起來是兩回事。然而以前的術士身分等同於巫師，他的工作是主持祭祀、典禮，或在祭典上表演，因此大部分的時間他得開口，吟唱或講述。我們今天談的問題，如果回到古漢語的角度來思考，就會發現：很多時候，字詞的歷史根源跟我們現在的想像大不相同。雖然傳統看起來好像離我們越來越遠了，但是回顧傳統仍然很有意義。我們的古漢語在現代看來就像是纜繩沒繫好的船，船體會向外海越漂越遠——如果我們沒有設法維繫，它就會莫名地漂離而去，所以我們得要回到字的根源，去重新開啟我們對於意

義和道理的談法。我們所謂的「字源學」，在很多意義上也就是「字元學」——這就會接上我們先前幾講所談的內容。

古漢語在發明之時，那些字彙的製造者其實是一群前無古人的天才。很多字形從無中生有，創造出了約莫四千五百個字的豐富字彙，就是我們今天所知道的甲骨文。那些字體在歷史上橫空而出，現在往往已找不到真正的來源。甚至那些文字在最早創造時，就以非常成熟的姿態出現，這是一件千古奇案，沒有人可以解開的謎團。在四千五百個古漢字裡，我們至今還不太確定其意涵的約有三千多字，而比較能夠肯定只有一千五百多字而已。大家要知道：古人把很多物象、事象、意象都透過擬形的筆劃給濃縮拼湊出來。這種造字法是非常了不起的詩意發明。

我們歷史文化遺產中有這樣的寶藏。很多西方學者因為漢字、漢語太難學，等到他們發現漢字如此重要時，已經來不及學習了。幾位當代非常重要的哲學家也意識到漢字的重要性，但他們感嘆自己就是學不來。所以我們在知識上的優勢就在這裡，大家可以自豪地說：「我們的漢語底子遠比西方人強得多，因為我們每個人至少都經歷過二、三十年的鍛鍊——當然也包叫做磨練——西方人只要記下二十六至三十個字母就能拼出各種字詞，但要學會漢字，我們究竟記下了多少個「字母」？起碼要記五百多個，才有辦法開始寫漢字。換句話說，我們的字母群（也就是「字根」、「部首」）就是有那麼多。目前我們所用的電腦輸入法大都使用注音、拼音。另一種倉頡輸入法，好像把漢字重新分解為字根，但這種輸入法現在沒人要用，因為它實在太難辨識。然而，我們大家心中都存有那個「五百多字鍵盤」，雖是非常怪

異的龐然大物，但重點是——我們大家都已經學會了，進入寶庫的鑰匙已經在我們手上。

來自巫的「靈」，以及「性命之學」

談論心靈時，要特別說明一點是，我們既然翻譯了西方知識，譬如心理學（psychology），它的字首是 psycho（*psyche*），源自於希臘文；而古希臘在談論 *psyche* 時，絕對不是在談我們今天的 psychology，換句話說，不是在談論 mind、mental 這樣的概念。*Psyche* 在概念上還相當於「靈魂」（或就是「魂」），另外，*psyche* 也接近於「氣」，跟漢語白話裡常用的「氣」，兩者有若何符節之處，但不完全一樣：就像「氣息」與「元氣」之間有相似也有差異。總而言之，那是當時希臘人的構想，後來進入現代語言，大家再談起 *psyche* 時，卻已是似懂非懂。

也就是說，*psyche* 牽涉到「靈／魂」的概念，但就在西方後來各語言體系之間的理解就有些差異，譬如我們比較一下歐陸的德語，以及英美語系，他們在使用「靈魂」這個字眼時，在語意上就有差別。歐陸的人對於 spirit、soul，也就是關於靈魂的字眼，相對比英美語系較容易接受。但是盎格魯‧薩克遜（Anglo-Saxon）人（也就是用英語的族群）認為這樣的說法已經涉及巫術的領域，而所謂的現代化就是要把巫術排除掉，不讓它汙染文明。因此，盎格魯‧薩克遜語系的人一講到 spirit、soul，就要作出很明顯的區分，對後者這個帶有巫術意味的字，在使用上出現極端矛盾的心態——最好的兄弟叫 soul brother，但最好的研

究報告（paper）裡不可以提到 soul。

然而，在德語中，有一個相對於 spirit 的字叫 *Geist*，這個字是指精神，也指鬼魂（*Geist* 的字源和 ghost 接近）。德國人竟然可以使用這個字，把人文學科叫做 *Geisteswissenschaften*──此字一般譯為「人文科學」。但以德文的原意，應該翻成「精神科學」。只是在英語當中沒有造出這樣的詞。如果我們把心理學叫做 Spiritual Science，這個說詞在英語中就是江湖術士的用語了。然而，德語和英語的情況完全不同。因此，我們可瞭解：即使不考慮漢語的變化，光是在西方語言中就存在不同的系統，對語言的理解就不一樣。

今天我們來談談各位都很習慣使用的語詞：「靈感」。大家通常會說「靈感來了，才會做文章」──這說法沒人覺得奇怪。假如我說靈感是一種巫師和術士的用語，大家又會做何感想呢？會不會開始排斥它？我們也用慣了「心靈」，但追本溯源才發現，原來「心靈工坊」竟是一個**巫術的大本營**──大家先前都沒這樣想過嗎？因為「靈」這個字的構成很明顯可以看出：上面一個「雨」，中間三個「口」，下面就是一個「巫」。這是什麼意思？為什麼三個口呢？【某學員答：是三個人的意思嗎？】不，是表示念念有辭的咒語。為了要求雨而喃喃念咒。是誰在這麼做呢？就是**巫師**。古時念咒祈雨是一種常見的巫術，而且得透過高級的大巫[1]，這樣的大巫師就叫做「靈」。而靈這個字還有

---

1 俗語說「小巫見大巫」，這「小巫／大巫」之別實乃其來有自。「文王、周公之彝訓垂於筮氏之官」──這「筮氏之官」就是大巫。大巫用《易經》來進行占筮，張載說：「《易》……為君子謀，不為小人

另外一種寫法：在戰國時代「靈」的寫法是「雨」底下有三支「弓」，但那其實不是弓，而是三隻腳。那就表示有人在那裡踏步跳舞。所謂「我歌月徘徊，我舞影零亂」，那是巫師在祭壇中零亂地踏著腳步，彷彿出現了三隻腳，因為此時的大巫師已在起乩迷狂的狀態。

　　金文 🔲 以「需」🔲 為基礎，再加上雙手 🔲、雙腳 🔲，表示祈雨的巫師手舞足蹈，以咒語來通天。

　　由於漢字的傳承在漫長的歷史中存在不少以訛傳訛的問題，後來的人在抄寫「靈」時，因為不理解亂舞的三隻腳，所以會把它抄成「弓」。換句話說，這原本是強調祈雨的「巫」透過某一種「舞」的姿態去進行儀式。這樣大家應可瞭解：「靈」這個字，當然跟「巫術」有關。

　　雖然當代心理學一直強調科學，排斥「巫術」的概念，但我們今天若把「巫」的傳統找回來，完全無需預設其非理性或非科學。大家可知道，從前負責祈雨的巫師在部落社會乃至初期的王國中的地位究竟有多高嗎？「巫」是祭天的司儀，是可以代表整個王國來通天的。後來這個大巫都是由天子和帝王自己擔任，去進行祭天儀式。平民百姓不敢祭天，因為這表示僭越了天子的權力。老百姓拜的叫「老天爺」、「天公伯」，拜這種人格化的

謀。」這些在在都是說明「大巫」有別於「小巫」。

神不等於祭天。譬如去掃墓祭拜祖先時，今天我們仍保持這個習俗的三個步驟：第一拜天、第二拜地、第三才拜祖先。清明時，民間所拜的「天」就是「天公伯」——誰敢真的去拜天？那只有皇帝才做得到。祭天時皇帝會帶著成千上萬的人馬，到泰山的山巔去接近上天，這個儀式叫做「郊」或「封禪」。表示巨大隆重的祭天儀式，只有帝王才有這樣的權力——祭天時不就常是向天祈求普降甘霖嗎？不就是祈求「風調雨順、國泰民安」嗎？這本來是一句標準的天子語言，今天卻已經鐫刻在田邊的土地廟上。古代的「靈」就是指大巫師的地位，他的高度等同於帝王的左右手，乃至可與天子平起平坐。我們在民間看到的靈媒就都只是小巫罷了。

在戰國時代，巫的儀式傳統仍然鼎盛。當時的諸侯或天子，特別是在周朝，有諸侯千百，而周朝大約持續了八百年，但是周天子的威信只在立國時存在，後來很快就下滑到與諸國並列。而後這個傳統漸被遺忘，到了漢代時幾乎已經不見蹤跡，真正的大巫師那種術士也已經不見了。

戰國時代的所謂公、侯、伯等諸侯都開始自稱為「王」，開始使用「王」這個字時，通常會遭到其他國家的撻伐，譬如我們所說的五霸七雄，他們稱自己為「伯」，事實上等同於「霸」，兩者發音相同。但只要稱「霸」後又企圖自立為王時，其他幾個「霸」就會聯合起來指責他「僭越」。從文獻可以看出來，各國之間好像都在為自己爭取王權，導致後來彼此征戰不休。當時王的左右手都有幾位高級巫師，除了稱為「靈」之外，另一個稱謂是大家不容易聯想到的「聖」。原來「聖」這個字也是指大巫

師。所以在我們的傳統中曾經由大巫師佔據了今日最高級「知識分子」的社會位階，由這些巫師替王服務。今天我們在這裡談的「心靈」，不只是談 mind 或 mental，而是企圖要將人和天的關係也囊括其中。天人關係是什麼？那正是「性命」——古時候說「人命關天」。所以，我們在談「心」的時候，竟然就是在談「性命之學」。

占卜術，以及現代科學所排斥的「靈感」

從漢字的字源學回頭去看，我們可以說是歪打正著，看出裡面就有一些科學方法的相關字眼。大家都需要對自己使用的字詞再回頭省視，我這裡只稍微解釋一部分。科學裡面講的 mind、mental 這兩個字，看起來與古代希臘時期所談的 *psyche*，或拉丁文裡的相關字詞，都可以代表兩千五百年前羅馬人和希臘人在想事情的時候所使用的字眼。但流傳到了今日，其實很多部分都從歷史上遺失了，這些字卻是用來講一些非常高級的心智動作。譬如拉丁文裡有一個詞 *noumen*，英語裡很難找到對等的字。它在拉丁語中指的是由「神聖／聖靈／靈魂」這個語意群所指的意思，但我們在翻譯上無法十分準確地表達其意涵。它所說的「神聖」可能與巫師有關，但也可以脫離巫術作為哲學用語，總之，是意指非常奧妙的靈魂活動。

這個字現在很少作為普通詞彙使用，但不論是羅馬人或是更早的希臘人，其實都有這種詞彙。我們今天透過漢語的「神聖／聖靈／靈魂」來理解，其實就是把曾經被現代語言（特別是英語系統）所排斥的東西，給找了回來。當我們說一個人寫作時「靈

感豐沛、下筆如有神」──「靈感」這個字，要是放進科學心理學，一定會被主流打壓、邊緣化，因為這種字意違反了現代理性的想法。然而問題是：仍然很多人都相信「靈感」在生活中存在。不論你是否相信「靈」的概念，我現在想做的事情，就是讓各位慢慢對於「靈」感覺到比較舒適、不衝突，日後使用這個字時，也不會覺得「靈」意味著自己被巫術操控。

回到現代的角度思考、生活，每當碰上一些讓大家感覺困惑，甚至攸關生死的大事時，我們便在身心飽受煎熬的狀態下，使用現代科學的概念，把這些事情「套進公式中就能夠有效地解決」，譬如生病時透過醫療用藥，或使用像是方程式之類的語言來解釋問題；於是，所有的疑難雜症和問題的解決好像都已包含在整套科學之中。我們的生命已完全受到科學的保障──是這樣嗎？

然而，四、五千年前的人，沒有這樣方便的知識和信仰系統，因此常需要自己想辦法，各種想像和嘗試幾乎都是憑空而來；所以，你要是為他們設身處地想想，會覺得非常不可思議。要想辦法把這些構想，轉變成為可以說服人的東西，不能光是心血來潮想一想就能達到的。所以當時叫作「靈」、「聖」的術士們，慢慢地把這樣的想法轉變為可以讓人「懂」的東西。「甲骨文現象」就可以讓我們發現，這種最初的憑空構想，卻能夠以有形的方式出現。他們的實際操作就是占卜術。用牛骨或龜甲，先打上幾個洞，燒出裂痕，然後把那些裂痕看成某種筆畫，讀出某種意思──這種造字的原初現象，多少也是我們的猜測。但我想：在有意地畫出一些筆畫（譬如畫出一二三四）之外，一定還

有其他的筆畫構成方式，那麼，甲骨上出現的裂痕很可能就是在「造字」了。

你今天會說這真是亂無章法，但面臨著山窮水盡的困境，他能怎麼辦呢？於是只好順著天意來創造人意。天意出現在龜這種聖獸的甲殼上，然後順著天意來發現這個難題該怎麼解決。那些最初看見的裂痕叫做「兆」，或「卜」。能用卜和兆來看出意義，並且把它說出來的人分為兩種，一叫作「占」，另一叫作「貞」。占就是把卜給說成東西。但「貞」字比較有疑問，因為一開始不是這樣的寫法。在甲骨文裡面，貞是這樣寫的：

眞 ＝ Ⴤ（卜，甲骨上的裂痕）＋ 眞（鼎，祭祀的神器）。或直接寫為 眞

到了今天還有人在爭論：這個字到底是「貞」還是「鼎」？兩種說法都振振有辭，但無論如何，它是屬於國之重器，而能夠用鼎來談國運的人，就叫做「貞」，也就是貞人。他們可以說出天意，並且知道國運是否昌隆，或是否有福禍，因此他們佔有非常高的社會地位。

術／數，與「人世處境」

用卜卦來偵知吉凶福禍，我們可以說它沒什麼道理，卻必須承認那是歷史事實，因此還是要說出其中的道理來。那麼，究竟會是什麼道理呢？那就是我們今天的數學。所有的卦象都被換算成比較有秩序的一條槓、兩條槓，以及它們的排列組合。由

於甲骨上的裂痕太沒有規則，於是先把它換算成幾個交叉單位，如「十／乂」，形成「爻」；然後也可換算為兩種裂痕的組合，就是「─」和「－－」（1和2），然後疊成三層。這樣就會有2 x 2 x 2的八種組合，也就形成了「八卦」。關於「疊三層」的想法來源，當代的解釋都說那是最原始的「天／地／人」三層次的形上學。也許是對於「數」有層次的知覺——譬如，至少知道數序、數量，和其中的運算關係屬於不同層次。

對於「數」的具體運算，先是八卦，接著就是再疊一層，成為八八六十四卦。我們要知道：古人對於「數」並不只是知道數序、數量等「抽象」概念。每個數都可以同時指涉某種「事象」，因此產生了替各卦取名的做法，也就是讓它們各自成象。「爻」字就是「重卦」想法的具體證據。

於是每一卦都有卦象，接著又慢慢從「象」演繹出一段解釋的文字。這樣一路轉換下來，我們就知道：卦的背後是數和道理，然後被翻譯成為一些「象」的名稱。可是經過翻譯後的「象」，對我們來說還是很難理解——為什麼八卦中的某卦叫做「坤」，某卦叫做「乾」？又或叫「震」、「艮」、「坎」、「離」等等？而且，這些卦象似乎都在說明山川天地之間的某種狀態，聖人把這些卦象經過重卦，再演繹出六十四卦，轉換成為語言文字的說明。聖人所作的這些演繹解釋此後就變成所有人生處境（human conditions）的說明範本。有了範本，後代就沿襲作為解釋問題的根據。因此，現在只要「把人生處境背後另有一套萬事萬物高深的運作秩序」給說出來，就成為最高的「道術」。一部分是能「道而述之」；另一部分就是它所代表的某種

宇宙秩序，特別是天體運轉，以及地形和季節變化的秩序，也就是「道／數」或「術數」的關係。

從經驗到超驗

我談這些的用意，是想讓大家了解一件事：日常生活的「經驗」，表面上看來很簡單，可是如果我們想要把生活經驗給予定義，那就是既不自然也不容易的事。要為我們的生活經驗下定義，在身邊就可舉個簡單的例子：溫度的經驗。「溫度」是「經驗」，或叫「體驗」，那是理所當然，但今天教室中的溫度是冷、是熱，或是還能用其他語詞來形容呢？我的意思是想問各位：「如何能夠把自己感受到的溫度說出來？」

大家都有溫度的體驗，甚至我們都正處在同一個溫度環境之中，但你會怎麼描述呢？可以看溫度計，也可看冷氣機上顯示的室內、室外氣溫。溫度計是將汞放到細玻璃管中，看它在裡頭因熱漲冷縮而產生的刻度升降，用此來定義溫度。所以，溫度是人人可以感覺到的，但如果沒有換成溫度計上的數值，則所謂的「溫度」就會難以言說。

因此，當我問各位到底是冷是熱的時候，每個人的體驗其實並不一樣。如果要說明有多不同的話，各位請看：我現在渾身是汗，因為我剛剛用小跑步趕到講堂；而各位如果已經在教室裡坐了十分鐘，相比之下，會覺得現在溫度舒適。所以我們談論溫度時，其實是各說各話。但如果現場有溫度計，就能定下一個參照標準。我的意思是，只要把經驗拉高成為抽象的意義，就可把這抽象稱作「超驗」，也就是超過直接經驗。這個詞看起來似乎很

高深，但其實就是指：當我們將經驗說出來時，它的意義已經跳到了另一個層次，也就是已經過換算。但無論如何，既然提到了「換算」，那就會連接到我們上次談過的「運算子」或「數元／思元」，即利用某種東西將現象代換成可以言說的訊息。

掌握這種技術的人，譬如早期的希臘哲學家，一定是從數學開始發展，以畢達哥拉斯為例，大家都知道他提出了畢氏定理。但各位要是能看到畢達哥拉斯所留下的其他斷簡殘篇，就會發現他講的更多是神祕主義——談論生命的來源、變化以及可能性等。可是他說明了一個道理，直角三角形雙邊平方和等於斜邊平方。這句話只不過是他的神祕主義之中的一句而已，而其他的語句就不太容易理解了。這就是畢達哥拉斯，一個被稱為哲學家，也是神祕主義者的人物。我們如果去找找「前蘇格拉底」的哲學，說起來都是斷簡殘篇，不成系統，但留下來的就是那些。當時的哲學家說他們「會算」，我們古代的「貞人」也說他們「會算」。因此卜卦通常不只是「說出」卦辭，同時也表示「能算出來」。

只是該如何算呢？方法通常會從可說的公式變成一種心法或是祕傳，不讓人輕易得知，不然術士們就得失業了。所以卜卦和玄學永遠保有神祕不可言宣的一面。但這些不傳之祕最後還是會被人流傳下來。因此，為了傳承最後留下來的祕傳玄學，亦即我們的傳統中形成了像是《易經》這樣的作品；我們相對創造出了特殊的傳承體制，也就是「學校」。

各位知道學校的「學」字，為什麼會寫成這個樣子？以及其中為什麼包含一個「爻」字？

學，甲骨文 ＝ ✗（算籌）＋ ∩（六，即「盧」，表示房屋），表示練算習字的房屋。有的寫法 在算籌（✗）的兩邊加 （爪，手），突出「動手」教學的含意。金文 在房屋 ∩ 下面加「子」，表明教學對象。有的金文 加「攴」（持械打擊），表示執教者體罰受教者。造字本義：教孩子算數、習字的校舍。

爻，甲骨文 ＝（兩根算籌互相交錯、組合）。造字本義：古人效法天地變化的規律，用陰陽的組合，來推測、計算其變化。金文 由三（多）個 ✗（組合）會意，表示多次組合。篆文 承續甲骨文字形。

「學」這個古老的字，其構字的意象是一群孩子在學校的建築物裡七手八腳，中間的「✗」就是「爻」。孩子開始在學習時就是用竹片（算籌）來記數，後來我們又把竹片的排列組合轉成某種象徵符號，最後就翻譯成八卦裡面的許多個「象」。原來在學「術」的時候，其實也在學習數學，或至少是學幾何。我們只是沒有發明「幾何」這個詞而已。

接著我們看另一個字——「算」（籌）。這個字出現時的寫法跟今天是不一樣的，看起來像幾個人聚在一起「弄」。弄什麼呢？下方肯定是雙手，中央是玉。又出現「玉」了。上面是竹片，下面是玉。古時候只有王家系統裡的人才有資格玩弄「玉」。所以計算的人也就是在整理、分類，計算時所算的東西也就是「玉」。所以古代算術就是起源於在弄玉，後來才用竹片來推廣。

這些竹片即「算籌」，是古代人使用的技術工具。今天我們只要把生活中經驗的事態，轉成一個比經驗還要高的法則，就可稱為「超驗」。因此，古代的「超驗」透過占卜，其實是跟數學結合在一起。因此，能夠掌握超驗知識的人，就成為了我們說的大巫——靈、聖、貞人、卜者等等人物。

從「大象」到「抽象」

關於超驗，最簡單的例子就是先前提到的溫度經驗，研究心理學不就是要把生活的經驗用道理說出來嗎？是一門把人的體驗轉成可以述說解釋的學問。然而，每個人所碰到的經驗能夠直接相比嗎？客觀談論溫度的確把事情簡化了。如果台北市平均溫度達到了攝氏 42 度，持續一整月，可以當成是天災，因為會產生大規模的連鎖效應。像這樣溫度上升的情況在五千年前也可能發生。氣候或地理上的改變在歲月中造成滄海桑田的現象，讀歷史的人很難特別去注意。然而，歷史上發生過一次值得大書特書的氣候事件，就發生在河南這塊地方。

河南曾經是殷商的大本營，商族人從黃河下游一路沿河遷移上來，後來佔領現今的河南。河南這個地方在黃河河道的轉彎處，應屬於華北。奇怪的是，周族滅商之後，發現商族反撲，對他們造成威脅時，在傳說中是說「商人服象，為虐於東南」。[2] 河南這個地方怎麼會有象呢？大象今天主要是在亞洲的泰國、印

2　呂氏春秋古樂篇：「商人服象為虐東夷，周公以師逐之，至於江南。」說明「商人馴服象組成象軍」，以及「商軍被周軍擊退到江南」兩件史實。

度出沒。南亞的確有象，可是為什麼在四、五千年前，連河南都有大象呢？難道他們就是把泰國、印度的象帶過來嗎？如果發生水土不服不都死光了嗎？但問題是：當時商人確實能夠服象，也就是可以把象用成他們的工具，不管是用來勞動、建築或作戰，象都是所向無敵的巨獸。

商人當時居然有辦法服象，就表示古代華北的氣溫肯定與我們今天所知道大有不同。經過推算，結果是當時華北的氣溫和今天長江差不多，因此可以合理地說有「象」在那裡活動。這不只是從外引入，而是可以在地馴養。「象」這個字的在甲骨文裡畫的就是一頭象的模樣。上頭有清楚的長鼻、長牙，再加上胖大的軀體，牠的長相在甲骨文裡頭是非常寫實的。

象，甲骨文 𧰼 ，像長鼻、長牙的大型動物。造字本義：鼻子長、體型超大的食草動物。因形體龐大，鼻子曲長，富於視覺震撼力，古人遂以象借代萬物最顯眼之形。豫，篆文 𧱏 ＝ 予（予，進入、通過）＋ 象（象），表示大象通過，後指帝王的巡行。

「象」字很明顯地畫出一頭側面的象。讀音「象」，碰巧跟梵文讀音十分接近。梵文「象」的讀音是「Jhiang」，此間頗有蹊蹺，對吧？漢文使用「象」這個字的讀音，是否為老早從印度偷渡進來的一個字？我們現在無法考察，只能說有一點蛛絲馬跡、有一點關聯性。無論如何，殷商人會使用「象」，這件事鐵證如山。今天的河南被簡稱為「豫」，就表示古人能制服「象」

並且能用牠來做交通工具。更有意思的一個字，是用手抓住了大象，那個字就是「為」。

　　為，甲骨文 𤝢 ＝ 𠂇（又，抓、牽）＋ 𤝢（象），表示牽象馴化。造字本義：馴象，使象服役。金文 𤝢 將甲骨文的「又」𠂇 寫成「爪」𤓯，將甲骨文的 𤝢 寫成 𤝢。篆文 𤝢 變形，「象」形不明。隸書 為 將「爪」𤓯 與本是象鼻形狀的 丿 寫成不知所云的 丿。

　　好在我們用字源學把這個不知所云的變形還原出來，看出執象、服象的意思。所以我們會用「為」字來說「大有作為」。使用「為」這個字就表示能夠服象，而這是遠超過一般人的行為，故能表示大有作為。許多證據支持殷商人能夠使用象，而且是「大有作為」地使用象隊，譬如當作帝王乘坐的坐騎、興建大型建築用的馱獸，甚至是作戰的利器。因此，商人的活動力高，包含開闢土地、建築工程甚至作戰，他們的效率都比其他部族更高。因此，一旦御獸技術開始發展並逐漸逼近其他部族時，就像「商」逼近「夏」之後，果然是把「夏」這最古老的部族給滅了。

　　回過頭來說：我們談論「經驗」時，只要拉高一個層次去思考，如同我們剛剛「以數學的方式來談道理」，這就構成了「超驗」。假設各位能徒手制伏「象」，我們將這個概念畫下來，轉一個方式理解成「為」，這過程不需要使用數學，只是把「能夠用手制伏象」寫成「為」字；「為」的意思轉變成不只是服象，

而是只要能夠掌控任何一件大事，那就是「為——大有作為」。就這樣，「為」被轉高了一個層次。所有關於經驗的東西，只要能夠把它轉成往上一層的抽象表達，即構成「超驗」的理解。

在「超驗」中為什麼需要「抽象」呢？這個詞彙從外文翻譯成漢語時，是和「具象」相對的，大約在二十世紀初以日本漢語借詞的方式引進，[3] 原先不存在於古漢語中。我請各位來想像一下：為什麼象可以抽出東西呢？原來是後來的語意變了，因為「象」是最龐大的動物，所以我會說這個「景象」或「現象」非常顯眼，特別顯眼的事物我們就把它稱為「象」。於是「象」就演化為能夠代表所有的「事象」。甚至也造成兼有動詞、名詞兩義的「象徵」。

【學員提問】

老師，我好奇，如果經驗就是經驗，為何有時需要把經驗提高到另一個層次呢？

我們可以非常簡單地說，如果你只是活在日常生活世界中，那就不必多費心管經驗的層次了。但如果你去擔任成千上萬人口的管理者時，那該怎麼辦呢？你的經驗會跟一般人一樣嗎？我只

3　根據《近現代漢語新詞詞源詞典》（香港中國語文學會編，上海：漢語大辭典出版社，2001），「抽象」一詞在 1903 年出現於《新爾雅》一書。《新爾雅》是清末民初時期由留日中國學生所編寫的新語詞典，主要收錄西洋的人文、自然科學新概念、術語，當時這些新詞彙大多數來自日語借詞，因此這部詞典是研究日語借詞在中國的容受選擇普及過程的重要文獻資料。

要向大家提出一個問題就好：「管理」在這裡是什麼意思呢？以我們剛提到的具體例子來說，就是瞭解自己手中有多少頭象。假設一共有五百頭，那麼就將「象」轉成為數字，然後把五百頭象掌握在手中，這就是一種抽象的動作——所有其他具體事物像這樣一轉，就都叫抽象。所以負責管理的人，自然會需要將經驗推高一層，轉變為一種可以掌控的狀態，而化為數字、化為名稱、類型等，都是為了這個目的。於是，通過「超驗」，我們會創造出和經驗不同的字詞，也創造了更多知識。只是要從一個非常具體的東西轉化為「高層次概念」的過程，需要稍微動一點手腳，這時候的思維就叫「抽象」。意思就是超出了經驗的範圍之上，進入另外一個法則。各位請不要看到「超驗」這個詞就立刻聯想到康德哲學，然後感到畏懼退避。Transcendental 的意思可以簡單地理解為只是超越到平常的生活經驗之上。

「超驗」為談論心理學的基本前提

我們現在就可以來談談心理學知識的本質。「心理學」通常看起來就是在解釋「經驗」，但心理學的知識不能完全捕捉經驗。當我們談論人的感受時，有時候會發現「感受」很奇怪，譬如人的情感通常跟人的存在是同步的，但有時會特別感到它「失去掌握」。如果換成物理學的角度，看到具體的事物，可以一件一件去數算。但我們的心情卻不能夠拿來這樣算，因為人的心情一直處在開放的改變當中，所以我們會發現它難以掌握。

因此，心理學的前提是必須把經驗加以超驗化，然後我們才有辦法去談論。基於這樣的條件，我們需要將原先的「情感」轉

化成間接描繪的方式，設法去形容、比喻，使旁人得以理解。這種知識過程雖然沒有直接去經歷，但我們會認為「自己參與其中」。譬如聽著他人冒險的故事時，我們的內心感到興奮；或從故事中覺察到自己，同時感到悲傷，也許連接到自己過去的某種相似的經驗，甚至形成某種對自己的理解和新觀點。這些轉化的現象是因為我們的內在（或外在）永遠都有一個管理者，它總會對著自己問：「你現在要講什麼？你的感覺是甚麼？」因此，人類的「感受」常常不是自己認為的就算，而是需要經過內外協調才能夠產出真正的結果。這時的「心理」果然不是一個單一層次的存在，而是至少兩層，或至少存在可以產生協商的兩方——我們常會用「內／外」來比喻這兩方。

這個現象同時明確地指出，我們的「心裡」會發生衝突。因為處在戰爭狀態中，所以需要有個管理者來徵調我們的內在資源，於是我們的內在資源常常在危急情況中被屢次徵召。當管理者在解釋心情時，就發現這個「內在」常常是身不由己的，沒有替自己發言的權力，無法掌控或自由切換情感狀態。因此，我們能夠說「心」就是一個自主掌握者嗎？掌握的方式並不是內在協商的結果，而是由外來的語言文字在充當管理的工具。在古代社會中，能使用文字的人其實就是擁有影響「心」的能力，影響人人的「心」，而他們都屬於管理階級。所以他們的發言會創造出很多「事」來（生事、成事），尋常百姓的街談巷議就沒有這種效力。

各位現在就會瞭解：原來文字和我們剛才談論的數學一樣——「文字」本身全都是經過「超驗」之後才生出來的產物。

但既然我們談的是「超驗」，那麼到底「超」到什麼程度呢？當我們將經驗往上一個層次解釋時，會上升到什麼程度呢？老實說並沒有限度，你不知道經過「超驗」會飆到哪去。有沒有一個合理範圍讓大家揣測呢？——這樣的說詞本身就構成一種超驗思維——一旦在超驗之中，我們會發現沒有上限、沒有邊界。因此我們才會說，古代人在處理心的問題時會提到心的「失神」，也衍伸出「神魂」的概念來。而「魂飛魄散」的說法，在古代的語言當中是一種很自然的語言。因為古人曉得一旦開始談心的問題時，就自然會進入到魂、魄的層次。但今天我們如果要用到「魂魄」之類的字眼時，好像必須趕快跳過。因為一個常用「魂魄」這類字眼的人，會被視為腦子有問題。但某些時刻，我們卻無法避免，譬如說到春宵一刻值千金的情境，我們會說那是「銷魂蝕骨」，這時候你就會說「魂都飛了」。只不過那一刻通常不會很長。說過了以後，就需要趕快回到常態，因為我們的想法是：我們都擁有心靈，但不是魂魄。只不過，「魂」這個字在古代人的生活中並不奇怪，人會認為這是種自然現象，只要往上一蹦，就可以在語言中說成「出神入神」。但今天我們傾向於認為這是屬於不可掌握的範疇，我們的「現代性」傾向於排斥這樣的用語。

【學員提問】————————————————

請問老師，「先驗」和「超驗」，它們的差別到底是在哪裡？

先驗和超驗原先在翻譯時是同樣的字，但是他們在寫法上稍微有一點差別。學術語言很常用希臘文、拉丁文來表示。拉丁

文用 *a priori* 這個字，含有優先性 priority 的字根。Priority 是優先，是屬於經驗上的先後，加了一個 A，表示超過了經驗之上。如果要比較「先驗與超驗」的不同，「先驗」比較適合翻譯成這個字，就是說它在秩序上的優先。那麼「超驗」呢？這個字原先來自於希臘文 transcend，確實不是指先後，而是上下，也就是不同層次了。只是後來這兩個字常合併在一起，先驗和超驗變成可以互換的意思。

先驗的意思是說，在經驗之前，先天即有，不用經過學習就能知能曉。為什麼我們看到了一個現象後，立刻就能轉成某一個數或是幾何圖示？為何畢達哥拉斯看到了「直角三角形」時，就看到了所謂平方和的概念？我相信「畢達哥拉斯定理」如果沒有被他本人發現，遲早也會被別人發現。因此它就帶有了普世的先驗性質，不需要進入經驗當中去找，它自然就會出現，這就是「先驗」。而超驗的意思，相對於經驗本身而言，它有一個超越，或再往上一層的性質。這兩者，先或超，在意思上很接近。我要說的是，來自希臘文和來自拉丁文的字源，在意思上會有些不同。只是在寫文章中提到 transcendental 時，為了不重複用詞，有時就會換成 *a priori*。

關於這個問題，漢語裡的「先驗」和「超驗」有何差異？事實上使用英語時，我們會發現 transcendental，或 transcend、ascend、descend，基本都是指上或下的關係，transcend 表示不論是上或下，總之它超越了現況。心理學與其他的自然科學有個非常關鍵的差異，在於心理學本來也要談經驗，認為經驗本身可以客觀地談論。但後來發現心理學存在一個限制：它無法把經驗

當作客觀物品來看待。對於別人心中的東西，我們永遠都只能揣測，或用旁敲側擊的方式去掌握，因此這類詞彙永遠帶有推估、臆測的意味。上次我們探討「心」的時候，大部分都在談「心智」，也就是「你知不知道」的「知」。講到的一個很有趣的字源，就是用矢來射向標的，後來甚至說基本上那是一個陽具，陽具後來擊中了它的標的，也就是女性的陰器，因此所謂的「相知相惜」，之所以讓人樂無窮，原來是這麼一回事。

管理人類社會的「形上學」

我們再回頭談「知」的問題。假設有一個客觀的東西存在，於是對存在的現象直接描述紀錄，這屬於「自然科學」的知識。先前討論的例子：「玉山上有一棵樹……」以物理學的角度說的是「有一個東西，它客觀地存在」。於是，我們直接描述肉眼所見的事物實體，並不會想到有一個超驗的層次，自然科學在處理經驗時，首先就會把所有的經驗視為同在一個平面。心理學所做的抽象、高層次思考，在希臘字裡稱為 meta，意思是向後。在這裡「後」的意思也同時可以想成「先」，反正都是脫離了原本的自然條件。我們說的向「上」，「在物理之上」就稱為形上學（metaphysics）。而物理學（physics）與形上學（metaphysics），翻成漢字後反而讓人難以理解它原先的涵義。心理學放在兩者的相對位置來說，比較接近形上學。但是，形而上的是什麼？形而下的又是什麼？我們很容易捲入這種文字障，反而不知所云。

我們一直談的「道理」，就是形而上的東西。如果採用希臘

字就能清楚理解，原先被稱作「經驗」的事物是一回事，向上一層去超越經驗後，又成為另外一回事。以馬克思主義的哲學來想，它會告訴我們：任何一個好像本來就存在的道理本身，背後其實隱然有不同的階級存在。物理學是「百姓日用而不自知」。可是當人成為管理者、諸侯、王者的時候，就必定需要以「形上學」（meta-physics）的方式才能管理他者。在馬克思主義裡，它採用階級差異的方式來解釋我們所有實際經驗之間的上下關係，不光只是抽象地說「這原來是一些物件，後來變成一堆數字」。他說的不只是一些道理而已——需要掌握數字的人，實際上就在階級上高於他人。

現在我們回頭來談：為什麼「靈」會在心理學中被重新注意？其實當我們談論心靈的時候，並不是打算回到術士的方式，而是要瞭解：術士這種身分的存在，其實也暗示了人的事情有大有小，碰到大事時就必須要有一個高階的存在，才能夠替人們管住情勢或進行處理。起碼要有能力解釋那些巨變的現象，到底是什麼東西或什麼道理。所以說，術士能言善道，占卜的人不就是把幾道裂痕說成某種象徵或道理嗎？他們都是把「東西」、「現象」說出來後，情況才開始能夠恢復掌控，於是就能穩固地處在較高的階級中。因此，心理學本來就屬於聖人之學，或「靈」這種高階的學問——今天各位「很幸運地」踩上了這個階級踏板——但這到底是不是「幸運」，我們還得繼續考察和檢視。

我只是想說明：這種能夠把經驗轉成「一段可述說的道理」者，常已經跨入了超驗的範疇。所以我們在講心理學時，心理—心智—心靈，有一層一層逐漸往高走的意味。到後來的心靈，各

位會發現，我們所談的好像已經把上限和邊界都抹除了。因此，一旦想併入近代科學時，就會讓人覺得要趕快剎車，不要再去談心靈，以避免攪擾我們所建立好的近現代秩序。這大致就是發生在所謂「啟蒙時代」的現象。當時發展出的理性主義，決定把先前那些「管不住」的道理都給排除掉。

但這樣的事情也不僅發生在近代／現代。哲學家卡爾・雅斯培（Karl Jaspers），是存在哲學的奠基者之一。他曾寫過一本解釋文明史的重要著作[4]，後來整個文明史學界都引用他的概念「大轉軸時代」（Axial Age）：大約兩千五百年前，在歐亞大陸上的幾個重要文明，同時出現了轉軸現象，意思就是思維的核心產生了翻轉，那時候希臘哲學、印度奧義書和東亞儒道兩家的哲人剛好在同一個時代出現。不同族群的人類文明最重要的演進之中，有一個相同點，就是在對抗先前掌權的巫師們。這是人類史上第一次「去神祕化」的啟蒙時代。當時留下來的經典，今天都被我們稱為「聖典」。但那一次的轉折，看來還轉得不夠徹底，以致今天的我們還是覺得太神祕了。

雅斯培看出人類在文明史上要對抗的，就是古代玄學在解釋經驗現象時看起來似乎有道理，卻常讓人摸不清意思的狀況。原則上大部分經典都反對占星學、占卜術等，但反對的道理是什麼？我們可以總而言之說是「智慧」，可見這不是到了十六、七世紀的啟蒙時代才發生，早在兩千多年前就已經有過一次。但因為對於「智慧」的陳義過高，所以後來再發生一次，其性質就

4　Karl Jaspers, *Origin and Goal of History*, Routledge Revivals, 2011.

是能夠把智慧執行得更徹底，譬如改稱「理性」。但是「徹底執行的理性」不表示它相當於智慧，因為啟蒙時代的根本精神是要控管一切，於是出現了科技的啟蒙，「工業化」是它的具體產物——更接近於穩穩地掌控世界。

於是，「現代」出現了這麼一個現象：「科技智慧在上進，但人性智慧在下降」。因為科技對人掌控得太好了，管理管得太嚴密了，原本認為科技會給人帶來自由，但人的自由反而被科技剝奪了。如果我們繼續這場「民智大開」的現代文明，大眾對心靈的關注會繼續下降，人民對自由的需求也會越來越低，於是每個人都被「科技生活」徹底控管，從而讓啟蒙時代、理性主義演變成一個全方位管制的技術掛帥時代。這種趨勢就是至今都還沒有停止的「現代化」。然而，執行管控的人已經不再是巫師，而是另一批術士——他們叫作「工程師」——今日治國、治天下的大事都掌握在他們手裡。然而，他們講的都是工程的邏輯和道理，同時包含了股市在內，全部憑靠數字來描述。如果你天天看著股市上升下降，會以為這是很自然的事情。但真相是有一群管控者，他們把市場的景氣轉變看成「趨勢」來瞭解，利用數字畫成的曲線圖來告訴你趨勢的走向，但那都是「真的」嗎？

我們用心理學來和這些理論邏輯相比，會發現後者雖然看起來掌控了實體生活，但回到人心，我們會發現這種管制的方式常是誤用和濫用。回顧我們之前所談的心理測驗，它本是最早將心理學的知識聲望建立起來的基礎。一開始發展的都是智能測驗，後來逐漸發展出各種描述其他心理狀態的測驗。心理測驗的編製方式確實是模仿今天檯面上的經濟學、工程學，模仿他們所使用

的管控技術。這些技術在特定領域中，包含物理學、化學、生物學，甚至是經濟學，已經發展得算是成熟，成為心理學後來的模仿對象。經過了多方模仿，便構成了我們今天的科學心理學。但是所謂的科學心理學其實從最初就有一點誤入歧途之嫌。因為它的發展目的也是為了控管，讓「人」能夠被預測、管制，後來反而失去了其他理解人的方式。因此，要去親近理解「心靈」的方式，不是去計算，而應該用心傾聽它在說什麼，設法把它要說的意思聽出來。利用人與人互相對話的方式，目的不是在掌控而是瞭解，兩者的用意全然不同。我在專注聽一個人述說時，我不是一個位階比較高的人，我並不是一個能夠拿捏、操弄對方的人。我是誠心想協助你、幫你的忙。所以心理學不能再認為自己和古代的靈、巫擁有相同的位階，那樣的時代已經一去不返了。換作今天的心理學家，一樣也像是術士，但他唯一被賦有的權力就是可以設法傾聽，然後理解對方是什麼意思；過程通常也是經過某種換算，聽完之後再把它說成某一種可說之事，或可說之物。

瞭解與體會的學問

談到這裡，我們已經深入了今天的核心主題，既然如此，我在這裡還要稍微再推進一步。上次特別解釋「心」這個字，當時認為人在思考時是透過心臟這個器官，所以是個錯誤說法，但後來曉得這說法只是一個象徵，於是慢慢地轉成另一種描寫。舉例而言，當我說「我能夠瞭解你、我能夠體會你的感受」時，我是用腦袋去想，或是將自己的整個身體當作一個思考工具，然後與你相會呢？漢字裡為何會說「我能夠『體會』你的心情」？各

位認為這是渾話嗎？這句話聽起來很神祕，但「你—我」是在哪裡相會呢？是和對方的靈魂相會嗎？——我們說過，那是古代智慧裡最讓人捉摸不定的說法，但若說「我能體會」這句話，卻是 understanding 最好的一種表達方式——表示我在設身處境，我跑到你的心裡去感受（雖然實際上這只是一種隱喻）。這確實叫作「體會」。後來在漢字裡，「體」字變成一個很重要的動詞，如體察、體諒、體悟等等，這些詞彙在西方的語言裡面沒有對等物。身體（body）變成了動詞。我們過去以為是心臟在思考，其實不只是心臟，而是整個身體都在思考。所以我們從古以來講到「思」或「知」時，不是在講一件只用大腦的事，而是用全身去思考。這樣的智慧是我們應該從經典裡篩選出來，繼續發揚的一項世紀大業。

這讓心理學變成一種更有意思的學問。當主流科學心理學一直聚焦在「腦科學」時，他們認為所有發生在人身上的事情，包含經驗的全部，都可以用腦部的活動來解釋。但我要問：「究竟是腦在控制了你整個人，還是反過來說：人其實是有辦法利用腦來幫助它做事情？」我再問一遍：「是腦控制了人？還是人利用腦來幫助他做事情？」

學員：那個「人」是什麼？

對，問得好。這聽起來很怪——「你」是誰啊？你如果不是腦，那是誰呢？我現在來解釋給各位聽聽。「**你**」就是「**汝身**」，*也就是你的整個身體*；你的身體利用腦做事、生活。腦只是身體的一部分，包含在「汝身」之中。各位想想看，孔子解釋

「仁」的重要概念就是「忠、恕」。[5] 恕是什麼意思呢？恕寫成漢字就是「如心」。如心就是汝心，也就是你的心。我要怎麼知道你的心呢？事實上，我們又要對「如」這個字來進行「運算子」的分析和理解：「如」的意思近乎猜測、揣摩。但是又要怎麼解釋「如心」就是「汝心」，也就是你的心呢？現在「我」就站在「你」對面，我用「恕」的方式，就是「如心」，而且是「如汝之心」，我用自己的心去揣測你的心，設法和你一樣。更有趣的是，在戰國時代「恕」居然被寫成了這樣：

恕，籀文 忠 ＝ 中（女）＋ 心（心，態度）。造字本义：女性心存慈愛，態度寬容。

戰國時代留下的寫法，「恕」是由「女／心」構成。所以原來體會別人的最基本道理，在漢語體系裡留下的智慧痕跡就是「媽媽在體會她的孩子」。這裡的「女」其實是「母」，後來轉變成我們在講「恕」的道理時，基本的根據就是以一個母親來瞭解孩子的角度，尤其是對著無法言語的嬰孩，所以媽媽只好猜測：「我的孩子，你冷了嗎？你餓了嗎？我的孩子是不是疼了？」媽媽們在想自己的孩子時，自然會利用這些「道」，這些關於「恕」的智慧。孔子是個被單親媽媽帶大的「聖人」，他領會的道理和生命經驗有關，因此孔子的仁德之道，說穿了，其實無非是出自於母親的婦人之仁。

5　孔子弟子曾參說：「夫子之道，忠恕而已矣」。

史上好幾位大人物如韓非子、韓信，都曾經嘲笑過「婦人之仁」，他們認為要砍人腦袋之時，發現自己砍不下去，那就是婦人之仁。可是「仁」的道理就是在拿刀砍下去之前，多替那個人考慮了一下：會不會痛？因此，一旦有了「如心」的能力，就會猶豫是否能殺人。然而，當一位將軍要殺人時，一聲令下不只是幾十、幾百顆人頭落地，而是就算有十萬顆人頭，都要俐落地砍下來。各位想想看，這得有多狠？別人死活與我何干？只想著自己要征服的土地，然後一聲令下，四十萬人就全部被坑殺了，[6] 哪有什麼「恕」的道理可言？但假若下令坑殺的將軍是女人，或許還會考慮被黃沙亂石埋沒的痛苦，可以不要用這麼殘忍的方式，或許改成流放之類——肯定還有許多別的方式可以處理，不需要如此慘無人道。

連最基本的「要怎麼知道別人的心」，其實也有一些非常屬於經驗的可能性，譬如媽媽在揣測孩子時，出現了一種獨特的方式，將來有可能轉換為一種自創的概念，也是一種符號，同時又是神話裡的一個重要意象。[7] 這個字後來轉變成哲學裡最重要的道理，就是「仁」，而它的基礎來自「如汝之心」，「汝」心，大部分是母心，因為只有她才能夠揣摩得出來，最初的「仁」就是這麼來的。

6　秦滅趙的最後一戰「長平之役」，戰敗的趙卒「四十萬人」（事實上還不止此數）被悉數坑殺。

7　甲骨文裡確有「人二」一字，金文則把「仁」寫成一個坐姿的人身，底下加個「二」。籀文則寫為「尸二」。這些字的寫法和甲骨文的造字原則很難兜在一起，因為讓人「生出」一個數字，是把經驗／超驗混在一起，不可思議。在此僅供參考，不必盡信。

理心術：從「靈」到「心靈」

所以我們現在談心理學時，也能發現：當我們在理解「心」的問題時，假若牽涉到了本來沒有上限、邊界的概念，譬如「靈」，這時候如果我們把它稱作「心靈」，「靈」就會在這裡轉成為了某種程度上可捉摸的東西。設法去捉摸「心靈」時，我們所做的事就變成了所謂的「理心術」。把它稱為理心術，比起稱為心理學，要保留了更多空間，這樣同時也蘊藏了一點神祕、玄奇。可是，如果用心理學的角度來看，「理心術」原來屬於一種巫術，因為我們聲稱是在整理，卻不知道最後結果如何，因此我不能預測經過整理之後的心，究竟能不能理出頭緒來，能不能幫助我們進入到可以理解的狀態。我們談論心靈時，確實不需要

已知「仁」字在最古老的經典《尚書》之中未曾出現。至於神話意象之說，可參看「毓」的甲骨文：

「女（母）生子」＝「育」（毓）。此字寫法和西王母的神像造形有關，在此不能詳述。總之，必須註明的是關於古文字學的探討，有時難免要參考比中國更古老的中亞、西亞文化來源。

先預知結果。但仍然認為「理心術」是跟術士的技術有關。但此時的「術」（述）是能夠述說的，利用言說把人的經驗換算成為「一種可以掌握的道理」。

道理就是「可道、可說之理」。所以我們現在來來回回地弄清楚了：心理學常常被認為是種可以瞭解人心的學問，但這裡所說的「瞭解人心」又是怎麼回事呢？譬如我住的社區搬來了新住戶，而我當時擔任社區管理會的主委，鄰居間碰面了就會向他介紹說：「這是我們的主委，宋教授。」此時，新搬來的住戶就會好奇地問：「教授，您從事哪一行？哪一個專業的？」我通常會認為：大家都是鄰居，不必多談這些，反正往後大家相見，敦親睦鄰，相互問聲好就很好了。但在一旁的人卻多嘴說：「他是心理學的。」那位新住戶整個人抖了一下，後退兩步，然後說：「那你……知道我在想什麼嗎？」我則向他告白：「坦白說，我不知道。心理學是要聽人告訴我，才會知道的。」

在這樣的情況下，我很不喜歡跟人談起自己的專業，一講就破壞了彼此的關係。大家先假設我是個術士，好像可以算出人的命運，但當然不是。我只說，擔任社區主委是我自願的，因為諮詢的工作屬於我的專長之一，在我任期中希望鄰里間不要互相爭吵。要鬧糾紛的話，請先到我這兒來，個別跟我談談，談完之後，我再出去「各個擊破」。我所謂的「擊破」實際上是指：大家可以互相溝通，不能當面談就用間接談，最終可以一起解決問題，不必互相猜忌。這樣才叫作「理心術」。簡單說就是如此，我沒有使用巫術，或特別使用什麼怪招，只是去理解、整理、清理而已。所以，聽到「心理專業」時就會嚇退兩步，那是被傳言

誤導的反應。

我們在日常生活中對心理學有很多誤解，大家都期望它能夠穿透人心：透過發展一套看起來很科學的方式，只要經過層層推算就能將人性準確掌握。結果，一開始就算錯了。因為它設定要計算的東西，本身就是錯的。就像我們談起心靈時，大家都認為充滿神祕性。但是只要談到「人格」或「特質」就不會有多餘的聯想，因為它被認定是可以測量的東西。很明顯的，特質必須透過量表來定義，否則大家就不知道測驗所測的「特質」是在說什麼。於是，那個特質就和量表結合成連體嬰的關係，任何特質跟量表的關係都是如此。但量表在設計上常常已經走在錯誤的方向上。

「自我」的誤導

過去我們假設人的核心在心臟，現在這說法已經沒人覺得合理可信。但如果把人格核心換成「自我」，大家就會覺得足以信服嗎？各位知道「自我」這兩個字在漢字裡是多怪的字嗎？「自」是什麼意思？「我」又是什麼意思？因為大家用慣了就會覺得「自我」約略等於 self，在辭海裡它會在「自我」這個條目後面括弧加上 self。換句話說，原來的漢字裡根本就沒有「自我」這樣的語詞。事實上是把西方人的概念翻譯而成為「自我」。「自」在古字裡是畫人的鼻子，一個鼻子的形狀就是今天我們寫的「自」。

　　　「自」是「鼻」的本字。自，甲骨文 𐤀 ，像人的

鼻子，有鼻梁鼻翼。

所以「鼻」這個字，就是在「自」底下繼續延伸出來。但為什麼鼻子是自我的延伸？

學員：一般人在指對方的時候都是指對方的鼻子⋯⋯

是嗎？我們跟人互動的方式，真是如此嗎？我們對著人用手指來指他的時候，可能會指對方的臉，但不至於瞄準著鼻子。以波斯人來說，他們指他人的時候是指著肝，因為他們認為生命核心在於肝。以前波斯人沒有握手問好的文化，他們靠近朋友的時候，會把手伸出來碰一下對方的肝，約略等於肝膽相照的意思。所以，「自我」怎麼會是鼻子呢？因為這個字原來不是在指別人，而是指自己。所以「自」這個字除了是鼻子以外，就是「自指」的動作，指向自己，所以鼻子就變成「自（我）」。

在「自」之外，「我」也是個奇怪的字。以我們現在的寫法，右邊有一把戈，古代的武器叫干戈。所以「我」至少是指某種作戰的行動者。為什麼會這樣？當我在指自己的鼻子時，大概還是蠻友善，但下一步的「我」竟然就要跟你開戰了？這就是「我」嗎？這是漢人祖先的想法嗎？我們的祖先都是這麼好戰的嗎？應該不是這樣。古代說到「我」時，應是指「我方」，與我方相對的就是「敵方」。敵我相對時，當然是武力相向，因此「我」是帶著武器的；我所面對的當然是作戰的對方，叫「敵」，所以就構成了「敵我關係」。「我」字原來是一個在戰爭狀態下產生出來的字彙。所以「我」就變成作戰的行動者，因

此在古代使用這字時，要非常小心。在古代一說到「我」的時候，已經意味著敵我關係。

古人平時自稱不會用「我」，而都會用另外一個字，就是發音像「吾」、「余」這樣的字。我們在方言裡面都曉得：代名詞吾、儂、阮、俺……這些字的特色，就是它們都只是發音，在字形上沒有特別的含意。但在寫成「我」的時候，果然已經不只是自指，而是用指事法來把敵我對峙的狀態寫成一個字。晚期的甲骨文中，「我」字很明顯的就是一把「戈」，放置在武器架上。把長長的戈放在架子上做什麼呢？那些人平常是農夫，農閒時就要練兵。所以先把戈放在一旁備用。這樣構成了練兵的「單位」，其中的「單」就是田裡的一群人，開「戰」的時候，拿起戈來，這個由「單」、「戈」構成的戰爭單位就稱為「我」。

我，**我**。甲骨文舊解：「如同一種有許多利齒的武器，是戉 **ᐞ** 的變形」——但此說太謬。有利齒或如鋸狀的武器，對於戰爭場景而言是太離譜的想像，自古以來的兵器系統裡從未出現過這種武器。因此較合理的解釋是「戈置於架上」。

我們要曉得，「我」這個字本來就是作戰用字，今天我們之所以會把「自我」莫名其妙地用來翻譯 self，我要說的就是日本人在用漢字造詞時，有些時候會濫用漢字，表面上在替我們造字，但實際上幾乎是造孽了。原來我們一提到「我」時，那都是要作戰的意思，像是「我方」、「我軍」，乃至「我大敗美西隊」，這個「我」是指誰？就是指我們的少棒隊。但只要寫一個「我」字就已經是指「我方」，並且也就是在一個作戰的對立狀態。那種指稱方式叫「我」，但事實上我們平常生活裡不會這麼

用的。因此當我們在說「袜」（閩南語ㄨㄚˋ）、「俺」之類的方言，它根本就沒有特定的造字，就只是一個聲音而已。包含像是英文的 I 也一樣，只是一個發音，沒有其他特別的意思。

今天我們說「自我」，好像說成了靈魂的核心，這說法實在大有問題。說「自」的意思還蠻好的，意思是朝著他人指著自己，以這種方式代表「我」是可以的；可是使用「我」這個字太可怕了。因此，我們今天在說自我時，你會發現，它有這麼一個語意：一個人常常在說「我如何如何……」過於關注自我的時候，我們就會說他「很自我」。當一個人被人評論為「很自我」時，那已經是在罵人了。

因此，今天心理學說「自我」是我們的核心。這種選字的方式實在太有違常識。因此，我寧可說「我」就等於「我自身」，而「我」的開放，等同於「我自身」對你開放，然後你也會對我開放。於是我們以身會身，這樣就可以產生互相的「體會關係」。這樣的說法在概念上更準確。反過來說，如果關注「自我」，後來就會朝向「自我中心」這個可怕的方向發展，變得不管他人死活，都是「我說了算」。所以心理學需要特別留意所選用的字詞，不要讓它變得浮濫。從心智談到心靈的時候要特別有此警覺。我們的心靈常常是不可捉摸，但我們強硬地企圖捉摸它，結果以偏概全的誤用了一個概念語詞，那是遺害千年。

以心會心即是以體相會

屈原在死前知道他的生命遇到了許多難題，但不知如何解決，結果就失魂落魄地去找一位鄭國的大師（詹）來占卜。描寫

占卜的那篇文章是〈卜居〉，換句話說，他要問的是何去何從的問題。當屈原講完了他的難題後，鄭詹卜放下占卜的道具，磕頭說：「對不起，我沒有辦法替你占卜（數有所不逮）；你說的道理太難了，我不知道你在說什麼（神有所不通）。」所以，屈原聽了就真的無路可走了。當他走到人生的最後一步，想要問人，結果連最厲害的占卜大師都說不上來。原本要替他解決問題的大師，不但解決不了，反而把人給逼死了——我們現在的心理學就是這樣子嗎？我們當然是要幫助人，去瞭解問題背後的道理，但是瞭解的過程本身就發展成奇特的測量。一個稱作心智或心靈的東西，那幾乎是一種不可測的東西。「不可測」就是它的基本原則。但心理學如果要作為一種能夠理解心靈的學問，這打量的方式就不應該模仿測量學，而應要用一種很自然的招數，也就是「體會——以體會之」。這時候心理學果然是運用整個身體在思考，不是只用腦袋在想而已。

透過這些舉例說明，我最後還要再補充一句：大家都把「同理心」（empathy）當作心理學的基本招數，但「同理心」一詞本身是個偏斜翻譯。什麼叫作「同理心」？我們之間的「同」難道是用「理」去推測出來的嗎？憑推理我就知道你是什麼東西的話，那麼我們就把心理學的道理給窄化了。大家去找找「同理心」的英文、德文、希臘文，去看看它的原文，就知道那絕對不只是在「同」人家的「理」，而是更強調以心會心才對。

老師剛才說，去聽對方說、去理解，甚至去猜他的意思，然後最後就可以幫助他，可是我很困惑，那個幫助他，是在幫什麼？

　　幫什麼？你可以這麼說：我們遇到很大的難題時，通常並不一定真的就能把故事講完，而聽完故事的人就不一定能夠覺得一切盡在掌握之中。前來求助的人，假若連自己都不知道自己要說什麼，那麼，能夠立刻聽懂意思，而且能立刻想出辦法來幫人解決，那只是對於心理治療的「晚報式報導」。我們常常不容易知道問題，也就不會立刻生產出解決之道。只不過，在聆聽中的我可以試試看。於是你說著說著，而我在旁聽著聽著，結果我聽到非常入神之時，覺得有一種如夢似幻的意境形成，甚至稍微有一點靈魂出竅的感覺，像是在起乩那樣。我做出這種姿勢（雙手扶著太陽穴，頭部搖擺）時，不要覺得奇怪，以前的術士這樣做的時候，他也不是真的要引什麼神靈來上身，而是說求助的人講的事情已經很難了，後來我幾乎要被難倒了，然後就這樣搖頭……搖著頭……演變成後來的起乩狀態。

　　有些考據學做得非常仔細，可以把一些字意作出很得體的詮釋。原來當我們在猜測人心的時候，我們已經說過那是「如心」、「如人之心」，但那個「如」，還有另外一個寫法叫作「若」，這「如」、「若」之道可能就是理心術的關鍵字。「若」字在甲骨文裡長這個樣子：

　　　若，甲骨文 ⛎ ，是指事字，指高舉兩臂 ⛎ 搖擺長

髮的女子,表示女巫進入起乩狀態。

學員:怎麼好像女生的子宮?

不,這就是「若」字。那位考據學者是張光直院士。張光直把商朝青銅時代的金文做了非常徹底的考據。發現「若」這個字本來就是指一個巫師,特別是女性的,跪在那兒擺頭甩髮,那個樣態形成了「若」字。也就是說,那個人像不在場似的「若此若彼」,並且念念有詞,而她唸的詞叫「諾」。意思是給人一個許諾,告訴求問的人,事情應該如何。巫師本身叫作「若」,巫師所說的話、做的事叫作「諾」(不要把這和神「諭」搞混),就是進入一個猜測的狀態,這種狀態憑我們的傳統來說,不會覺得難以理解 —— 可是今天的啟蒙理性如果要講解起乩這件事,會說成什麼?起乩定會被視為一種迷狂狀態,是一種混亂(chaos)。迷就是走失了,狂就是瘋狂,但我們要想一下,起乩就一定叫做迷狂嗎?如果有一位大師,他能夠全神灌注在那兒聽你說話,他就有可能進入一個超脫現實的恍神狀態。但是我們不必說這就叫作瘋狂。我們的語言真的有很多細微的地方和西方不同,瘋狂的「瘋」可能是種病,但「狂」可以說是病嗎?

在「聖」與「狂」之間

「狂」字的寫法很怪,看起來是在「犬」字旁加上了「王」,但古代的寫法並不是王,只是發音接近於王。它跟過往的「往」字相似,構字上以「王」或「主」為字邊,在古代兩者意思相通。當然,如果我們分開來看字根,會不太容易理解

「狂」到底要表達什麼，但總之絕對不是在講一個人瘋狂。甲骨文的字體，「狂」上方畫成一個有點像是「意」的頭部，也就是立正的「立」；然後底下用「工」把它接起來。因此把它詮釋為「王」是不對的，意思並非瘋狂，而是有某種人狀態看起來是挺直了腰桿，但這個人竟然處在一種如獸的狀態中。於是，人在這種奇特的狀態下，我們就把他稱為「狂」。

然而，在我們的《書經》當中，「狂」竟是「成聖的條件」。怎麼說？《書經》裡的一句話，值得當作今天講堂的壓軸好戲，出自於周公對世人的警語：「唯聖罔念作狂；唯狂克念作聖」。所以狂和聖之間的關聯和差異在於「念與不念」。罔念，是不能念的意思；克念，是能念的意思。「念」又是什麼意思呢？「念」就是念茲在茲，專注投入某一件事當中，指你的心和目標對象融為一體。於是，如果一個人從狂的狀態中能夠念茲在茲，用心致志的話，他能夠變作聖。但是作為聖者，如果不能夠念，也就是不專注（罔念）的話，那就成為了狂人。所以聖和狂其實是一語之轉／一心之轉而已。因此，在我們的語言當中說的「狂」其實不是在說人瘋狂，這個狂者有一種特別的意味。有時候「狂者」可以自成一家，是種特殊的狀態。在我們的傳統中就有一種人叫「狂士」，那不是罵人的話，而是隱微的稱讚，說那人有語驚四座的、厲害的張狂本事。

因此，「狂」是指人有一種很特殊的本事，但如果運用不當，就會跟「聖」的道理越走越遠。然而，我們的語言說明了一件事：人可以在狂和聖之間穿梭來回。因此，誰可以掌握心靈的知識呢？只有這種人，要不就是「聖」，否則就是「狂」。所以

各位要成為「理心術士」，需要念茲在茲的，其中一半是「**讀聖賢書所為何事**」，另外一半就是「**吾黨小子狂簡（狷）**」——要是沒有這種條件的話，不要來當吾黨小子。為狂與聖之間的狀態可以相互轉化，兩者的差別在於一個人靈魂的活動狀態。可是陷入一個啟蒙理性時代之中，就不能理解這種靈魂的流動。

所以我們從心理學轉成理心術的時候，其實已經有很多基本的知識條件也轉變了。我們要維持住這樣的說法，加上「漢語」傳統的幫助，並且在經驗上我們也可以理解「一個人起乩時，不見得是發瘋」，他很可能是進入一種看起來叫「狂」的狀態，那個「狂」本身是用一種很特別的方式在摸索心靈，如此你才會理解：怎樣才能盡其所能地去捉摸別人、體會別人。其中有一部分是可知的常理，但萬一超過常理時怎麼辦？有時就需要使用不合常理的狀態，也就是「狂」，才能捉摸別人，所以當時才會稱這種人為「靈」；而摸得著、抓得住的話就很「靈」了。所以心理學家也需要「靈」（至少是「靈感」）的。當然，有時我們透過「體」，透過自身感受可以一語道破別人的處境。把讓人不知所措的狀態，變成一種可說、可道、可用的方式。各位可能會對這種說法感到大惑不解，是不？

讓心不知邊界地跑動起來

沒關係的，因為「惑」的意思就是說，在心無邊界下，我們開始思考運動起來。「惑」這個字上面不是寫一個或且的「或」嗎？底下加上一個心。「或」是什麼意思呢？就是一個區域。區域的「域」，如果加上邊境，把「或」框起來，就成為一個

「國」，那沒有框框的時候，就表示沒有邊界的疆域，這就是「或」，意思是你發現自己的心變成了脫韁野馬，於是開始奔馳。當你感到大惑不解，於是會不知邊界地跑動起來。而各位的大惑不解，就是我們下一堂一定要繼續談下去的進路。

不要以為日常生活的現象稀鬆平常，其實我們生活的經驗裡充滿了很多讓人迷惑的東西，我們以為隨意聊聊就過去了，但有的時候需要很高的體悟。例如，我們與別人談話後，不一定真正找到了「理」，或發現了「解決之道」。有的時候只是我在跟你談話的過程中，你我之間當下「以體相會」，讓人感覺得到支持陪伴，而能寬慰放心。實際上，事情最後還沒有解決，但身心靈卻能感覺到一切其實沒有想像中那麼糟糕。這就是理心術的奧妙，它不一定要急著解決問題，但它需要去述說對話，直到讓人寬心之後，那條解決之道可能就會自動浮上檯面，說不定還是從你自身中得到的靈感。這樣的心理學或理心術，不是從實驗室中制定標的，然後設計出測量工具就可以得到的。這是就本體論而言絕對更為高明，但也是更加不容易掌握的道理。

透過「理心術」，一方面讓我們重新回到傳統的經驗中，另一方面當然也可以說我們進入一種更加「後現代」的狀態中，發現原先我們以為可以控制的東西，其實是控制不住的。現在透過將傳統帶回到現代的方式，我們創造出一種新的，屬於後現代的優勢觀測點（vantage point），一種全新的觀點。於是，把事情來回重新演練一遍之後，新道理出現了。這就是我們的所聚焦的，注重社會建構論的心理學。後現代的根源是在我們的「前現代」，看起來是距離遙遠的時空，但也是我們的傳統裡一直蘊藏

著的寶藏。所以如同我這般天馬行空的講述，我這個人一定也是挺狂的【哄堂大笑】。但我應是「狂而克念」的，希望最後自己說出的道理能夠接近於「聖」。

說到「狂而克念」，前天我跟一個同學一起搭車回家時，他問我平常的生活是怎麼過？我說我「手不釋卷」，這是形容我如何過生活最簡單的四個字。沒事的話我就整天看書，為什麼要看書？因為要找出道理時不能夠自己胡亂猜測。我看了許多書卷，而今天我到了講堂的時候，果不其然，不必看稿子就可以連續講述兩個小時，時間也就飛快地過去了。這沒什麼特別奇怪，因為我對自己投入的事念茲在茲。滿心都是這種東西和這些問題，所以我可以開口說出道理。我設法在現場看你們的眼神、會各位的心，所以我沒有使用舊講義來唬攏你們。這應該叫作「有機的知識狀態」。我相信它是有意義的，因此我每次寄了綱要給講堂承辦人之後，還會一直修改成第二版、第三版，到了當天早上還有第四版，你會說：這個人好像心志不定……。不是這樣的，我是念茲在茲，因為想法會一夕數變，所以我這應是「克念」，並且希望在和你們的眼神交會中，讓我抓取更多東西。

* * *

【學員提問】

心智進入「狂」的狀況，它跟走火入魔和狂妄是相似的狀態，還是有所區別？

這是個好問題，「狂」和「妄」兩者之間狀態是相近的，

但法國學者傅柯（Michel Foucault）寫的一本書叫《瘋癲與文明》(*Madness and Civilization*)，這本書的前身是他早期另一本書《古典時代瘋狂史》。這本書裡特別談到瘋狂的概念，認為瘋狂、理性和語言之間有一種互相平行的關係，可是到了某個程度之後，它們之間的關係就斷了，這就叫作「妄」。前面是狂，後面是妄。狂和妄我們都合稱為「瘋狂」，但這是混淆的。譬如李白，我們會說他喜歡喝酒，酒後整個人都進入一種「狂」的狀態，這種狀態下寫詩「下筆如有神」。這種狂人一直存在。狂士盡在人間，比較早期也曾出現在《論語》中。

孔子在周遊列國時期，有一次在路邊巧遇一位「楚狂」。各位大概還記得《論語》中有一句：「楚狂接輿而歌」。當時那位接輿而歌的人設法靠近孔子的馬車，對他喊話道：「鳳兮鳳兮何德之衰，往者不可諫來者猶可追。」大家在看到這句話，有沒有感到一點吃驚？很想知道這個人是誰？但這個人跑掉了，誰也沒追上他。是什麼人可以出口便講出這樣的話？鳳兮鳳兮指孔丘。你是鳳，但你的德竟在衰敗，我在預告你可能會有厄運，所以我告訴你「往者不可諫，來者猶可追」。請你去追來者，不要陷溺在往者之中流連忘返。他在警告孔子，可是他講的話是誑語。所以我們後來留下的紀錄，把這個人叫「楚狂」，是從南方來的。後來這個人在司馬遷的《史記》裡出現時，姓接名輿，也有人把他叫做「接予」。考據下去，最後他在哪裡出現？就在齊國的「稷下學宮」。那學宮裡有七十二位上大夫，其中有一位名叫「接予」，後來又轉傳成「接子」。原來就是那個接近孔子的人，留下了一句像誑言的警語。這個人在一種「狂」的狀態，可

見他也很接近於「聖」。所以我們今天說的「瘋狂」，其實混雜著一些不同的概念，狂不一定是妄，狂言本也蘊含著道理，可是狂言和妄語中間有個轉折點，point of no return，一旦越過就沒有道理可言了，之後我們會說是「妄」，已經亡失迷途了，但是自己卻深信不疑，於是就越來越瘋，直到不可挽回的地步。

　　這其中比較細緻的過程，我們可以再去分析，如果各位有興趣，可以去看傅柯的書。可是《瘋癲與文明》其實是一本不太好的翻譯，講的內容比較短淺也比較無趣。比較好的版本是《古典時代瘋狂史》，翻譯者林志明翻得很到位，建議各位想瞭解瘋狂的話，可以看這本。

【學員提問】

老師剛才提到啟蒙時代會把一些比較廣泛的東西排除掉，那如果對啟蒙時代有興趣的話，要看什麼書？

　　事實上傅柯的著作就是針對這個問題，他談論所謂的瘋狂，所謂診所、臨床醫療體制等，主要在說瘋和病兩者如何被管控。透過現代的科技，把兩個最難管控的東西管理得死死的。古典時代事實上就是理性時代，是指十七、八世紀，當然源頭從十六世紀已經開始，但十七、八世紀達到了高峰。瞭解音樂的人會知道這個時期的主流稱為「古典音樂」，代表性人物是巴哈，他的音樂幾乎像是用數學寫出來的。工整而完美，規則而複雜，複雜但又清楚得不得了。這就是古典時代理性的象徵——計算得很清楚——在音樂層面固然非常棒，但到了醫療體制下，極致的「算

計和控制」就變成了恐怖主義。

【學員提問】

剛剛講了很多甲骨文的演變，如果我們對於甲骨文的這些故事有興趣，老師可以推薦讀物好讓我們入門嗎？

可以。甲骨文研究當然在現代是很重要的，要研究漢字的字源一定要透過甲骨文。能進行甲骨文研究，最後又可以寫成一本可讀的書，這樣的作者現在比較多了。我蒐集了很多，但建議讀一位日本人作的研究。因為日本人跨入漢字文化已久，所以他寫的這本入門書《漢字百話》，深入而淺出，是很好看的書。這位作者叫白川靜，他有很多漢學研究，寫得相當精彩。也有人認為郭沫若寫的甲骨研究也很值得一看，但他的作品《甲骨文字研究》、《卜辭通纂》等在書店買不到，必須到圖書館去找。另外，我自己有一套甲骨文研究的工具書，叫《古文字詁林》，是十二冊的大字典，洋洋灑灑，把所有的字形和考據全都列出來，看得很容易頭昏。因為一條條的解釋常常前後矛盾，讓人難以理解。讀白川靜這本書，會慢慢地帶讀者從幾個字認識一些基本字根，去瞭解當時發明字根的思維。但字根的數量真的很多，因此，我們只需要知道幾個關鍵的用法就好，譬如生病的「病」都帶著「疒」，在甲骨文裡它寫成「爿」，指一張床；原來所有的病都是指人躺在床上，由醫者臨床照料。但在處理這個病的醫者是誰？就是那些巫師。只是今天我們忘了「病」的真義，忘記那是臨床治病者所掌握住的訊息。如果我們能回頭，從字根重新認

識，文字世界會變得更豐富有趣。我向各位推薦白川靜，他非常有學養，又比老派學者更先進，非常適合入門。至於入門的工具書方面，我推薦比較容易查找的一本，是《甲金篆隸大字典》（四川出版集團，2010）。

實情與所感：

「情」、「感」的
社會建構

第五講已進入講綱後半段。前幾次課堂上所談的內容，對我來說也是一種新的嘗試。大約二十年前，我曾在社會大學講課，當時情況和現在類似，學員基本上不是大學生而是社會人士，今天跟各位提起的用意只是強調：我在課堂最重視的指標就是「不在課堂上講陳腔濫調」。陳腔濫調在英文叫 *cliché*，來自法文，意思是你所說的話別人都知道，那些話其實都是廢話。事實上我們也在避免如此，換成學術的說法，那就像在使用現象學方法中的「存而不論」，簡單說，就是把某些東西「放進括弧」。因為有許多的「眾所皆知」，事實上都是些成見，不必特地說明，大家也都認為理所當然。因此，把這些東西「放進括弧中」，是為了重新檢視：是否在那之外還有些新概念可以浮現。然而，如果各位刻意去學現象學，也開始把一些東西「放到括弧中」，其實很容易會變得過於謹慎，以致覺得自己無法開口，因為我們知道的大多數東西都屬於陳腔濫調，我們聽慣的則屬於老生常談，這些都是 *cliché*，若把它們都放進括弧中，那我們還剩下什麼？因此我們現在要反其道而行，就是要「把括弧裡的東西拿出來」。

　　前幾次講堂中我已經跟大家反覆強調過，我們使用漢語來說話、思考，我們生活在漢語的世界，雖然英文對我們來說非常重要，但是我們的生活環境中，漢語在字裡行間、有意無意就已經表現出它的靈活性。我們在日常生活的漢語對話中，常常會把雙重，甚至多重的涵義都放到括弧裡，也就是把它們藏在字裡行間，不必字字句句都明說，如果我們現在對於我們使用的語言，重新把它的言外之意挖掘出來，亦即把話語文字裡的東西從括弧裡拿出來，就會發現另有天地。我們先前所談的字源（字元）

學，是從文字上探囊取物。今天，我們還要把方法延伸到語意學、語用學，來開發許多語言的言外之意。

「情」是「實情」；「感」是「所感」

談到情感，我一開始以「問世間情是何物」作為開場白，「情」字一直在民謠和流行歌曲裡被歌頌。如江蕙的《空笑夢》裡的的一句歌詞是：「問世間～愛情啊～」當我們朗朗上口時，我若對著這句話問：「情是何物？」各位會怎麼回答？

先不要太有自信，等會兒我可能會把大家逼進一個死角。我現在要說，我們在建構論之下談情感，一般總是透過格根或像是後結構主義者的說法，確實在字裡行間，甚至你沒有想到的一舉手、一投足、一轉身之間，乃至在每個人的背影裡，都會發現很多潛藏的、沒有說出口的東西。也就是說，我們在言說的詞句之外，還有太多其他的表意方式。而我們事實上都會對這些「表意」學到「會意」的方式。譬如我們常說的「感／覺」就是這種會意方式之中的一部分。

我們在現代漢語中指稱「情感」這類字眼時，都還是透過翻譯西方語言而來，譬如說我們常看到的 emotions、feelings、affects 等等，在心理學的教科書都翻譯作「情緒」、「情感」之類的。其實用 feeling、affect 來代表情感，這樣的中文（注意：這就是「現代漢語」的同義詞）很難區分出其間的種種細微差別。在西方的語言學裡，affect 可以當動詞來使用，表示產生影響力。但 feeling 是由動詞 feel 而來，由此我們可以知道，affect 所講的情感，是特指可以讓人產生行動驅力的那種情感。另外，

emotion 這個字含有 motion，也表示動的意思，所以 feeling、emotion、affect 的意思都是情的驅動。

然而，我們用中文講情感時，你曾經感覺到「情感是一種動力」嗎？對各位來說，日常生活裡的情感是種動力嗎？假若你不知道，我想是因為現代漢語在近一個世紀，從古漢語、近代漢語重生出來之後，一直演變到現在，還處在一種牙牙學語般的發展階段。現代漢語大量從西方語言裡借用字詞，它自己本身在古漢語中的一些語言意涵就會被遺忘了。我們先前已經再三強調過這樣的語言發展現象，所以解讀現代漢語中的雙字詞（或複字詞，仿語）時，常常需要回頭看看其中的單字，譬如，把「情感」拆回到「情」和「感」兩個字。

在近代以前，「情」字常常就是個意義飽足的單字，不必和別的字寫在一起。在提到所謂的「真情」、「實情」時，那已經不是一個字詞，而是相當於英文中的片語了。看看司馬遷的〈李斯列傳〉，李斯在荀子門下學成之後，打算入秦去輔佐秦的霸業，也上書秦王諫逐客，但他對荀卿說：有許多遊士，「久處卑賤之位，困苦之地，非世而惡利，自託於無為，此非士之情也。」也就是說，當時許多遊士放言高論的目的只是設法博得他人的關注，他們的發言其實是言不由衷。許多的「士」在戰國時代形成了這樣的一股風氣，於是大家都設法想出驚人的言論，越是驚世駭俗越能讓他博得聲望。但是這些話後來到了秦始皇和李斯耳中聽起來覺得很刺耳；換句話說，他們除了高談闊論以外，其實無法成就正業。於是，秦始皇和宰相李斯開始商議，一步步貶低他們的地位，在他們聽來，多數能言善道者所說的大話都是

些歪理和邪道，所以最後真的使用嚴刑懲戒，導致「焚書坑儒」之禍。李斯所說的「此非士之情也」，其中「情」這個字是單字，表示當時確實有種概念叫「情」，也就相當於現代漢語的「真情」、「實情」了。

上次提到一位日本漢學家白川靜，他寫了很棒的著作，描述理解古漢字的入門，內容深入淺出。他講到「感」字上半部有一個「咸」，構字時帶有「口」字，以其特殊的字形來看，通常就是指一種巫術的標記。所以「感」字在古代巫術裡講的是「感通」的概念，而巫術裡的「感通」事實上不只是人與人之間的感通，而是指通天、通神的才叫作「感」。換句話說，「感」字本身有很重的意味，超過現在普通話的語意範圍。

我們的現代漢語在使用「情」和「感」這些字時，一直在引用西方語彙翻譯過來的意思，但我們還有自己的一套語意需要開發。這樣我們才能比心理學教科書有更豐富的見識。這是我在本講次一開始想要談的概念。特別要注意：emotion 的形容詞是 emotional，其他有細微差別的還有 sense，可變化成 sensation、sensational、sensual、sensitive、sensible；以及 affect，可變化成 affective、affected 等等。我們來看看 sense 這個字。本來那就是指一個人「有感覺」。我們在中文裡偶爾也會夾著英文說「這樣很有 sense」，就是很有感覺，或很有意思。但一個人被稱作 sensible person 時，這裡的 sensible 是什麼意思呢？這是指一個人足夠敏感，通情達理，所以 sensible person 是指一個既講理也通情的人。西方人在使用語言時，也都知道語意延伸的基本規則。這類字眼在西方語言裡都是很有意思的字，但心理學卻常

只取用最粗略的大概意思。即使在西方語文的脈絡中，心理學，特別是教科書，連 sensibility 都不能談，所以常常變成埋沒精微意義的罪魁禍首。

我們要特別談的是：在 *cliché* 的講法之外，還有什麼意思？譬如說我現在特別提到的梅洛 - 龐蒂，他在當年曾和存在主義一起叱吒風雲。但後來存在主義退潮了，梅洛 - 龐蒂卻留了下來。他的著作到現在仍讓人覺得意味深長。從這裡，我問大家一個簡單的問題：「一個人可以有幾種感覺？」——視覺、嗅覺、味覺、聽覺，還有觸覺等，這是眾所周知的；還有一些古典著作，譬如佛經，當中會論及「色受想行識」等等，大都是從生活日常基本的感受官能開始談起，然後再慢慢往上談到抽象概念，如意識、靈性等等。但我們現在不是要繼續往上談，因為我們上次談靈和超驗，過了頭也會使許多人心生畏懼。現在我們用非常具體的方式開始談，從最基本的體覺、觸覺來談起——這是一件非常怪的事情——現在，請大家先摸一下自己看看。

當你摸了自己，你應該會感覺到「摸和被摸」，因為你同時是摸和被摸的人。梅洛 - 龐蒂就問了這個有意思的問題：「我們在摸自己的時候，到底可以算出幾個感覺？」這裡我們先不論超驗的部分，我們只談體驗本身。當你想要去描述感覺的時候，突然會陷入一個困境：「到底是一種還是兩種感覺？」當我們認真思考這問題時，就會覺得不是那麼簡單。平常我們只聚焦在「你感覺什麼、我感覺什麼」，各自交談之後似乎就會產生各自的感想。可是現在的情境是我摸自己，然而當我要去描述時，竟然覺得啞口無言，不知到底該說是一個感覺，還是兩個感覺。

再換一個實驗：當你對著鏡子摸自己的同時，覺得自己「好可愛喔」，那是把視覺也給加進來了，所以當下可能有好幾種感官經驗共同存在。但是，單純的觸覺不太可能會產生這種「我好可愛」的感覺，對不對？所以這第二個實驗對第一個實驗來說，已經岔題了。你只會在有人問你的感覺「是一個還是兩個」時，才會感覺到很矛盾、很弔詭。對鏡自摸是另外一回事。

關於摸自己，不論你用一種或兩種感覺去描述，竟然是對又不對。我們可以從這個看起來非常簡單的地方下手，對於我們過去過分自信地認為「這我知道的，就是這樣」，看看能不能夠有所突破，發現你並不是真的「知道了」。於是，原先的知識內容又被解構了。原以為凡是該知道的，你都知道了，但其實你並不知道。我隨便問你一下，你就會發現你很難回答。

心不只在身裡，還散布在周遭

現在，回到我們的文化資產。大家都知道的唐詩三百首其中一首：「去年今日此門中，人面桃花相映紅……」從國小到國中，這首詩應該很少人沒背過。這是我們文化遺產的一部分，不管你承認不承認，它已經隨著你的漢語經驗而烙印在你心中了（更好的說法就是「烙印在你的語言中」）。現在我問各位：你真的知道這位作者崔護，他寫的是什麼東西嗎？我們來仔細看一遍：

去年今日此門中，人面桃花相映紅
人面不知何處去，桃花依舊笑春風

詩裡有沒有用到任何跟「情感」有關的字眼？這是第一個問題。第二個問題：詩中描述的對象，作者有沒有用所謂的「可愛」或是「漂亮」的字眼？都沒有。完全沒用上任何跟情感有關的字眼。難道這首詩只是沒有情感的白描？但各位難道不覺得這首詩深情款款嗎？深情在哪裡呢？

學員：有。桃花依舊笑春風。

好。在「桃花依舊笑春風」這句裡你看到了「笑」字，果然就是一種情緒狀態吧？但這裡的「笑」字怪透了。各位想想：「去年今日此門中」——所以當時的發現是「人面不知何處去」，那時是什麼樣的情懷？不就是思念嗎？可人在濃厚的思念下呈現出來的，怎麼是笑？思念時不是有點哀愁？怎麼在詩中卻笑了？這不是非常奇怪的寫法嗎？寫到「桃花依舊笑春風」的時候，事實上動用了一種曲折的情感，各位從前面開始再看一遍，就會知道這是在寫些什麼情感了。

我說「要把東西從括弧裡面拿出來」，到底拿出些什麼？有些時候你們可能覺得我現在有點像在做「演義」，會覺得不知道我說的是真是假。可是你總可以像我這樣假想：有一個年輕未出嫁的女孩，在家中的陽台欣賞庭院中的桃花，這時詩人崔護，也是個年輕的書生，他不經意地走到了這個地方，抬頭一看，他很可能被驚呆了。怎麼說呢？看到一個漂亮的女孩，那女孩在看桃花。於是崔護停下步子，在那裡看她。那女孩起先沒注意到，可是後來頭一回，發現門口有個年輕人在那兒盯著她看。你想想，那女孩會什麼反應？【學員：害羞。】

是的。一定會害羞的。傳統中，一千多年前的一個閨女，被一個男人盯著看，她一定會害羞的，所以她臉上泛紅起來。這時說「人面桃花相映紅」，一是這個女孩的臉本來有一點點桃花色的，但可能更是羞紅了臉。這和看他的人有沒有關係呢？是我看著她才讓她羞紅了臉，崔護寫下「人面桃花相映紅」的時候，他說的是人面和桃花相互反映著紅，卻沒說是我把她給羞紅了，所以我們現在就要「把括弧裡的東西拿出來」：接下來會發生什麼事情？這女孩肯定是要轉身逃進屋裡，因為她受驚了。可是或許同時想著「那人好俊呀」，所以她又回過頭來再看一下那個年輕人，依舊是滿臉泛紅。這一下不得了。這個回眸一笑果然就成了百媚生。這也可叫作臨別秋波。這一下崔護一定是更驚呆了，真是美到讓他狂喜不已。於是就一直看著她。結果這女孩子真的逃進去了，崔護這才突然驚覺：「我真唐突，把一個女孩子嚇到了。」所以他一定會非常抱歉，那倩影其實已經不在了，他可能會欠身作揖，表示抱歉才離開。可是這一整天，崔護便魂不守舍地在洛陽街上想著：那女孩怎會這麼漂亮？

　　然後，很快地一年過去了，崔護又經過這個地方，情不自禁地想了起來，「去年今日……」並往裡面抬頭一看。但「人面不知何處去」──人去樓空了嗎？我講講我的想法：那女孩肯定不是沒走出來，因為只要房裡有人，總會有點動靜，既然是想要見她，我可以等。但沒等到。詩裡只說「人面不知何處去」──崔護沒見到她，這女孩應該是嫁走了。不知嫁到哪裡去。那怎麼辦？這位詩人卻說「桃花依舊笑春風」。其實他哪是笑？他應該是快要哭了。因為這樣的美景已經不再，只剩下「桃花依舊笑春

風」。

於是，崔護只好想：「真希望那女孩嫁出去，能過幸福的日子，我祝福她。」作為一種情感的昇華。第二種可能性是：「我在發什麼癡啊？」一陣苦笑自嘲，然後失落地走開。已經不是那種好笑了，而是有點發窘的乾笑，讓自己可以稍稍開懷離去。這樣的描述，就讓我們在四行詩裡看到了一齣景色，如果我們再多講下去，那已經不是唐詩，而是變成了一齣元曲。元曲會表演出很多原先詩中沒有說的，就是把括弧裡面的東西給拿出來重新演義，讓人感覺到真有意思。我們在講人的情感的時候，以這首詩的字句來看，他沒有講情、沒有講感，唯一講到一點的是笑，可是「笑」本身是充滿曲折的。各位若回頭來看，人面、桃花，接著人面不知何處去，在「去年今日」這種對比下，看來他的詩是要敘述哀愁，可是後來竟然是以「桃花依舊笑春風」來結尾。可見他的笑，實在是笑得太曲折了。這首詩耐人尋味的地方，就在於它表現出情感的弔詭。

各位只要回頭細看，也都會感覺到詩裡的情感。我只怕從前的小學或中學老師都只是要你們背誦默寫，從來沒引導你們去想像。所以我們今天這樣「把括弧裡的東西拿出來」，你就會演義出一部元曲來。還有不少這樣的詩，在字裡行間透露的都是言外之意、弦外之音。我們要知道，情感流露並不在於字面上。首先需要有某種表達，但在表達出來之後，你能體會的除了字面提供的線索之外，你還得在文字和想像之間裡裡外外的穿梭串聯。情感世界應該就是如此的。

我上次講過，整個建構論告訴我們，在談心或談 mind 的時

候，不要一直想「心就在自己心中」，而是要想「心是散布在你身邊的整個周遭」。我們必須要用環境裡的整體脈絡去尋找心到底在哪裡。在這樣的前提下，建構論的提法就成為一個很重要的新公式，打破了過去的心理學所說的「心藏在你的心裡」，或「心就藏在你的腦殼裡」。因此，我們必須要從周遭的脈絡、社會／文化，甚至於在整個意義系統裡，去思考心。這樣的話，我們對於這個問題，就會有不一樣的尋找方向，我們對人的理解也開闢出新的天地。

所以，當我在這邊談「情感其實並不只在於人自身」，而是所謂的「實情」、「所感」的產物，我們若想要去描述，到底能描述得多貼切？或多不貼切？其實我們試著去描述心理現象時會發現「很難接近」；然後就會發現我們能說的，不盡能符合原先的料想，反倒是在原先沒料到的概念中找到了有意義的說法。剛才那首詩只不過是順手取來的簡單例子而已，其實這樣的解釋之法在詩學的世界中俯拾即是。

情感描述的 *cliché*

接著，我要進入一個主要問題：「我們對於自身情感描述，為何常常會變成：你講的差不多也只是別人知道的東西（亦即 *cliché*）？」譬如剛才馬上就有同學反應說「崔護的笑是在思念」。我們所說的「思念」很接近於 *cliché*，但如果想將這首詩的情節拍成電影，運鏡要出色的話，導演不可能直白地拍出思念。他的鏡頭可能會聚焦在桃花、在人的面容，以及剛才假設的「那女孩子羞紅著臉逃進去，卻又回眸一看」，就是運用好幾個

分鏡的方式，把詩的涵義表現出來。這樣的結果不一定只是在寫實，你可以說崔護這個人可能帶有一點投射，而我們這些讀者在隔了一千多年以後，也還在投射那個場景，於是就投出了很多**有情有義，或多愁善感的世界**。這些事情宛如真的發生了一樣，讓人真假難辨，但我們用這樣的方式，才能體會那個情感世界，不是一句 *cliché* 就可以道盡其妙的。

所以說「問世間，情是何物」──說得真好，情是世間之物，但是情在哪呢？你左右摸索的時候會發現：「情」並不在腦殼裡，不只是在心裡。我們一旦說出來，大部分人講出來的「情」都離不開 *cliché*。所以，我們常常活在這樣一個矛盾的狀態。情到深處方恨薄──令人無言。

如果你的伴侶問你：「Do you love me? You know my heart? Do you love me? 」你回：「Of course I love you!──好了，我在看報紙，別煩我……」這種回話，聽了會覺得這不是真的，於是她就會把報紙掰開，繼續追問：「Do you love me? 」然後，被逼的人就說：「我不是已經跟你講了十年了嗎？還要再講什麼？還有什麼新的話可以講呢？」

我講這些話都是「英文一百例句」裡的簡單的句子，沒什麼特別。可是我還能講什麼呢？所以說真的，能用來表達的語言真的不多。那該怎麼辦呢？情感是需要捉摸的，可是的確不能夠順手一抓即得。容易得到的話，通常就是那種 *cliché*，當然我們也知道自己有時候會被這種 *cliché* 給矇混。

我要用一個例子，即閩南語中的「尪姨的牽亡」來說明。「牽亡」就是把亡魂牽出來面對家人。「尪姨」則是對那種靈媒

（女巫）的閩南語名稱，來求問的主家則敬稱她為「師姑」。假如家裡有個年輕的女孩過世了，父母親非常思念她，就找上了一個牽亡的尪姨，請求她幫忙把亡魂給牽出來。牽出來的時候，尪姨當然要使用女孩的聲音，因此她會在事前先問：「女孩子死時幾歲？」「十八歲。」雖然實際上這個亡魂現在已經要算四十幾歲了，可是靈媒會用十八歲女孩的聲音說：「阿母啊……我足寒、足冷せ……」（閩南語）於是，母親聽了就開始淚流滾滾，在旁的老爸、奶奶也是，一家人都在流淚。尪姨只說了這樣一句「我足寒啊……」，就能夠把一家人的淚水都給催出來。

從這個簡單的例子，我們就可知道，我們所使用的語言表達確實很有限，可是情感環境是大家都同在其中的。根據大家的理解，陰間的氛圍是陰森寒冷，所以當尪姨帶上來的亡魂表示她很寒冷時，在我們的文化經驗中，就是非常合情合理的，足以讓人報以滾滾熱淚。可是，如果來自西方文化的人聽到了亡魂這樣訴說，「好寒、好冷」，他們一定會覺得大惑不解。因為西方的陰間情境叫煉獄，是烈火猛燒的環境。來自西方文化的人會覺得「這真是怪了，不是這樣的……」所以，我們繼承了龐大的文化遺產，但也處處受到遺產的綁約。任何人想說自己的反應出自於真情，都不見得只是如此。文化建構論的說法就是：我們不如說自己正是文化的傳人。因此，我們的情感常常落在一種非常矛盾的處境裡：一方面我們相信「人有真情」，但另一方面，我們卻又無法切實地傳達，只能套用文化公式。這個基本難題就一直不斷地在考驗我們。

難以言喻的情感

我們要開始檢視這個基本問題時，過去習慣的談法是「內在／外在」，但現在讓我們切換到另一個範疇來理解，即把情感分為「公共的／私有的」。這樣果然會把我們引到我們先前的問題上：「情」究竟是你心裡的？還是散布在你周遭？從這裡談起的話，你會發現，把過去的「內外之分」跟後來我們加上的「公私之分」疊加起來，比原來的線性空間明顯地擴增了，不只是兩端的二分法，而是具有了兩向度、四象限的座標。

我想把上述的討論方式放入真正的情感世界來進行。但是要拿出好例子，通常不很容易，不像剛才講的喜怒哀樂那麼簡單。我要說的是我們在情感當中的某些狀態，是真正會讓你感到好奇，一直很想去瞭解它，偏偏它本身有一種性質，就是它會避開你。你雖有所感，可是它的狀態是複雜難言的。

在此之前，我想要請各位先做一些預備練習，譬如請你說說當下的感覺，或談談昨天、前天的回憶。你現在正在感覺之中，但要你描述現在這個當下是怎麼回事，你可能會說不上來。但你仍然要試試看，練習一下，說出來。家人不在的時候，自己拿一支錄音筆，先講講看，之後再把錄音檔打開來播放。你會發現你的用語一定很貧乏，就連回憶過往的情事也一樣。過去曾經發生的可能是椎心刺骨或銷魂蝕骨的情事，但你要去描述它的時候，偏偏就是不見得能說得深刻。這種練習，如果各位真的去做的話，才能體驗情感表達的真實困境。

我們現在跳回來談幾種非常重要的複雜情緒和情感，尤其是

成年人所感受的成熟情緒之中，通常都無法避免這些複雜的感受。在建構論的論述中，這些難言的情感會露出一些可以道說的頭緒。我現在要舉出的四個例子，首先是疼痛，第二是尷尬或困窘，第三是關於憂，最後再談親愛。我特別挑這幾個出來，因為這些都是無人能避開以及必須有所表達的感受。

疼痛，及其隱喻

我們從疼痛講起。我們假想一種痛到心坎的情況是：你在穿著藍白拖走路時，沒看到地上有一根螺絲釘，一腳踩下去的時候，它就刺進你的腳掌。你當下的感覺是什麼呢？「ㄠ！！」一定會大聲哀號「痛！痛！痛！」。反應很快，然而這種感覺誰不知道？誰沒有像這樣被某種尖銳東西刺過的經驗？心理學會馬上接招說：痛既然是一種人盡皆知的感覺，那咱們來試著區分痛的等級（degrees）。於是，心理學果然出現了這麼一個「痛感指數量表」，將痛分為一分到十分。心理學認為這是一種貢獻，讓疼痛進入醫療體系以後，讓醫師能判斷你從外傷到內臟的疼痛到底有多痛。區分痛的程度，有時對診斷是有幫助的，但回過頭來看看心理學，究竟當初在建立指數時，憑藉的是什麼？試問痛本身果然具有一個客觀程度嗎？疼痛確實是有差別的，但那是什麼差別呢？心理學家要說明時，通常是用舉例，只要舉出幾個具體例子，就認為它已經得到證明了。

假設痛感可區分為十個等級，我們如果去問男性，那些上過戰場的老兵，他們告訴你的答案都一樣，就是中彈那一刻。子彈穿入身體那一刻，那是無法比擬的最痛。可是你去問女性時，女

性很少上戰場或挨子彈的經驗，但是她會告訴你一種撕心裂肺的痛，就是當她生產第一胎時，那種撕裂的感覺會讓人簡直痛不欲生。所以，可見男人的最痛，是短暫、一剎那的事，可就讓他畢生難忘；女性的痛是痛了好幾個小時，乃至大半天。可是醫療報告上卻說這兩種痛是等值的，都位於十分，都屬於最高程度的疼痛。我看到了這種報告時，突然會想要向女性下跪。就是說，男人有他的最痛，但半秒鐘就過去了，而女人卻在那兒掙扎好幾個小時，你能說這兩者是相等的？是什麼樣的心理學可以這樣說？如果說是用線性關係來測量，兩者確實都到了頂點，但痛一秒和痛好幾個小時怎麼能叫作「相等」呢？你這才能體會線性測量的指數有多荒唐。

我們再繼續談疼痛。請問各位：肚子痛是什麼樣的痛法？有胃酸過多的悶痛，或是胃痙攣的緊痛。那到底有多痛呢？你會說，這不能和中彈的感覺相比，但那種悶痛到底該換算成幾分呢？三分，有可能，厲害一點的到五分。因為胃酸刺激得厲害時，就會開始燒灼你的胃壁，對於那股悶痛的感覺，當下你也只能夠報告說「大概三分吧」、「大概五分吧」，可是並沒有客觀的準確性。於是，心理學家也只能說，問了幾百人或幾千人之後，大概抓一抓平均數，就是最多到五分的疼痛範圍。

各位可能不曉得，內臟的疼痛還有更厲害的，我曾有過一次經驗，當時是痛到不能說，現在事過境遷，才可以描述給你們聽：我那時是胰臟炎，因為膽管阻塞，膽汁逆流到了胰臟。胰臟是一個不設防的器官，而膽汁是強鹽酸，它就開始在「消化」胰臟。有一天我開車開到一半時，疼痛突然襲了上來。雖然先前

已經有過幾次，慢慢地越來越嚴重，直到爆發那天，我非得停下車來不可，根本沒辦法再開車，換手開到醫院的急診室。坐下來時，連護士要問話的時候，我都沒辦法回答。事實上我就是伏著椅背一直發抖，痛到講不出話來。然後他們馬上來抽血檢驗，不久醫師急忙地過來告訴我：「你的胰臟炎指數飆高到一般人的一千倍以上。」換句話說，胰臟確實處在一個燒灼的狀態，痛到我一直發抖，講不出話來。兩天後我開刀切除了膽囊。

看起來是一個小手術，可是我以前沒體驗過內臟裡會有這樣的痛，以為大概就是腸胃痛的程度，像腸胃炎發作時那樣，趕快去上完廁所也就沒事了。腸胃炎就醫療而言是好處理的，但當你自己在病痛中時，你會覺得驚慌，可能會立刻想去上廁所。這時候你的痛已經不只是痛了，而是所謂的「社會性疼痛」，也就是你可能會擔心內急失態，一直擔心自己出洋相，於是焦急和疼痛糾結在一起；也就是說，這必須動用我們剛才說過的兩向度測量，才能夠做出適切的表達。

疼痛對我們來說一方面是清楚的感受，但其中也包含很難明說的痛。既然難以表達，我們就得再去摸索它的文化軌跡。譬如所謂的「心痛」，我們說看到某些事以後「覺得很心痛」，但心痛真是「痛」嗎？你會用「痛」這個字。另外還有「心疼」——媽媽看到自己的孩子，自己的心肝寶貝，在街上跌倒了，她會說「疼在她的心肝」，但其實這些和疼痛的感覺一點也不相干。但我們的語言就叫「心痛」、「心疼」。我們會把孩子抱起來「疼疼、惜惜（閩南語）」。「疼疼」跟「疼痛」就是不一樣的，但為何我們可以用同樣的字眼來說？兩者間到底什麼地方是共通的

呢？我們大概都講不出來，只能說文化給了我們一個這樣的字句去說「好疼、我好心疼」。這時候我是哪裡疼呢？「心疼」本身說的不是心臟病，完全是無根無由的一種虛構的言說（fictional speaking），是一種隱喻（metaphor）。身上無處疼痛，可是你卻會說成疼痛。

可見在我們成人的複雜情緒中，使用這種字眼有特別的表達意味，它藉用「痛」來表達一個跟痛無關的狀態。但疼你的人對於你做的某些事情讓他「心疼」了，那是關係中的一種狀態。那既不是實體，也不是你，也不是他，而是一種關係發生在你們之間。這就是關於疼痛最值得我們討論的意義問題，也再度回應了「情感不在心裡，而是散布在你身的周遭」這樣的說法。

困窘：進退兩難的情緒狀態

接下來會更有意思。在關係中出現了「尷尬」或「困窘」時，中文裡還會用一個圖像字「冏」來表達，看起來就像是眼睛垮下來的表情。正式的「窘」字完全是個形聲字，也就是一個部首加上發音；但是原來的這個「冏」字在古文裡就存在。它的意思不是在畫人的表情，而是說人困在一個狀態裡面不能出入，進退兩難。我們的情緒裡確實有這樣的狀態，可是後來我們在自己的漢語裡，連「冏」這個字都罕用了。所以我們就不知從哪兒借用了一個外來語連聲詞叫作「尷尬」，就是英文的embarrassment。

什麼是 embarrassment 呢？人在什麼樣的狀態下會覺得embarrassing ？不就是「哭笑不得」嗎？──本來會讓你難過，

但你卻不能哭；或你不想笑卻只得笑，大家都知道那是苦笑。這種哭笑不得，人家一看就知道你在這樣的處境當中。那麼，這個處境要怎樣形容？有一天你真的遇到這樣的處境時，你一定很難受，會說「恨不得挖個洞鑽下去」，可是又不可能真的那樣做，而只能用旁敲側擊的方式去描述。我說「旁敲側擊」是因為：如果你今天正在一個尷尬處境中，你能不能說身體的哪個地方有毛病？那不是一個明顯又難受的感覺嗎？但到底是身體的哪裡難受？沒人能夠指明。人在尷尬時，身體裡沒有一個確切的對應器官，最多有可能是在腦部，可是從事腦科學研究的人還沒辦法把尷尬的情緒給掃描出來。因為，研究者也許可以請你到實驗室，在其中製造出一個人為的情境來讓你感到尷尬——但我們的實驗室造不出來。這就是一個非常奇怪的問題。我們會一再碰到這種情境，對這些情境一定能有所感，你會說那是你的「心」的一部分，可是用來描述的語言卻不在心裡。你只會說它「尷尬」，或就是苦笑而不能言語。所以，不管是旁敲側擊或想盡辦法捕捉它，此時建構論幫我們把情感議題打開了一片新世界，而這在過去的心理學裡是根本無法討論的。

我可以再給你們另一個字，用同樣的方法再做點練習。我先找出幾個英文的怪字，當它們能夠「從括弧中拿出來」討論時，那真是很有意思。其中一個是 procrastination，翻譯為「蹉跎」（這不見得是個準確翻譯）。蹉跎是指蹉跎光陰，也就是說它停在一個地方不能前進。Procrastination 大致上有種「延宕」的意思，指一件事情沒辦法做下去，就優柔寡斷地停在一個地方。這是不是一種情感狀態？各位去想想看，究竟什麼時候會讓人陷入

這個狀態呢？這仍是個練習題，交給你們去仔細玩味一下。

憂：關係中的生死交關

　　談到情感狀態的時候，當代很多人都很關心 depression，也就是憂鬱症的問題。「憂鬱症」可以被鑑別出來，而憂鬱症果然也可以去看病，健保是有給付的。這是很值得注意的事情，因為重度憂鬱症常和自殺連在一起。上次也有位同學跟我一起搭車回家，後來在車上聊到有學生跳樓自殺的事情，立刻引起強烈的震撼。我雖然沒法完全認出這個學生，但印象中他曾經修過我的課。他在上個禮拜，選在凌晨零時那一刻跳下去。可知那是非常有預謀的舉動。據說已經預謀了一年多，他周邊的人曾經聽他說過這個企圖，可是沒有人能救得了他。聽到的時候，那一刻會突然覺得：「啊！怎麼會這樣……」

　　這個學生其實我並不很熟，我可能只是知道這個名字在選課名單上出現，對不上他的臉孔，但只要一想到他曾經是我的學生，我只一想到這一點，就不敢再去想他到底是怎麼跳下去的，但我還是會有一種想像的強迫症，就是去想那個學生到底怎麼預謀和預演，甚至先前還把他的書一本一本地送給別人，那已經是在預備告別了。一年之後的結果是……這樣想的時候，會想得全身發毛，非常難受。如果你的身邊有人因為處在憂鬱的狀態中，特別是長期的重度憂鬱，自殺幾乎是他無法避免的選擇。

　　只要這樣一路想像下來，你會覺得非常可怕。這種難受的想像對於這種情緒的瞭解是非常需要的。你不必用測量，而需用感受來理解。同時我也要說，就算醫療健保再怎麼能夠提供給付，

給你吃抗憂鬱劑，那些真的只是一種表面的對治之道。人會進入那樣的狀態，他可能已經發生了身體上的變化，譬如說內分泌可能已經出現失調。可是，他的生活環境和這種改變是相互交叉、擠在一起的。當那個生活條件變成一種困局，讓他走不出去，以致他只能用極端的身體反應來對付自己所在的困局。

因此，憂鬱症其實是一種身心疾病，它是兩面交加的，但醫療上卻永遠都只能就生理方面去給藥，去抑制或增加某種分泌，而對於環境和所面臨的困難就無解了。當醫療專業的人做不來時，那什麼專業的人可以做到呢？各位應該馬上會想到輔導、諮商、社工專業的人。可是我們也知道，當一位朋友有明顯的求死意圖時，你真的防得了嗎？人家住在高樓，要跳的話，三秒鐘就跳下去了，你能阻止得了他嗎？

就專業而言，老實說，要協助這種人實在是極端困難，甚至我只能說：要解決這種問題，有時候只能靠身旁的人，親密到天天在身邊的，甚至於不惜辭去工作來陪伴他的人。因為當一個人的求死之意已經太強烈，要能夠把人命給搶回來，唯一的辦法就是把那人給牽住，不要讓他動手。這樣的「助人之道」代價有多高？那代價就是連我們的專業也無法做到的程度，於是這樣的工作就會變成生命交關的事情，必須要交給自己的親人當中最親的人去負責。除非助人專業能夠推廣到讓大家都知道：「有些時候，我們的存在有一種關係，是關乎另一個人的生死，所以要去負起這個責任。」但在古往今來的教育中不會告訴我們要這樣承擔另一人的生死。所以當我們說「再厲害的精神科醫師或心理師也都救不了這種命」，那我們該當如何？只要你有比常識再多一

點點的理解，知道這樣的情緒會導致那樣的後果，如此一來，能夠救命的人就剩下你了。那是在親密的關係中的一種生死交關的關係，同時也是唯一能把垂死的人給救活的途徑。不要以為有一種特別的心理學或專業能救得了這種人。這是個很沉重的理解，我們不一定能完成這樣的「科學」……。好了，我們底下就轉過來談談「親」與「愛」的問題。

親與愛

我們今天寫信時，大都可在開頭的地方套上西方公式，「親愛的 X 老師」；而我也一樣可回道「親愛的 XX（同學）」。我們在信上這樣親來親去，其實平常哪能這樣開口？如果我對一位叫「阿珍」的同學說「親愛的阿珍」，這樣難道不會覺得挺肉麻嗎？我們事實上是模仿西方語言，但卻只模仿了一半，只在寫信、寫卡片時可以，但真的要講出口，未免會覺得彆扭的。

但在中文裡的「親」和「愛」這兩個字，本身就是非常源遠流長的重要詞彙。譬如，古代解釋什麼叫「親」，也就是家人之間的關係，就叫作「有親」──父子有親，不是父子有愛。但我們在想像親愛關係時，更容易想到的關係是夫婦。但在古文裡，我們有一個很怪的說法叫「夫婦有別」。為什麼不說「夫婦有親」、「夫婦有愛」、「夫婦有情」，而要講「夫婦有別」，這是什麼道理？你們有沒有想到這話是從誰開始講的？怎會講成這樣？我們以為那是「五倫」的儒家傳統，但真正的儒家卻會說：「五倫之首，首在夫婦。」這是對於我們五倫的一個重要教訓：五倫中的「第一倫」在哪裡？是夫婦，而不是君臣。所以，把這

套倫理關係說成「君臣、父子、夫婦……」這種排序的人，肯定是些帝王的奴才。君臣關係在人的一生中，恐怕至少到了三十歲以後才會發生，不可能從人生的孩童時代就有這種關係的。親親之倫高居鰲頭，然而在需要「親」的關係時，卻說成了「夫婦有別」。所以，我們的倫常概念和人的真情之間就有這樣混亂的關係。古代的「夫婦有別」，其實是指姓氏有別、同姓不婚。它講的是宗族關係，所以才強調有別。但夫婦之倫是五倫之首，這就已經轉換到了另一向度：一個家的成立，其第一個條件就是要有夫婦，然後才會有子女，才會有親子。所以夫婦才是承擔五倫的軸心。

我們現在談的這個問題，不知道你們有沒有想過，或是從前老師有沒有提過？這幾乎已變成陳腔濫調，我們的誤解非常深，以致想要改用西方人那一套，改稱 sweet heart、honey──西方人的夫婦之間常互稱「甜心」──我們能這樣叫嗎？我們真實的生活傳統是什麼？「欸」、「哈囉」、「老公」，就這樣。只有寫信的時候能講男女親愛，譬如「意映卿卿如晤」。「卿卿」、「我的卿卿」，那是在床邊用的，如果在你媽媽面前，也不能這樣講。媽媽一聽到你叫媳婦「卿卿」，她可能會很不高興。《浮生六記》中的芸娘跟沈三白，他們倆關係很好，在家裡走來走去時，還會伸手去摸一下、拉一下。婆婆看在眼裡就說媳婦兒怎麼可以白天跟我兒子在那裡拉拉手，不可以這樣。那是清朝時候的事情。所以，我們傳統裡有一種關於親愛關係的扭曲發展，現代人看來一定覺得非常奇怪。

最奇怪的事要往前回推到孟子。你們聽過他的傳說嗎？有一

天孟子闖到閨房裡，剛好他的妻子衣冠不整，可能是在換衣服，結果孟子大發雷霆，跑去跟他媽告狀。還好，傳說中的孟母是一個通情達理的人。她說：「兒子，你要進房時，有沒有先打個招呼？如果沒有，那你現在得跟她道歉。」因為以前的住屋裡沒有門扉，不能敲門，但至少也要喊一聲「我進來嘍」，讓人家好準備一下，可你卻直接闖進去，看到娘子衣冠不整就去跟媽媽告狀。孟母就把她兒子給罵了一頓。你們聽到的孟母故事，都會覺得她實在是超先進的。像她那樣子的女子真是不多，大部分的女人都被男性霸權扭曲了，就可能變成芸娘的婆婆那樣子，對待自己的媳婦非常苛薄、冷酷。我們在講所謂的親和愛的時候，你以為今天已經聽慣、看慣了這個詞，可是在我們的傳統之間，親和愛到底是什麼？你算是很瞭解嗎？

「愛」這個字，在中文裡後來的演變，不是個好字，你只要看它的寫法就能瞭解：它保留了古文的樣子，上面一隻手，下面一隻手，兩隻手在抓一個心。這種愛事實上是「必欲奪之」的一種愛，以我們對於愛的理解來說，那種愛屬於一種佔奪欲，所以「愛」這個字最多可以和「仁愛」掛在一起，但就不會在我們的語言中用來表示「親愛」。我們今天會說「我愛你」，那是從西方語言學來的，漢語原先不這樣說話。傳統上我們只會說「我喜歡你」或說「你好漂亮」，我們是用這種方式表達親愛，而沒有「我愛你」這種說法。父母親跟孩子之間也都沒有「愛你」的說法。但是，深刻感受的愛有一種特別的表達，叫做「疼」，你知道那種情懷就是極愛，我們先前談「疼痛」時講過了。

我們知道談「親、愛」關係時，「親」這個字更重要，可是

我們常常不特別理解。家人為什麼叫作「親人」？除了跟你住在同一家之外，他跟你的關係應該是很親的。但怎麼樣叫做「親」呢？【學員：親人……親密……親熱……】

假如我說的是一種身體關係呢？對於 kiss，我們不說「吻一下」而是說「親一下」。我們的古漢語中，不管是用嘴、用臉的接觸，甚至擁抱，也叫親一下。「親」就是指身體和身體之間的關係，所以我們有一個詞叫「親身」、「躬親」。對於「親人」，我們是用身體之間的界線來定義。那個人要是可以和你的身體有任何的互相碰觸，沒有禁忌，這種的關係的人叫「親人」。誰能這樣子呢？大致上就是你的骨肉——父母兄弟姊妹——再多一點是爺爺奶奶。我們來想想：畢業典禮的時候，你老爸和阿嬤都來了，他們可以在眾人面前替你整理領帶。這個動作沒有別人可以取代，連叔叔伯伯嬸嬸都不可以。你的父母兄弟姊妹以外的人都不可以，若這樣做，就叫作冒犯。所以「親」指的是身體關係的親近。更有趣的是，他可以跟你吃同一塊食物。一隻炸雞腿，你咬一口，媽媽咬一口，這種關係，你跟你的死黨朋友之間可以這樣嗎？你咬一口後，你哥兒們也咬一口？好像不太容易，更不要說別人沒吃完的便當——別人沒吃完的東西，那就叫作垃圾，你不可能再吃它。可是你媽吃一半的東西你可以吃，你吃一半的東西弟弟也可以吃下去。對於「親」，我們要轉到這種關係才會有透徹的理解。

心理學對於「親」本來是可以有定義的，但是講不好就會變成胡說。像我們先前講的「疼痛程度」，你會發現心理學可以合法地胡說。那如果我們要講「親」可以有多親呢？從前面的共

食關係看來，「親」可以有非常具體的指標，譬如你對他人身體的碰觸：可以碰、不可以碰的部位差異，就在定義你我之間有多親了。碰觸身體不同的部位已經顯露了你們之間關係的意義和重量的不同。父親可以幫你整衣冠，這是「可以碰」的指標；但父親跟女兒之間就有特殊的碰觸限制，摸摸臉、摸摸頭可以，但如果把手放在大腿上，那就犯了「不可碰」的禁忌了。再說師生之間的關係，我相信我按你肩膀一下，你不會認為那是騷擾，可是拍別的地方，就不能擔保了。所以人的身上不同部位其實就攜帶著不同的親密關係的「函元」（「象元」的另一種說法）。心理學事實上是有辦法將關係的重量做成清楚的換算圖表，然後說出「人和人到底有多親」。我看你對我的動作就可以看出我們之間的關係有多親，我看你們吃東西的樣子也看得出來你們之間的關係有多親。這是心理學可能發展的另外一種樣態，它可以用碰觸和共食來告訴你所謂的親愛關係是怎樣，但這要是換成紙筆測驗、文字量表做出來，就難免會嚴重走樣了。

「親愛精誠」：一種特殊的親密關係

現在我要岔開來多談一種（在我們這個地方）幾乎只有男生才會有的經驗，就是當兵。當兵時，軍營中常看到「親愛精誠」這四個字；還有，把軍中弟兄叫做「同袍同澤」——穿同一件衣服，在一起洗澡。你能和誰一起洗澡呢？當過兵你就知道，那肯定是一群人圍在一起，大家一起「袒裼相見」，啪啪啪打完水，然後就快速衝出去穿衣。至於「同袍」就更不得了。因為你的內衣內褲要送洗的時候，是整套和大家混成一批送過去，每

次發回來的時候都是不同件的。你知道軍中就是這樣子，你跟弟兄們果然是穿同一條內褲的，輪流穿而已。處理這種大量的身體界線時，在軍中的系統就是如此，因此你跟你的弟兄們就是同袍同澤，當然還加上一起吃飯。尤其是大家都在艱困中一起分享食物——在野外訓練時，剛拆卸完槍枝，滿手油油的時候，也得一起剝著饅頭分食，這種關係實在很密切，就是患難之交、生死與共。

什麼叫做「精誠」呢？那可以說像是巫術的咒語一樣，像是一起發誓共赴黃泉的意思。「精誠」兩個字就是說我們會一起死。機關槍掃過來時一起向前衝，回頭說聲「天國再見」——然後一起倒下。你們現在聽懂了：「親愛」首先就有點像家人，一起共享食物和衣褲；可是「精誠」兩個字的可怕，是在講你在某種情況下會跟他共同赴死。所以「親愛精誠」這幾個字帶有精神上的恐怖意味，不是普通人之間會有的關係。任何一個工作上的同事告訴你說要「精誠團結」，這種話是不太有意義的；但在一起作戰的哥兒們，就特別能體會「此中有深意」。

總而言之：我們的心理學不能夠老是以為可以討論「心裡面」的**東西**，而是需要改用建構論，用人的周邊**事情**來幫助我們理解「心」，然後我們才可以把「心理」的話語說清楚。

課堂補充(一) [1]：字源學

我覺得有意義的是，回答各位的問題時，有些內容是需要

1 〔編者註〕這是在下一堂課對本講所做的補充說明，故將此內容挪入

修正的，因為最初的講法可能有些不對。譬如，當我在解釋 emotion 這個字眼時，一直強調不管是外語還是漢語本身，都要把字源學的原始出處搞清楚，這對於我們在解釋時是很有幫助的。可是我在講這個原則時，談到 emotion，很清楚 motion 是來自拉丁語。但是 affect 我記不起來，我知道它不是拉丁語，當時我可能說它來自希臘語，但經過查詢發現不對，我現在利用這個機會跟大家作做個更正。

　　各位可能也會找機會跟我私下談：對於知識，我到底期待著什麼？我的說法其實很簡單：我們在這裡講課、聽課，都把自己當成知識人，古典一點的講法是「文人」或「讀書人」。現在的知識人也還是要讀書的，但我的意思不是要各位當書呆子，或讀很多書，成為學究。我現在講一些非常簡單的字源學方法，讓各位可以很快進入情況。

　　各位在學英文的時候，不知道有沒有老師教過你們：要多認識英文的詞彙，最好的方法是利用「字根記憶法」。從這些字根，你就可看出一個字根可以衍生出很多字來。各個字的意思有時不見得一下子可懂，但你把意思聚焦在字根上想，再根據字首、字尾擴張開來，就可以捕捉到它的字義。你會發現這種學習方式對於擴充英文詞彙有長遠的效果。

　　像是 affect 這個字，在哪裡可以查到它的字根呢？這是很簡單的事，要用字典，但千萬記得該使用的字典是那種厚厚的版本，譬如 Webster Collegiate Edition 以上的。當然還有更多的大

　　本講。

字典，字彙的多寡和解釋的深淺跟小字典不太一樣。Collegiate Eddition 表示大學以上的程度。只要是這種程度的字典，它在每一個字底下都會寫出它的字源。希臘字源、拉丁字源，甚至是歐洲各種古字源，譬如說我們剛才講的 affect，另外有相似的字 effect，這兩個字後面都有 -ffect 這個字根，但它不是希臘文，也不是拉丁文，而是古老的法蘭克文。其中有這樣的一個字根，它的寫法是 *afficere*，意思就是指「施力使之動」。所以前面若加個 e，成為 effect，意思是讓它動起來，之後才能產生「效果」。後來這些字被吸收到英語以後，產生了動詞和名詞的 affect，造詞法跟 emotion 的造詞一樣。

在英語當中，會根據字的來源來分派它不同的語意任務，所以我們上次特別解釋說：在 emotion 和 affect 之間，實驗心理學要表示情緒時，不選用 affect 這個字，而選用了 emotion 這個字，也把它定義為可通過物理測量而測出的情感性質，中文一般都譯為「情緒」。Affect 的涵義則比較含混一點，可是我們今天用這個字來講「情感」更好。因為情有所動、情發於中時，你會覺得動心或感動，所以 affect 讓我們知道它的要點就在於情感的動態和動力——但這裡說的「動」不是物理學。

課堂補充㈡：情感的「內外、公私」雙向度

上次有人特別希望我多說明「公私」、「內外」這兩組範疇和建構論的關係。我覺得我確實沒講清楚，所以要再補充說明。

這組範疇對我們可說是個概念基礎，因為當我們在談這個問題時，知道它是在後結構主義下形成的一種新想法。它絕對不只

是打破了舊有的概念而已。它想說的是：我們過去對 mental life 或人類心靈世界的想法過於單純，於是它以反思提問來提出非常具有顛覆性的新想法。

我們必須把「內外／公私」兩個軸疊在一起。如果你認為「私就是內心，公就是外在」，這樣想比較簡單，我暫時也不反對如此。「公共的」就表現在外面，讓大家都看到；而隱藏在裡面，也就是隱私，就沒有人看得見了。可是在實際的關係中卻出現了很弔詭（paradoxical）的狀態——有些時候你會發現，內心的東西竟然是公開的；或是非常隱私的東西竟然是從外面來的。這樣去想，你就會發現，如果我們對於人的情感只用內外區分的話，總是不夠的。

人在社會裡的生活其實都很複雜，這不是說關係上很複雜，而是說有很多的面向、很多的層次。這幾天我再翻查格根的著作，也總發現他講的好像不太夠。等一下我還要談到一個特別的人物，因為翻到自己的筆記，我發現，果然在格根寫這本書的二十年前，早就有一些非常厲害的人物寫下這些跟建構論有關的東西，我們會發現這值得再多談談。

先解釋一下「內外／公私」交叉而成的範疇。假設：一個人在發表感言時，當他說到某處，突然悲從中來，眼中泛出淚光，講話有一點哽咽，大家都以為他快要哭了，但那個人在此時很可能會忍住。哽咽的意思就是不能哭出來，而是把情緒吞回去，眼淚雖然已經開始流了，但流出來之後還不好意思被人看見。於是你發現所謂的「情發於中」，明明已經哭出來、已經公開了，但是公開本身的法則又分為「不可以哭／可以哭」，於是我們就必

須在「內／外」的法則之外加上這個「公／私」的法則。

從內在和公共的交集上會出現哽咽這樣的行為——「欲哭而不宜，因此不該哭」。因為發表感言的話還沒講完，只要一哭就打斷了。這是關於「內外／公私」兩個範疇交叉的好例子。即使是「情發於中」，但是有另一個公共的約束，你就受到了制衡。從前的心理學常常不管這樣的事情，以為只要有內外區分就夠了。可是如果把「公私」領域放進來，你會發現：心理學應該增加一些範疇才足以解釋人的行為。譬如這裡談的「哽咽」，還有前面談的「尷尬」。尷尬是常常發生在隱私和公開之間的一種狀態，尷尬並不是指某一種行為只要一出現就會成為尷尬，它必須要看在什麼場合。

我再舉一個例子，就是「羞恥」。在家裡一般的生活習慣，吃過晚餐、洗過澡後，老爸出來客廳看電視，可能會只穿一條內褲。老爸穿老款式內褲，看起來也可以像運動褲。各位可以想像：有些老爸穿著內褲走出來看電視時，旁邊有老婆兒女，可是他不覺得羞恥，但突然有一個鄰居來按了門鈴，闖進來了看到老爸只穿著內褲在客廳，老爸一定會羞著跑進房間多穿一條褲子。也就是說，在家裡穿著內褲，這件事情屬於隱私，不會引起親人之間的羞恥情緒。但是一旦有外人闖進來時，你會發現不對，你會很羞恥，或很尷尬地趕快去穿褲子。

這種情況告訴了我們：不論是「羞恥」或「尷尬」這樣的情緒，事實上要看在什麼場合，以及跟什麼人在一起才會發生的，因此其中沒有一種可叫作「純粹的羞恥」或「純粹的尷尬」。如果你不知道這些情緒的社會脈絡（social context），也就是不能

理解這種情境，就別談要加以測量。同樣的，我們在這裡可以看到：除了內外，把公私範疇加上去以後，不但會產生新的範疇，也產生了解釋的新向度。我們常常問：「建構論到底在幹什麼？」那現在就可以瞭解了：建構的意思是在增加心理學的新向度。過去的心理學一直受到客觀主義的限制，對於觀察也只採用經驗論的簡單方法，因而無法打開對於心的理解。現在經過社會建構的洗禮之後，它就有機會讓視野變寬──讓觀察的方式也變得不一樣。

從這裡引伸出一個問題，要請各位再去想想：「隱私和內在本來就是渾然合一」，這說法一定沒問題嗎？其實很值得疑問。也就是說，我在跟自己對話，譬如在寫日記，或翻閱自己的日記時，翻到某一頁，看到了非常感人的內容，我開始哭了起來。但那是我自己寫的，而且我也沒給別人看，也就是在私下表現出我內心的東西。可是這時候的我是在哭什麼呢？其實我不只是在為自己哭，而是在哭一個悲傷的回憶。我不是受外在刺激引發了淚水，而是為「回憶」本身所含有的內在關係而哭。於是，你會發現，所謂的「私─內」之間，也會有不同層次之間的關係出現。所以去想想，「公─外」之間是否也如此。這個例子就說明了上次有人提到的問題，但我覺得講得不夠透徹清楚，所以補充說明，讓大家再體會。這個問題其實非常重要，特別就建構論如何能夠擴大心理學的範疇而言，更是如此。

你、我與他者：

關係與倫理的社會建構

今天準備談的主題，概括地說，就是「關係論」。我本來列下的要點不少，但今天先談一套精神分析中的關係論概念，譬如以下這一些字眼所引發的關係論問題：

The It,
the Other,
internal object,
object a,
transitional object,
selfobject

另一個重點是關於「你我」、「我們」這些關係稱謂裡的問題。最後再談談日常生活中看似很平常的「倫理」、「倫常」關係。

關係論與建構論

我跟格根教授見面時，問他：「你最近寫的東西已經不太使用 constructionism 這個字，而是大量使用 relation、relationship，似乎變成了關係論。這是不是開始有一點理論轉向的意思？」他說：「當年我寫建構論時，也一直在談關係。」我要說的是：我現在理解的格根，在他談關係時，也還是用建構論，只不過把重點移到「關係本身是建構的一個最重要環結」。凡是兩事物之間產生關係，關係對於該事物就有建構的生產力，甚至可以改寫其定義。所以在理論意謂上，格根可說是從建構論

發展成關係論，然後將兩者融貫為一。

我們現在要先談談《關係的存有》（*Relational Being*）這本書。格根承認他使用 being 這個字，是從現象學的海德格那裡來的。佛洛伊德談心靈裝置（psychic apparatus）理論時，當然也帶有現象學成分。佛洛伊德跟胡賽爾兩個人曾坐在同一間教室裡上課，那是維也納大學哲學教授布倫塔諾（Brentano）開的課。這兩位世紀大師曾經是同學。總之，當你談格根時，一定得知道他的哲學背景是什麼，以及和前代大師的關係是什麼。先前我們強調過，海德格跟維根斯坦在理論上有很密切的關係。但維根斯坦和海德格是很不一樣的人，雖然他們在二十世紀都同屬於大師級的哲學家，但彼此卻不互相往來。[1]

現在格根把他們收在一起，這會產生一個問題：那些原本在歐洲互不往來的哲學，到了美國卻要混在一起，結果會如何呢？我們可以來做個檢查。他描寫這些哲學家時，有一段文字是這樣寫的：「他們有一個毛病，就是喜歡發明一些**怪字**，而他們寫文章的調調，會讓很多人一看到就覺得很不熟悉。」所謂很

1　海德格和維根斯坦不曾互相往來，但他們各自評論過對方，都很簡短，譬如海德格這樣說維根斯坦："On the contrary, as in Wittgenstein, **"the real is what is the case"** [*bei Wittgenstein heißt es: "Wirklich ist, was der Fall ist"*] (which means: that which falls under a determination, lets itself be established, the determinable), **actually an eerie** [*gespenstischer*] **statement.**"（「『真實就是實際發生的事』…這實在是一句怪話。」）至於維根斯坦對海德格的評論，由於相當曲折，這裡就暫時略過。（可參見：https://www.academia.edu/1276901/Wittgenstein_reads_Heidegger_Heidegger_reads_Witttgenstein_Thinking_Language_Bounding_World）

多怪字，譬如說海德格喜歡把好多個字用 hyphen（連字號）連起來。大家知道 *Being-in-the-world*，在世存有，這四個字就是用 hyphen 連起來，海德格原文（德文）寫成 In-der-Welt-sein，但這不是德文的慣例。德文把字連起來時不需要用 hyphen，就可直接連，所以字會變得很長，大概也就變得很怪、很不熟悉了吧？另外，還有德希達這個人，他會故意把寫出來的字槓掉，譬如說「存有」，寫出來之後就直接在印刷版上槓掉（如：「存有」），意思是說，人家雖然都這樣講，但我認為這個字本身是表達不當，於是出現槓掉的怪字。至於要產生什麼新字來取代呢？在還沒想出來之前就保留這一個槓掉的痕跡。他說這是德希達的絕招，但各位可以去查查看，這應該也是海德格發明的，德希達是向他學來的。所以你看格根，他也難免在這麼基本的問題上弄錯——這大致可見：格根對於這個「互不相容」的問題只想浮光掠影地帶過。

關係論中的精神分析話語

我要解釋「關係論」，以及「關係的存有」。但若說要把精神分析、現象學等等的問題擱在一邊，不予理會，其實是不可能的。也就是說，我們知道那是問題的來源，但格根以「個人主義」的名義，把那些東西一概視為反關係論，這樣的說法在理論上就又犯了一次「浮光掠影」的毛病，會產生以偏概全之誤。

我們現在就來談談幾個來自精神分析而且很有意思的「怪字」：The It、the Other、internal object、object a、transitional object、selfobject。Transitional object 是英國獨立分子[2]溫尼考特（Donald Winnicott）的發明，而 selfobject 則出自芝加哥的科胡特（Heinz Kohut）；他們不採取克萊恩（Melanie Klein）的想法，自己創造出了一些新詞。這些都是屬於精神分析的語言，現在我要合併起來談關係論。

科胡特在芝加哥大學講精神分析，1970 年代就寫了很重要的著作，但他長期被美國人忽視，所以他的作品是在 1980 年代後才被看見的。他在 1970 年代之間出版幾部重要的書，可是那個時代的人在談精神分析時，都被安娜・佛洛伊德（Anna Freud）和哈特曼（Heinz Hartmann）那一幫人給綁架了，以至於他們根本不知道有科胡特這號人物的存在。科胡特是個很有貢獻的學者，他也發明了一些新語言，大致上跟同時代的英國學派有點關係，但他自己獨創出「自客體」（selfobject）這樣的術語，而他的精神分析被他稱為「自體心理學」（self psychology）[3]。他的用字，表面上看起來是有點怪──self 是指自我，object 是指自我的對象──我和我的對象怎麼會融合為一呢？在精神分析裡，這確實是一個獨特的理論。創造了一個「自我和對象結合而成的東西」時，這個結合物到底要放在哪裡？放到外在還是內在？這是一個很大的問題。關係論的精神分析（Relational Psychoanalysis）也持續在處理類似的問題。

克萊恩談客體關係時，著重的是「內部客體」（internal

2　「獨立份子」的名稱，見下文補述。

3　用「自體心理學」來翻譯 self psychology，是已出版的科胡特著作中譯版所用的譯名。這種譯法其實還有待商榷，這裡只是引用。

object），因為外部的東西（客體）太容易解釋了。東西（客體）都有名稱、有外形、有功能等等，大家都曉得。譬如這是衛生紙，用來幹什麼呢？就是飯後擦擦嘴、流淚時揩揩眼淚，或用來擤鼻涕，這些事情不需要多加解釋。但是，假若有個孩子拿了一張衛生紙，不是用來擦嘴、不是揩眼淚，而是對它親親，這時我們就得要給予特別的解釋，會用到「內部客體」這個概念，也就是指那個孩子把衛生紙視為某種「內部客體」，所以會用到特殊的投射作用，表現出來的行為就是對它親親，或跟那張衛生紙講話等等。

至於 selfobject，這個概念要跟 transitional object 一起談。指的是假若我們面對的明明是一個 object，可是後來卻變成人自身的一部分。這個人的自我延伸了出去。除了我們所知的，人有心、有情緒、有肢體和五官以外，我們還需知道整個人可以延伸到某些外物上，產生類似於漢語所說的「物我合一」那樣的狀態。這個外物並不是 anything，而是一個會讓人（從小孩子開始）很心愛的、想要巴著不放的東西。那當然是特別有選擇性的，譬如小孩子常會很喜歡某隻玩具熊，堅持要它陪著睡覺；或特別喜歡某一條毛巾，當媽媽或保姆把它拿去洗衣機洗過後，你會發現那個小孩子氣得不可理喻。他就是不要你洗掉上面的味道。無論大人說髒髒的、有奶臭或其他味道，對他來說那根本不是臭味，那就是屬於他的味道，對他來說那就是他。當媽媽不在時，要利用它來感覺到親近，那當然不是媽媽，但卻是孩子無意識地創造出一個替代的媽媽。這個東西的創造不只是媽媽客體，自我也參與了其中。當彼此交叉而成為這個東西時，這東西的創

造就會變成內心的外化。可是並非任何東西都會變成這樣，只有某些特別經驗之下產生的東西。

當你把這樣的東西辨認出來時，在心理學上當然是非常有貢獻的。你會知道有什麼東西可變成 transitional object，還有 selfobject。他們本來都是 self，後來把自己以及某一個東西變成兼具內外。那麼，這樣的東西要放置在哪裡？後來的 Relational Psychoanalysis 當中有位作者湯瑪斯·奧格頓（Thomas Ogden），把它總稱為「第三主體」。「主體」是「我」。但是當某個客體變成對我而言非常重要的東西時，它也似乎活了起來。我是主體，這個 object 也變成了另一個主體，在我跟 object 之間就會形成一個第三主體。這首先是指溫尼考特的 transitional object，後來也指科胡特的 selfobject。這些說法在理論上還有些微妙的不同，但我們現在不必細論。

要點在於：他們把整個關係裡一些看起來很抽象、很模糊的概念做出更能理解的轉化。譬如把「我對你是不是有足夠關懷？」這樣的陳腔濫調轉化為「我跟你之間到底是不是產生了投射認同（projective identification）？」我們常會覺得前一種說法是很空泛的話，那現在改成「在我們之間有某物可能會發出某一種特別的作用，把靈魂的某一部分召喚出來」。於是那個「某物」具有一種特別的力道，你要是能夠把它指認出來，就能夠對整個分析工作產生一些新的理解向度和掌握的方法。

主體／他者，以及佛洛伊德的 *The It*

我把這些放在一起談的時候，還是要把這些發現歸功於最

早的佛洛伊德所談的 the It 跟 the other，以及後來拉岡談的 the other 跟 object a。回到佛洛伊德也可能會回到一個非常難以解決的哲學問題，就是他和他的學生寫信時談到的 The It。那個人是佛洛伊德的門生，名叫葛羅代克（Georg Groddeck），曾經受他分析，而後跟他有一些書信往返。葛羅代克本身也是個哲學愛好者，他跟佛洛伊德通信的時候，佛洛伊德的心理學原本已發展出一套後設系統，即 conscious（意識 CS）、unconscious（無意識 UCS），中間還加上一個 preconscious（前意識 PCS），這個 CS-PCS-UCS 就是佛洛依德的第一套後設心理學。後來他正在創造第二套——就是把原有的意識／無意識概念予以角色化，好像讓他們站到舞台上，但這套新的後設體系並不只是第一套的平行翻譯，而是改用「我」（自我）為主角，另行創造出一套心理動力結構。其中有一個角色叫做 Ego（自我），另一個稱為 Super Ego（超自我）。可是還有一個角色不知道要叫什麼，佛洛伊德還在納悶的時候，這位門生在書信中就寫道：他看過尼采曾經反對笛卡爾的「**我思故我在**（*Cogito, ergo sum*）」。尼采常說思（think）這個動作，是沒有主體的。笛卡兒的原文是拉丁文 *Cogito, ergo sum*，這句話就是「Think, therefore am」，裡面根本沒有 I，翻成英文「I think, therefore I am」卻橫生出兩個「I」。

為什麼可以這樣說？在尼采看來，*Cogito* 就是 think 的意思，但 thinking 一定叫「我思」嗎？你們會不會覺得這個問題問得有點太玄了？大家都知道：要思就是我思，不然還有別人嗎？如果還有別人的話那就是起乩了。說到起乩，我們也都知道，那

是神仙或鬼魂附身，而請神請鬼的那個巫，等於是賣身給鬼神，等於是他自己不存在了。可是我們現在要談的不是起乩。你認為自己的思想，就只是自己在想嗎？這是一個很重要的問題。有時我們會出現一種心血來潮的現象，自己彷彿被不知來由的力量發動了、佔據了，英文就會說："It occurs to me..."突然間有一個念頭跑出來。這些念頭是怎麼跑出來的？自己也不知道，但這就是心血來潮。這時候，主動者是誰？我們知道那不是我自己。而是「它」主動跑了進來（或跑出來）。所以那主體只能叫做「它」。

因此，尼采說：即使人在思考的時候，那個主體常只能稱作「它」，也就是 It。當葛羅代克這樣說的時候，佛洛伊德看了這封信大為激賞，感謝他的提醒。於是，佛洛伊德在此之後就定案了，直接給這第三個角色取名叫 the It。把它翻作「本我」是不對的，因為他想的是一個很奇怪的概念，沒有根由、不知其名，只能把它叫做「它」。「它」不在現場，但很會搞鬼，你可以勉強把「它」想成在 personality 裡面，可是「它」也常常不在。所以，「它」像是個遊魂，會到處亂跑，特別是會跑到你的睡夢中。「它」是非常猛、非常有力的，其實夢裡的主角，或導演，就是「它」。

所以這時有了 It，就等於替 Ego 創造出一個非常重要的對方（客體）。它本來已經有的對方是 Superego，這是大家都知道的，被稱為社會良心之類的，特別是屬於禁制性的良心。你很想做什麼事情，才想要，又突然不做了，那是因為 Superego 對 Ego 起了禁制作用。可是還有另外一個東西一直喊著「我要，

我要，我就是要……」不管你怎麼禁制，「它」就在那兒活蹦亂跳。這樣的力量，佛洛伊德也知道，必須要給一個名稱。先前只把它叫作 drive，是泛稱人的一種驅力。這個字也就只有精神分析使用，其他的心理學不用這個字，他們寧可用生物學的 instinct，也就是本能。可是佛洛伊德說：我明明不是在講生物學，我是在講人。靈魂起作用時，自然會發動成什麼東西，這種發動，用生物學去解釋是牛頭不對馬嘴的。人類是自己從想法中冒出想法來，已經和你的人猿祖先所依據的行事規則相差了千百倍。佛洛伊德使用的「本能」是指人類有幾種（宏觀上）的動力，在那之上，在日常生活中，轉化為針對各種對象的動力，才叫驅力。然後，在接近理論發展的後期，又產生了那個帶有人格意謂的「它」。所以，你可以看出，佛洛伊德是一直不斷在修正或補充他的理論。

他者的慾望

後來拉岡在解釋佛洛伊德的時候，也如法炮製——他深通佛洛伊德所瞭解的尼采。於是，他發明了一個很著名的理論，說那個 drive 其實也常常是我們所說的 desire，就是被稱為「慾望」的東西。慾望一旦燃起了，就是人的生命裡最強的一種動力。它會說它「要」什麼，想盡辦法、不擇手段也要得到。只不過它需要繞道，因為不只是 Ego 在道上指揮，還有 Superego 也會以另外一種更直接的方式監視。而外面的世界又有很多障礙，一直在橫阻著——這是 Ego 所面對的現實——可是 desire 神通廣大，會到處亂竄。你刻意去擋它是沒用的，你比較一下，人在抗爭時

會用肉體去衝擊鐵絲網和拒馬，大家想像一下抗爭的時候會有兩方人馬的互相衝擊，但 desire 是很奇怪的東西，它不需要參與肉搏，甚至不需要打開一道門，直接就以非物理的方式，繞道飛到客體裡面去。

Desire 是個奇怪的東西，拉岡說：desire 是建立在 desire 之上。當一個人在 desire 的狀態中，常常是「慾望著慾望」，譬如說我的 desire 已經建立好一個對象了，我先放在一旁（不叫「心裡」，而是在客體裡）。我這就可以就近跟我的對象開始發生關係。你相不相信？如果要回到佛洛伊德，拉岡就這樣詮釋：你一直想說明人跟 object 的關係，但 object 是會把你引發的，對你而言，它變成了另一個小號的客體，所以有個諢名叫作 *objet petite a*——英文翻譯成簡稱的 object a，其實就是「小寫他者」的意思。因為法文裡的他者叫做 *alter*，那個小寫的代號 *a* 就是 *alter* 的簡寫。但英國學派常常用另外一種方式詮釋：object 很多時候已經被收在裡面了（叫作「內部客體」）。因此你跟 object 發生關係時，常常是你跟你自己在發生關係。這些種種來自佛洛伊德的理論，都再再說明：我們早已經不是生物狀態的生物，而是一個人文狀態的人。人自己累積了好多 ideational objects（意念客體），或其他種種「想要」的東西，我們或許只能稱作 desires，或其他幾種客體——transitional object、selfobject 等等。你和某人發生關係時，不是在跟 object 直接發生關係，而是跟慾望的客體發生關係。因此這才會使「關係」有各種各樣的層次和變形。譬如你在所謂的性幻想時，會採取某一種「又向內又向外」的方式。希臘神話中的納西瑟斯（Narcissus），他不知道

自己是美少年，直到有一天在湖邊看到水中倒影的自己是這麼俊美。神話的結局是納西瑟斯在水邊看著自己，看到死為止，死後就變成了水仙花（narcissus）。水仙花的特色是常常長在水邊，低頭看著水，也就是在看自己的倒影，即所謂的顧影自憐。這是「自戀」這個字的來源。希臘神話中納西瑟斯看到水中的美少年，就愛上他了。這種「慾望著慾望」的自戀，用生物學要怎麼解釋？

人和自己的關係

　　關於人和自己的關係，這裡面有很多需要多番解釋的道理：為什麼人會對自己產生一種關係？而這種關係到後來會變得越來越強烈，這不僅是一種病。我們不能把顧影自憐、孤芳自賞說成自閉症。有些時候，有些藝術家，他在創造出某些作品時，和自己的作品產生出了某種神交——我愛我的作品、我愛我的創作、我愛我「身為創作者」的身分——而那個時刻並不是天天都會發生、會維持。我自己（我是說宋文里）也偶爾會畫畫、會寫詩，過些時候拿出來看看，自己會嚇一跳：「為什麼我會寫出、畫出這樣的東西？」各位自己要是有創作經驗，偶爾拿出自己的作品來看，你可能會像我一樣嚇一跳，會想：我是怎麼了？我為什麼會，或我怎麼能夠，作出這樣的作品來？

　　藝術家在撚斷數莖鬚而仍沒有辦法寫作時，他會看著自己的作品發呆。他其實就是在產生一種自戀的動力。他所戀著的是什麼？**他在愛戀自己能夠創作**。我非常戀著於自己能夠創作的狀態。可是我不可能看到那狀態，因此我只好看著自己作過的作品

來沉思，來產生對作品的幻想。所以當一個藝術家開始畫自畫像時，可能會越畫越有靈。各位聽過幾乎可說是全世界首屈一指的自畫像畫家嗎？——荷蘭畫家林布蘭（Rembrandt）。從年輕畫到年老，他畫的自畫像約有五十幾張。他為什麼經常在畫自己？你可能會覺得這非常誇張，可是藝術界的解釋不會說是自戀。你們如果不信這種藝術觀點的話，回頭去把達文西的畫拿出來看看，你會發現達文西的畫也有好多都是在畫他自己。他畫的對象可以變來變去，但你會發現不管是施洗約翰、酒神巴卡斯、甚至是耶穌，就連後來畫的蒙娜麗莎——你們可能都沒想到——這都是達文西在畫自己，把自己變成各個神話人物，還變成一個女人，然後用一種非常特別的眼神，超過當時女人的極限，而表現一種不可能的自信。她在畫裡往外看著你，這讓當時的所有人都覺得不可思議。女人怎麼可能會有這種表情？毫無畏懼地直看著男人。在藝術史上只有畫娼妓的時候才會畫成像這樣，但那是很俗濫的勾引男人的媚眼，跟蒙娜麗莎微微一笑的眼神完全不是同一回事。

蒙娜麗莎是個名門閨秀，可是蒙娜麗莎卻是用眼睛盯著你看。在那個時代，十五世紀中葉，你查遍所有的作品紀錄，會發現根本沒有人這樣畫的。這個達文西是第一個把正經的女性畫成「正正當當」地對著你微笑。其他的畫家是怎麼畫的？你去查查看，都是畫側面。也就是說，這些畫家在畫國王的愛妃時，畫家看著她，而她的眼睛則只能看著牆壁。兩人對看會被視為一種很危險的勾當，絕對不許兩個人在畫的時候四目相對，因此畫家就只能畫模特兒的側面。可是達文西在畫什麼？他根本就不用模特

兒，所以他也不用跟模特兒之間有什麼電光石火的眼神交會。他沒有這個問題，他就在畫他自己。

我們只要知道這樣的祕密，就會曉得「關於跟你產生關係的對象，有很多時候是不可名狀的」。於是我們回到關於 the It 的問題，就是佛洛伊德要為這個重要的動力來源找到定位時，它應該可以像是一個角色，但這怪角色只能冠上一個怪名字，叫 the It，叫「那玩意兒」。後來我們翻成漢語時，必須要想出一個比較信雅達的名字。我跟南華師大的申荷永教授談過這問題。他提起：早年的時候，精神分析的中文翻譯者有一位叫高覺敷，他翻譯了佛洛伊德的《精神分析引論》，也曾經提議只用發音來翻譯，就是用「伊底」可能更好。「伊底」的含意就是「不知伊於胡底」，也就是「有伊，然後不知其底」。「伊」和「底」加起來就構成一個有名稱的東西，但那玩意兒到底是什麼，我們也不曉得。這樣的翻譯才能對上佛洛伊德的意思。但如果把它翻作「本我」，就完全不對頭，讓佛洛伊德的心血白費了。我們講了半天都還捉摸不定的東西，結果竟然變成了一個在你我眼前，或在觀念上這麼清楚的、本來已知的東西，叫「本我」，這樣講會讓佛洛伊德的精神分析意義全失。

為什麼要用「伊底」這樣的怪字？因為「人和自己的關係」裡頭一定有重要難題，不用新語就會變得無話可說。心理學在進行理心的工作時，要是不提出這種難題，那麼，我們對於人性的理解不就會一直停留在原地踏步的狀態嗎？後來也出現了 the other 這樣的名稱，這個字本來也不算很奇怪。現在你們如果去看看比較大部頭的幾種辭典，其中收羅了很多現代漢語的詞彙，

但常常沒有辦法跟上時代。近來台灣的三民書局也編了一部《大辭典》，共有三冊。裡面的詞彙就收有一條是「他者」，後面附著有括弧的（the other）。所以，換句話說，「他者」在現代漢語當中已經成為一個普通字眼了。可是這個詞第一次出現時，在漢語的使用習慣中，乍看之下還是很怪的。但如果你去問一個拉丁語系的人，他們老早就已經對這概念和名稱熟得不得了。因為在拉丁語中，一講到 Ego，旁邊就會有一個 Other Ego（*alter ego*），就是我這個人的旁邊總是如影隨形地跟著另外一個我。這是怎麼回事呢？我們也沒辦法解釋。只知在拉丁文的俗話裡就有 Other Ego 的概念。此外，英語中也有一個詞彙叫做 the double，意思是「替身」。你的替身就稱為你的 double。

　　什麼時候會有「替身」這樣的玩意兒出現呢？在古代的各個戰國時代，很多時候出現的情形是這樣：當一個主將死了，為了不讓敵方知道，就會找一個很像他的人，穿著他的盔甲上戰場。黑澤明的《影武者》就是用這個主題來拍的。在其他歐洲國家也有類似的傳奇：西班牙中世紀傳說中的一位英雄，叫作熙德（El Cid），是跟摩爾人鬥爭時的主將。後來他中箭身亡，西班牙人為了不讓自己的士氣垮掉，就找了人扮演他。他習慣披著長長的白色披風，半夜出來巡行，所以只要有人戴上頭盔和白色披風，在半夜出馬，這樣就會軍心大振。西班牙人後來果然把摩爾人趕走了。但那時候熙德早已身亡，只是用個替身，用他的亡魂來支撐士氣。所以由此可知，他們對於「替身」很有概念，他們也常使用這個策略。

　　我們所謂的「天人交戰」，在西方人的概念裡，就會說是

「兩個我之間的交戰」。白天的我是個淑女，到了晚上我變成一個蕩婦。那淑女和蕩婦之間當然有很多爭論，而事實上就是兩個我之間的爭論，這在西方著作裡面比比皆是。看到這個字，不要以為是拉岡或是誰突然創造了什麼無人能知的玄妙概念。完全不是這樣。他們的傳統中老早就有了。因此一個 other 就是一個跟你如影隨形的另外一個你。你真的要去面對的時候，反而會找不到，有時候是你完全意想不到的。

在這樣的狀況下，拉岡的創意是增加了一個 object a，就是「小寫 A」的意思。換句話說，那些英國學者所提的 object，在拉岡看來，已經不是客體本身，而是一個經過人工再創而形成的 object，但拉岡說：在那個 object 之外，在那跟你相對的東西之外，還有某一個更大的、不著邊際的大寫 Other 跟主體相對。我們通常所見的這些身邊之物，只能算是「小他者」，所以他又在此之外安置了一個更大的「他者」，不論用來指無意識，或指西方傳統中超驗的神。這樣說，只是一種方便的理解。因為我們不是在鑽研精神分析，所以使用了這樣的簡讀法，來展開以上這一堆不在我們的常識之中的關係論。我的目的只是要鋪陳並得出一個綜合理解，以方便我們藉此來進行下一步。

關係中看似沒來由的「對象」

我把以上所說的，拉回到我們的主題再說明一下。我們談關係的時候，關係本身一定有個關係對象，但這對象就是一個複雜的議題，從這裡你就可以看出來，以上只是一個非常概略的說明，在西方哲學裡也早已產生了非常複雜的討論。因此，用他

們的術語——現在也變成漢語的術語——要作為「客體」的「對象」，到底是什麼東西？你就不要認為那只是簡單的字面問題。我們中文現在翻譯作「客體」或「物體」，這些都不是很好的翻譯。海德格為了要提出他的說法，就說「object/subject」這樣的二分法已經沒有必要了。他提到：德文還有一個字，跟 object 完全一樣意思，是 *Gegenstand*。*Gegen-stand* 這個 *stand*（站立），跟英文的 stand 意思一樣，但 *Gegen* 是英文沒有的字，意思是「跟你相對的」，「對立者」，我們可以把這叫作「對象」。什麼東西會對上你？其實你不一定要把這東西命名為「客體」，它跟你之間的關係其實是很難料想，或是很難歸類的，跟中文的「主客關係」根本無關。它其實是隨景隨境而一直在發生之中。那個對象是一種統稱，實際上它到底是不是你的「對象」，有時候我們要先瞭解一下，先決定會不會成為對象。它會盯你，你正好也盯它，但有時候就不會這麼剛好對上。

「眾裡尋他千百度，驀然回首，那人卻在燈火闌珊處」，一句詩，只說「剛好在那兒等著」。詩人有時候會寫出很有意思的東西，怎麼「眾裡尋他千百度」？然而我們不是更常說「天涯何處無芳草」嗎？怎麼看來看去突然就把一人看上眼了？但對那位尋索者來說，他就只尋一個人，其他都不算是芳草，可偏偏找不到，所以說是「眾裡尋他千百度」。所謂的「對象」，可以是很特別的，也就是說，你一定要找這個，你要定了，但卻找不著。所以你不要以為很快就可以把「對象」這個東西鎖定，或是很容易就可用任何一把「芳草」來取代。

對象有時候就是個很奇怪的癖好。全是在人的意念裡產生出

來的。我自己產生了一個想法，我就跟我自己的想法談戀愛。我們會說「曾經滄海難為水」，那是什麼意思呢？我是經過滄海的人，所以你們這些小池塘的水對我來說沒有意義。當然一個人要這樣守住他的癖好時，你就拿他沒折了[4]。你想說「天涯何處無芳草」，你替他找了一個蠻好的對象讓他可以相中，結果他說：「這些對我來說，除卻巫山不是雲，連想都不用想。」那你有什麼辦法？你認為那個「怪癖」本身能用生物學來形容嗎？「癖」事實上是被意念（「念想」）發明出來的對象，意念產生新的意念，所以一路上都可說是自己的建構，或是在關係中產生了建構。

因此，我們在討論「人的對象是什麼？」你會發現，要跟人產生關係時，對象的界定，打從一開始就可能是非常奇特的。我們這就來談談但丁的《神曲》。這部作品中有兩個非常重要的腳色，一個在開頭時引導他走進詩的天地，那是羅馬詩人維吉爾（Virgil）的化身；到後來，要通過淨界往天堂上升時，有一個天使般的人物引領他，她的名字叫做 Beatrice。但丁鄰居住著一個女孩，就叫做 Beatrice。這個名字翻作「貝德麗采」或「碧爾翠絲」，因為義大利文和英文的發音有差異。但丁一輩子只見過

---

4 我們對於用字的問題，有時必須如此斤斤計較：常見的「沒輒了」是個謬誤的中文，原來應該是北京話「沒折了」或「沒摺了」——(1)「折」是指點戲的戲單（如同「菜單」），「沒折了」就是「沒戲可點了」；(2)「摺」是「奏摺」，「沒摺了」就是上了朝廷沒話講。「沒輒」是沒什麼？沒路走嗎？馬車該走的路上，有車痕叫做「轍」讀音「徹」，不讀為「輒」。網路上有字典說「轍」可讀成破音字「輒」，這是強做解人，沒這回事。

她兩次，一次是在家附近鄰居的窗戶中，望見鄰家有女初長成，覺得她好漂亮，因此見到以後非常心儀。一天到晚想著哪天可以再見到她，但事實上又沒機會認識。另外一次是某天在街上，但丁發現 Beatrice 跟她的女僕一起從對面走了過來，他早期的作品《新生》裡頭，有這麼一段描述：Beatrice 從對面走過來時，他跟 Beatrice 欠身作禮，但 Beatrice 到底有沒有回禮呢？這情況非常曖昧，據但丁說，Beatrice 好像也有微微點頭回禮，但也有其他人說：「按照當地人的習俗，Beatrice 既不認識但丁，所以她不會點頭，也不會回禮，否則就表示你冒犯她時，她竟然會乖乖就範。」只有在「否則」之外的情況下，她才會點頭回禮。因此，很有可能 Beatrice 從頭到尾就不認識他，也沒有任何交情。但是無妨，這個女人對他來說已經非常重要了，重要到後來就變成了天使的化身，後半部的《神曲》就是為她而寫的。Beatrice 成為如此重要的人，把他的靈感一路帶向天堂去。所以，所謂的對象究竟是什麼？是你愛得死去活來的人？或另外一個一生只有兩面之緣的人？而且到底是不是真的見面，其實還挺可疑的。為什麼但丁可以為了這樣一個奇特的對象而寫出一部曠世巨作？

所以，我們並不很容易真正理解人在關係中如何產生對象。在大多數情況下，我們都可能只是任意揣測，而我們會發現，人有時會受到那連自己都不知道的「我」影響。對於那不知道的我，你不能完全確定它是什麼。有時候是受到我們所不知道的歷史傳承所影響，然後就借用你的眼睛去看，使你的「看見」造出了一個神仙般的女子。那個神仙不是她自己身上長的神仙，而是歷史給你的，可能是希臘神話，或基督教神話裡的意象，透過你

投射到一個普通人身上。所以換句話說，不是你看，而是歷史建構了你的眼睛。因此我們才會談到這樣的問題，也就是說：建構論是如何重視歷史文化的建構動力。格根甚至說過：人的對象無非就是傳統所給的意象。這句話，回頭用來詮釋人面桃花，也一樣適用。

「你」、「我」和「我們」

後半段我在綱要中列出了兩部分，我們不一定能講完，但以下這一部分要談談：關於我們常用的人稱代名詞「我」、「你」到底是什麼？還有多數的「我們」，在其中夾帶著你、我，或代表模糊多數的民眾，甚至是不知所指的「他者」。這些主體稱謂都含有好幾種層次的曲折意義。

漢語裡面有一個特別用來說「我們」的字叫「咱」。但「咱」這個字在很多外文裡不存在。這個用來代表「我們」的「咱」也不只是在講「我們」，不是和「你們」對立的「我們」，而是必須**同時包含著你我關係**。各位可以回想一下這個字的用法。在大陸的普通話裡還常聽到這種講法的，在台灣的國語裡，現在的年輕人就可能不太會用了，但在閩南語裡它倒也是常用的，我來舉個例子：

有時候我們聽到一些老人家，拿起電話來：「喂，喂喂……」然後他就問：「咱（閩南語，讀音 làn）這是哪裡？」其實他要問的是：「您是哪裡？」問的是對方，但他卻說「咱」，這不是很奇怪嗎？你會不會覺得語意很曖昧，甚至文法錯誤？可是這種語意不清，正是我們的語言中非常有意思的表達

法。在大陸現在可聽到有些年輕人還有這樣的用法：他知道朋友的媽病了，看他垂頭喪氣的，他過去打招呼問候說：「咱媽怎麼了？」——這「咱媽」也就表示「你媽就是我媽」。我們利用這樣的語言來結合「你和我」的關係，這和我們平常說的「我們」意思非常不同。一般說的「我們」其實就是和「你們」、「他們」對立的意思。一個會對你說「咱媽」的人，並不真是跟你有共同的媽媽，但他這樣說，已經在**表示**他就是你的手足了，可不是？

　　一般是把擁有共同 membership（成員資格）的人才叫作「我們」，這和「咱們」卻不是一樣的意思。只要在語言上可以給出一點線索，我們就可以在人的關係上辨別出亂中有序的規則。

　　但「我們」常是一個虛詞，很多東西會入侵到這個位置來講話。因此，人在講話的時候常常因為「我」只是在「我們」這個場面裡講該講的話而已，就是講場面話。所以「我們」是個很容易被篡奪的發言位置，「我」有時在「我們」當中並沒有發言權。以下就可看出兩種不同的「我們」：㈠只有當現場有一個「你」，可以被我直直看著對話的人，當「你─我」這種關係形成的時候，這才活化了我被別人襲奪或佔領的那個空位，「我」這才被「你」給定義了。這是哲學家馬丁・布伯（Martin Buber）刻意提出的主張。他說：我們之間的關係是用一組密切的「*I-Thou*」（中世紀的英文裡 *Thou* 是 You 的意思）關係來形成的，所以 I-You 連在一起時，那個 I 就活了起來，這是一種活絡的「我們」。可是，換個方式；㈡當那個 I 永遠都跟 It 連在

一起的時候，形成另一種「我們」，叫做「I-It」，意思是這個 I 永遠都不是在講人話，講的就是非人的語言，都只是當時的某種外力作用之下，必須如何、應該如何之類的話。那種關係下，人都不是人，沒辦法講真話。這 I-It 連在一起的時候，「我們」已經被一個非人的東西綁架了。最明顯的案例就是政治上的公眾人物，在發言時經常都要照稿唸，並且對於一些「敏感問題」的回答也只能不斷重複同樣的幾句話（「跳針」）。這種語言的發言者就是典型的「I-It」——這裡的 It 是指那個 I 的政治身份。在電視上聽到這種發言時，覺得他說的「我們」是指誰？那是在對誰講的？——顯然不是對你（You），而是對著一個假想的、無名的他者，或即是以預設的「我方／敵方」來作對抗性的發言。很顯然，即令你根本沒想要對抗，但那位發言人已經把這種對抗意識強加於你了。在「兩岸關係」的談話中，你聽到的幾乎都是這樣。

日常人倫，以及「屬於現代人的特殊關係」

在以上的人稱代名詞之外，進入種種的日常倫常關係，我們都會使用的是一些「倫理」語詞，來作為關係發展的規則。這裡面其實也有很多地方值得我們討論。「倫理」一詞的用法，一方面你可以說只是一般常識，可另一方面又會發現你不一定完全知道它指的是什麼。就像剛開始有人提到的「婉君」，我完全不懂它的意思。我其實不知道那是和「網軍」這個詞同音相關的用語，只覺得未免太文人氣息，而且挺做作的。後來我發現就是因為湊巧有《婉君表妹》這齣連續劇上演，大家都記憶猶新。而

且由於台灣人的發音本來就常沒個準頭，就像我們念「星星知我心」時，發音會變成「欣欣知我心」一樣，「網軍／婉君」也可以變成同音了。

這雖然只是我自己的疑惑，但問題不只是這樣而已，將來可能任何東西的名稱都得像這樣來分辨一下才能理解。我也是看了TVBS，說我們現在的 Line、PTT、App 這些東西都連在一起，然後在其中串聯成了「鄉民」。最近有一部電影叫作《鄉民的正義》，這部片子就是講「會上網的那些人」聯合成一股正義的力量，足以幫一個遭受汙辱的人扳回名譽。「鄉民」就有這樣的倫理意味，所以現在這個詞也變成了一種「選民」的特殊形式。

大家都曉得，社群網路形成了各種各樣的關係網絡，但回過頭來講，所有的關係都是在模仿*原初的關係*。譬如說親屬這種原初關係，最容易被模仿成我們一般人的關係。我們在街上碰到某一個人時，常用的稱呼不就是「小姐、大哥、阿姨、阿伯」嗎？全部都是「親屬稱謂」。使用這種稱謂在文化人類學上就說是形成「擬親屬關係」，我們也可理解這是在建構我們之間的親近關係。

在街上碰到一個人的時候，你說的「大叔、大嫂」都不是你真正的叔叔或嫂嫂，你曉得的；你在叫一個人「阿姨」的時候，就已經確定她不是你的阿姨。真的阿姨，你會加上「二阿姨、三阿姨、小阿姨」，就是加上她在親屬中的排行，或加上她的名字。否則一般情況下，你在街上碰到一個大約比你年長一輩的女性就都叫作「阿姨」。在台灣，過去我們也常用日語，叫「歐巴桑」，而比較親密一點的則會叫做「歐巴將」。稍微有點不一樣

的發音，表示親密的程度不同。總之這些就是「擬親屬關係」。我們一般人的關係就以拉上一點點親屬關係來展開，不然的話，我們會不知道要怎樣建立關係。

所以，當關係是指發生在都會大眾之中的關係，這已經跟我們原來說的鄉民很不一樣了。在一個純樸的鄉下，大家本來就都是同村甚至同姓的，當然可能有某種親屬關係。後來我們要把這種親屬關係再擴大出去就不容易了。你知道台北市和新北市加起來的人口有八百萬。你在捷運或是公車上，放眼看去都是陌生人，很少有真正認識的。這就是所謂的「屬於現代人的特殊關係」，其中有親屬關係的機率已經少到可以忽視的程度。

當你身處在一個大型的都會裡，如果你要發展人際關係，那到底要以什麼來當根據？你再用親屬去稱呼，會顯得有點做作，大家都知道跟你之間不是那樣的關係。那怎麼辦呢？後來就有人發明了一個叫做「第六倫」的說法，但那一種「倫」並不是一句口號就能發展出來的。我們在談到這類事情的時候，應當知道，早就有社會學家在談論這個問題，花了很多精力去探討「人和人的遭逢」，在彼此之間可能會創造出什麼樣的關係。

這種關係本身可以是多元的，也就是說，你得清楚知道關係具有各種可能的發展套件。譬如說師生關係這種套件，很多人只要你上過他的一堂課，馬上就可以叫他「老師」；教插花的人叫「老師」，健行時的帶隊人也叫「老師」。你的「師生關係」變成一個可以推廣使用的原始套件。可是到後來你會進一步發現，你碰到的人，想要套任何關係都沒辦法，那明明就是陌生人。除此之外，我不知道我們之間可以發展出什麼關係。

所以，我現在可以來談談處理這問題一位重要人物，高夫曼（Erving Goffman）。他很早就寫了很多書，討論人跟人遭逢之後會發生什麼事情。其中有一個要點，就是所謂現代人關係之間的特色。你跟不熟的人之間似乎應該保持一種冷漠的距離。可是高夫曼說不只是這樣——現代人之間其實會保持一種叫「有禮貌的冷漠」關係。當我和陌生人一起進了電梯，我們完全不熟。那最靠近電梯按鍵的人，他可能會問一下「到幾樓？」到四樓、到七樓，他都替你按好，他在做一種服務，可是他沒有特定為誰，因為誰站在這個位置都要擔起這個禮貌的任務，使得陌生人之間能維持著「有禮貌」的關係。這關係只在這處境中維持，你絕對不會在離開電梯後還回頭跟裡頭的人打招呼說：「欸，真有緣分，能跟你搭上同一班電梯。」除非有特殊的情況，否則誰會這樣呢？我搭完電梯後，回頭就不認識你了，沒有什麼好惋惜的。在我們的傳統倫理中，這根本不叫什麼緣分。換句話說，陌生人還是陌生人，連緣分也沒有，只是我們起碼維持著一個有禮貌的關係而已。在捷運上也是一樣。看到一位長輩來了，很多人都會說「您請坐」。這也不是特別針對你，而是對著你的蒼蒼白髮所展現的禮貌。這禮貌規則是獨立於我們先前所知的「倫理關係」之外。你若知道其中還有傳統倫理的影子，這才能說確實可有「第六倫」的發展空間。

日常關係的「部署」

「關係」的問題事實上就是這麼重要，但在我們自己的生活處境當中，要根據什麼才能跟人建立關係，真是常會讓人覺得

滿心困惑。剛才提到的關係叫作「禮貌」，但禮貌到底要怎麼做呢？有時禮貌很容易，可是如果我們談的特別是指各種場合中的禮儀（manners），那就會有各種特定的規則。站在電梯口，你知道你要為大家按上下樓的鍵；可是在別的地方碰到的事情時，你一定都懂得怎麼做叫禮貌嗎？

有一次我在波士頓搭地鐵，車子突然間開動，我晃了一下沒站穩，我的腳就狠狠地踩到旁邊一位女士的腳板上。這位女士大約四十歲左右，我一看到我踩到她的腳，第一個冒出的念頭就是「糟了，她一定會痛」，第二個就是「我這樣很失禮」，所以我連忙說：「I am sorry, I am terribly sorry!」說了好幾遍。但她回道：「Never mind. You are not on purpose.」（「沒關係，你不是故意的啦。」）意思是說你跟別人之間可能會有一種特別得當的應對方式。要是別人侵犯了你，你會不會先說：「我原諒你，無所謂，只是痛一下而已。」你會這樣說嗎？這要看情形的，不是隨時都用得上這麼高調的禮貌。像這樣的情況，如果是在捷運上，你踩到隔壁的人的腳，你會怎麼說？一般會說：「對不起，不好意思……」

但另一層次的禮貌問題又接踵而來：你會看著她講，還是自顧自地說「對不起」？你會看著她，等她回應嗎？很可能不會。我知道我們的文化，姑且叫「民族慣習」吧，像這樣對著人說「I'm sorry」，而另外一方也對著你說「It's okay」，互相對著講話，這種招數，在我們的文化中，即同胞之間，都還挺難學會的。當你去搭飛機，機上都有空服小姐，在你一進機艙時，她會站在門口說 Good morning。你們仔細觀察一下，很多「先進社

會」來的人都會對於這樣的打招呼回應一聲 Good morning，之後才入座。但咱們同胞是人家跟你打招呼，你就當沒看見地走過去了。好了，這次換搭國內的華航班機，華人的空服小姐盡她的責任跟你打招呼說聲「早」，但若你也回她說「早啊」，她反而會嚇一跳。因為所有的人瞥一眼就過去了，但這個人居然也會說「早啊」，這是怎麼回事？我們這個文化的人際關係脈絡就是有這麼值得三思的特色。你們覺得這些禮儀都不用討論，就自然會走上軌道，形成「第六倫」嗎？

因此，我才會說：我們必須要為我們這個社會的關係負起新的責任。有時因為我們沒經歷過很多比較，沒有受過很多挑戰，以致不曉得其中得當的應付之道是什麼。高夫曼以觀察入微的方式，告訴你人和人之間的關係有多微妙。有些時候我們不能只是猶豫多疑，或不知所措，而是說：人和人之間應經常維持著一種「眼觀四面，耳聽八方」的觀望狀態。所謂的「自我」，在關係裡面，事實上就是具有這種警覺本事的載體。雖然我們只是對著一個人，但上下周遭的所有關係也都構成了某種「需要加以布局或部署」的情況。因此，我們在人際關係裡顯然很像是個軍事家，需要運用很多策略，先把很多人際關係中所需的東西部署好，之後我才有辦法去和別人做適當的接觸。這樣的說法，在他的著作裡一再提到：人一定都會學到，就像孫子兵法裡頭的三十六計一樣，環顧四周，並且發現你要應付的世界有多複雜、有多少層次，要進要退，要多一點友善還是該戒備之類的。讀完他的這些東西後，各位就會知道，談什麼新倫常的時候，該先學會的基礎能力還真多！

對此，他還談到一個很複雜而別緻的關係層次，我根據我們的生活背景把這例子稍稍做一點演義：這情境是我在跟一個人吵架，是跟住隔壁的鄰居，我們在吵什麼呢？——「你們家的樹都已經長到我們隔壁來，你都不去剪一下……」「有啊，我有剪啊！」「啊要剪也不好好剪……」——兩個人就這樣在那兒吵來吵去。這時候，有另外一個鄰居，她只是走過來說：「張太太，我跟你借個醬油好不好？」她常常在我們家後門廚房那裡進進出出，很熟的。我正在跟人家吵得張牙舞爪，可是看到這個熟人就會轉過頭來，和和氣氣地說：「沒關係，你自己去拿喔……」——我的那個臉馬上就換成一張很柔和友善的臉——但回過頭來，又立刻恢復張牙舞爪，繼續吵下去。【哄堂】當高夫曼發現人會這樣的時候，你說人的關係是什麼？那不就是「見人說人話，見鬼說鬼話」嗎？而且幾乎人鬼同時併現，你的人臉和鬼臉可以瞬間切換變化，而且毫無困難。人人幾乎都有辦法做到這樣。所以人和人之間的關係，不要以為只是幾個簡單指導原則就應付得來。他說的是：你要真有辦法透徹知道這些千變萬化的細節，你才真的有辦法很得當地做人。高夫曼給了我們這樣的警告，我希望我給大家的參考書單（請見附錄），你們都還能夠自己再去多看一點，因為要學會這些三十六計，實在不容易。但沒學到這些之前，想談「第六倫」就難免只是個空洞的口號。

藏在關係與倫理中的美好風景

我們最後轉過來談一談近來很多人聽到的一種說法：「台灣最美的風景是人」。

事實上，對於傳統的五倫，我們都以為那些說法大家老早滾瓜爛熟，可是事實上，它有許多不同的版本：三綱五常，或六常，還有四維八德等等，有很多種不同的講法，這些講法各自有它的道理，但未必都是同一個來源。譬如說儒家強調用仁愛來對待人，所以後來把人的所有關係都規劃成一個「仁學」的體系。這是我們自己很期待的倫理本色。但在談「禮義廉恥」的時候，那可不是儒家而是法家的體系。你們真的都搞懂了這些不同的倫理體系了嗎？歷史未必都以符合我們期待的方式發展。秦漢帝國興起之後，先秦儒家的東西被扭曲得很嚴重，雖說是「獨尊儒術」，但其實都把「布衣版」的儒家改寫成了「帝王將相版」，就是強調君臣關係，強調尊卑秩序。所有的皇帝都堅持「君臣關係」是五倫裡的第一倫。但先秦儒家從來沒這樣講過，在孔孟荀的傳統中，從來沒有人講過這種話。因為他們知道那是沒道理的——人怎麼可能一生下來就開始有君臣關係？你要到幾歲才會碰上君臣關係？但你居然在年紀小小的時候就開始用「忠君知義」來啟蒙，這到底是要幹嘛？這不但是強人所難，而且正是不知所云。

　　我要說的是：有了帝國以後，才發展出這種倫常關係。事實上在孔子的時代，他是反對這樣的。大家都以為先知道了五倫後，再來建立第六倫。但我們的「五倫」概念裡藏著很多扭曲倫常的觀念（用今天的術語：「受意識形態宰制」）。在這條件下，有人開始提倡「第六倫」的概念，也開始流行起來。那位提議者是曾經擔任過經濟部長的李國鼎先生。除了經濟建設之外，他還想做社會建設，所以他就提倡要推展「第六倫」。但他既不

是哲學家也不是社會學家，所以對於這一倫該有什麼內容，他也不太可能像高夫曼講得那麼多。你們可以去查查看，從「第六倫」提出之後，我們的社會裡可曾出現什麼深刻的談法？你們去查，不保證能查得到，更可能的情況是：你會查到一些論文，談的是第六倫為何難以推展。但我特別想要談的是：在我們日常生活的人際關係裡，在不受帝王控制的小傳統裡，我們實際上藏有一些屬於仁德的「本錢」，可以照顧別人，可以形成一些互相信任而且互助的關係。我們有這種本錢，是和大傳統相對的小傳統，今天可以在帝王將相消失之後，名正言順地推展出來。但要是不把它的內容說清，那它就會像一筆呆帳一樣，既不會自行消帳，也不會再生利息。

我們就來看看最近出現的所謂「社會風景」這個話題。先看看中國大陸的大街上，每一輛汽車都在猛按喇叭，我聽了十幾年，看見每一個會開車的人都很會按喇叭。從北京、上海、深圳、南京、武漢、成都等等，我去過的每一個大城市和鄉下地方，都是駕駛人在瘋狂地按喇叭。我曾經跟那裡的一個研究生談起這現象和問題，他覺得無計可施。我就說：「我告訴你們一個故事：二十年前，台灣的街上也是這樣一直在比賽按喇叭……」按最兇的就是計程車，因為他要超車，就會一直叭下去。大家都知道計程車的運將都是超車高手，當時他們除了很會按喇叭之外，還曾經很自豪地說：為什麼他們超車都贏了？「因為不這麼厲害的都死光了。」可是近二十年來，台灣的喇叭聲都不太聽見了。我們的都市從台北一直到屏東，從西部到東部，甚至到鄉下地方，都沒人一直按喇叭了。你如果去聽聽看中國大陸按喇叭的

狀況，那實在像是整個城市都在怒吼。那是怎麼回事？台灣有兩千三百萬人，道路也蠻擠的，可是我們現在不太聽到按喇叭的聲音，為什麼？這樣想想看，是不是我們有了某種社會條件的進展，可以不按喇叭？車子其實都還可以適當地按喇叭——在什麼情況下才要按喇叭？超車、會車的時候要按一下。路很窄的時候，會車的兩車互相按一下，表示知道了，然後互相瞧瞧，看要怎麼樣比較好過關。過關了以後，再叭叭按兩下——這是什麼意思？【台下：謝謝。】

對，大家都知道，就是謝謝。我說台灣的文化是這樣慢慢學起來的。那大陸學生聽了，覺得像神話一樣不可能。我說不是不可能——我們不是同樣祖先、同樣的文化傳統嗎？為什麼我們發展成功了，大陸就不行？我再問說：假如我叫你今天試試看不要按喇叭，行不行？他說那不行，我不按就輸人了。那「不行」的心態應說是「不肯」，當大家都不肯時，就叭叭叭吵成一團了。不肯其實也等於「不會」。而會不會就一定是學習的問題——我們在一開始就說過：這不是一個人的學習，而是整個社會能不能思考的問題。我們可以說：每一個社會原本都是個「thinking society」，能思考才能學習。這也是社會建構論的基本命題之一。

同樣的道理，反過來再講一個我觀察到的有趣現象。在風景區或在公園，清晨去運動，散步也好、騎腳踏車也好，當然人跟人會在那裡碰面。在這裡，大家幾乎有默契地向對面走過來的人揮手說：「早啊。你好啊。」現在這是極為常見的。有一些走過來的人沒看見我跟他揮個手說「早安」，他會帶著歉意補揮一下

手，表示在這個地方，早上彼此揮手道好已經是個慣例，不這樣做會不好意思。即使我根本不認識你，你也不認識我，我們就在這個地方一起享有清幽的環境，在健身走步時，彼此用友善的態度來對待每一個迎面而來的人。想想看，這一團和氣的樣子，如果能夠擴散到整個社會中，會是什麼光景？但當然不能這樣一廂情願——譬如一大早到街上看到人家在買早點，你若走過去跟他說「早安」，他還會擔心你來者不善呢！好像這是在風景區和公園裡特有的一種人際關係，你可以說那算是一筆社會的本錢，我們有這樣一種關係的可能性，所以以這狀況去推理，就可以說這裡有「台灣最美的風景」。

我要談的「風景」，大致上是以這作為核心來展開。這風景裡有很多東西，不要說你都看得見。如果你不覺得自己處在問題當中，那你就會像「只緣身在此山中，不知廬山真面目」——不知道「風景」當中藏有什麼奧妙，特別不知道為什麼必須由一位大陸作家為我們寫出來；相反的，對岸的城市風景，為什麼被台灣人一問，就像戳到要害一樣，啞口無言？社會建構常常就是個後設的概念，自己人比較是「習焉而不察」——不一定能看得出來。

「我―你」，與社會倫理的建構

【學員提問】

我想要請問老師，在關係中談自我，到底是以（綱要中的）第幾項為主？

有一些概念比較容易解釋，所謂的關係（relation），意思是說，它的要點不在於我，而在於你我共構這關係。所以這時候的我，比較像是布伯說的「我─你」。你我分享、分受同一段關係的時候，關係本身會變為主詞／主體。雖然聽起來還是在講我，可事實上是在講「咱們」。格根的書裡講到了西方人的個人主義過分強調「人好像是一塊被自己皮膚包起來的東西」，常常打不開，因此對於別人特別有警戒、有敵意。但他的講法，我一直覺得很奇怪，因為我在美國的經驗不是這樣。

　　在美國的小鎮街上，大清早有位老太太走過來，她走近我的時候，跟我說 good morning──這不是在風景區，就是在小鎮街上。所以格根有時候講得有點過頭了，他所描述的西方社會，應該特別是指大都會裡常見的情形，人和人之間很冷漠無情。可是我在美國小鎮裡的經驗就不是這樣。小鎮裡的人多半互相認識，就連剛剛搬過來不久的，他們也認識了。他們的關係方式就是早上見面，都會互相打招呼說 good morning。這就表示關係中的對方看起來是被尊重的，所以他們並不只強調「自我」──我的感覺怎樣、我的立場怎樣──那個「我」現在不重要，重要的是你，以客為尊。所以這時候布伯特別講的「我─你」可以喚起「我」作為一個主體。我們就必須連起來去形成「關係的自我」，而格根所謂「關係的存有（relational being）」就是指這樣的主體性。格根好像在振聾發聵、作警世之聲，但更可能是以他所熟悉的美國小鎮作為他的「本錢」，而不是盜用了東方資本才能發出獅子吼。

　　我們會常引述佛家的說法，強調要「破我執」，你會發現孔

子也講類似的話：「毋意，毋必，毋固，毋我。」說的是人執持自己的意見時，會以為自己的想法、習性最重要。因此孔子的教育就是教人不要常把重心放在自己身上，多注意一下別人。這裡說的別人不是指「看不見的別人」——這有時就是很可怕的「他者」。我們在一段關係裡，是要把這個能夠面對著自我的「你」給活化起來，於是我們與每個人相對時，事實上是對著「你」，才會產生人的盎然生氣和一團和氣。有時其中的奧妙竟然像剛才我說的那個吵架和借醬油的狀況一樣：對一個很熟的「你」，和對一個吵架的對手「它」，之間產生的關係那麼不同。看來，我們應該說：我們有發展各式各樣關係的本錢，就看我們把它投資到哪裡。

可是如果那個「你」被我們的大眾媒體，譬如車上的廣播系統，濫用了以後，就變成了不知道是什麼東西。甚至聽起來很客氣的說法：「各位旅客，您早，我是列車長某某，如果有需要的話請聯絡我們，我們隨時會為您服務。」雖然這是在說「你早、你好」，可是，這就是看不到的「你」啊！「你」會跟我服務，是你給我的承諾，但你經過我身旁的時候看都不看一眼。我都還來不及跟你打個招呼說：「車長小姐，我有事情。」可是她走得像跑一樣快，才說服務，一轉身就連理都不理你。所以我說「你」這東西，被這個社會汙染後，會變成「他者」。要點是說，真正稱得上的「你」，果然是在我的生活中變成了我的對象，所以我就必須要對著「你」，而且甚至在關係發生時，要求「你」負責。You are responsible。Response 是反應，而 -able 是「有能力」，合起來就是有反應能力。我稱一個人為「你」就已

經表示我要承擔，以及要你一起承擔我們之間的關係。是我願意跟你面對面，跟你從打招呼開始就產生兩人的關係。這就談到了「關係的自我」，不是一個自我中心的自我。

我們還要強調這樣的「我」。畢竟以西方的關係傳統來說，「我」這個字是個重要的關鍵字，叫做「主詞」。少掉了這個字，在西方關係中就會失魂落魄。在我們的傳統中，「我」反而比較輕鬆，因為不管是受到儒釋道哪一家的影響，後來很少人會在對話過程裡自稱「我」。譬如「小弟今天到這裡來……」他沒有提到「我」。他如果說「我」的話，別人聽了可能會掉頭離開——你們若聽出「小弟」和「小弟我」的不同，就可體會後者這個傢伙帶有驕氣。他怎麼可以說「我」呢？「小弟今天來這裡，有事跟大家請教……」、「楚瑜有事情要拜託各位鄉親……」各位聽聽，是要這樣說話的。如果換成「我有事情要跟大家說……」或「兄弟我來做個交代……」，這種口氣不就暗示要訓話了嗎？人家不就會掉頭走開了嗎？

因此，我們的傳統一定要先把自己貶低，寫信時就寫「僕」、「在下」，所謂的「我」就不見了。敝人、敝校、敝公司，是用一種自貶的方式自稱，而相對也形成的一個敬稱對方的關係。於是，這時候我們沒有所謂的自我中心。因為我們大家也非常害怕那叫作「自我」的詞。我們今天要罵人時，可以跟說：「你這個人『很自我』。」在我們的漢語裡，說一個人「很自我」，其實已經把他罵得很透徹了。

我在 1980 年代去美國，聽到同樣來自台灣的同學感慨說：「原來儀禮之邦是在這裡、是在美國。」原來我們自己號稱「禮

儀之邦」的時候，我講的是三十年前，使用的語言也常都很不客氣。那時社會裡人和人之間的冷漠和暴戾之氣真的蠻嚴重的，當然也受到政治氣氛或其他社會條件的影響。到了最近，譬如在捷運、火車上會讓座，然後進車廂時會依序排隊，沒有搶座位等等，這些東西是有意義的，它一定是社會建構的一種動力。簡單說，這社會的本錢就是可以學習，可以積累。我們可以感覺得到，用搶的只會變成一團亂。你不用搶，輪到你的時候你就坐，沒輪到就不要坐。一搶就傷了和氣，但這樣發展到最後，竟然已經變成連讓坐時都是用搶著讓坐——對此，你只好說，這風景真美。

對這個有趣的現象，我講個實例。在高鐵上，有一位約三十來歲的女性業務員，打電話談生意時，看到一位大約六十歲的伯母，就跳起來說：「你坐，你坐吧！」結果這位伯母不肯坐，還一直說：「免啦免啦免啦。一下子就到了，免坐啦。」（閩南語）那位小姐也一直說：「你坐啦你坐啦你坐啦。」（閩南語）兩個人在那兒爭執了老半天，就為了讓座和不坐。果然就到了下一站，這位小姐下車了，這位伯母才去坐那個位置。從桃園一直爭著讓著到新竹，十幾分鐘的時間，挺好玩的。我們現在連讓座的和被讓坐的，都在那爭到底該不該坐。要拿捏得當的行為，還真是有點過頭。所以現在我知道一點平衡之道：有人一讓，我就得坐，因為我不想把我的銀髮染成別的顏色。

「我─你」關係中的人倫探討

【學員提問】────────────────────────

我今天想問兩個問題：一個是老師剛才提到讓坐這個部分，我想了一想，在「我們」這樣的關係裡，去探討倫理的用意是什麼？在關係裡面為什麼要探討倫理？第二個問題是，剛才老師提到「我─你、我─它」，我們做這個區隔的用意是什麼？有特別想凸顯什麼東西嗎？

「倫理」一般用起來跟「道德」的意思一樣，但那是在學院裡才有的用法。我們在中文裡講的「五倫」，倫的意思就是關係，所以稱為人倫關係，也可以稱為倫理。

所以你現在問「我─你，我─它，是什麼？」，跟問「倫理是什麼？」其實是同樣的問題。「人倫關係」就是我們在一起時，應該如何互相對待的道理，而這樣的道理就叫倫理。譬如師生之間，有一種關係是校園倫理。校園倫理就是講師生或同學之間應該如何對待的道理。但如果我們講倫理學，就比較像是道德哲學，裡面還牽涉到別的問題，譬如說剛剛我們討論的，「我」到底適不適合作為人存在的核心、發動者、第一元等等。我們在倫理學裡談到的，不一定是跟別人，就是跟自己之間的問題，也是倫理學。所以，聽起來我們漢語裡講倫理，是指人倫關係的。但很不幸的是：我們翻譯的倫理學（ethics）其實是道德哲學。道德哲學一定會牽涉到無論是公共的規範或個人修身，這些一概包含在倫理學裡。有時這些詞意到底有沒有差別，會讓人覺得不

好判斷。

一樣的道理，譬如你問說，談「你—我」時到底為什麼叫倫理？我們過去的倫理，是採用已經被界定好的角色和角色間的關係，然後發展出五倫、倫常。那角色關係被固定，規範就會成為固定規則。但是現在如果所有的角色都打上問號，這時候，互相之間的關係不是建立在「角色」上，而建立在於「你我相互對待」的方式上。現在我們把它總體化，最重要的倫理，即第一原則就是「我該如何對待你」。這時候回到倫理學，就會把人和人相互對待的最高法則稱為「金律」（Golden Rule），說的是：Do unto others what you want others do to you.（你要別人怎樣對待你，你就這樣對待別人。）這意思和「己所不欲，勿施於人」很接近。但比較吹毛求疵的說法是：孔子當初的說法裡用的是「不／勿」這種雙重否定，所以就得叫做「銀律」（Silver Rule）。因為金律是用兩個肯定的方式。「要做」和「不做」的意思其實確有差別。後來孔子不也講過一個概念叫「推己及人」嗎？果然也和西方的金律沒有兩樣了。於是，「己和人」關係的最高原則，在西方東方確實都可用這麼一條金律來概括。

為什麼要談「我—你」？很明顯的，這種「你」是所有倫常的基本，可以移入任何的角色關係中。尤其是過去封建時代，有很多角色關係是被內建為不公平的。到了近兩百年來，整套封建體制幾乎已經被推翻殆盡，整個世界都換成了跟封建體制完全對反的民主體制。因此，我們在近兩百年來的倫理學就要從另一個最基本的關係「我—你」來重新展開。如果你把你所面對的人看成不是人，你就會用「你是什麼東西」的態度來對待，那就會

變成了異化（alienation）的關係——你是「東西」，是個「他者」。可是我說你是人的時候，通常就會因為「你是人」，所以我們之間有一種人和人的關係以及稱謂、人情一起產生出來。

剛剛談到倫理，我想知道，你講的倫理是儒家的倫理，古早時期提倡的倫理就是人和人之間關係，這是比較屬於對等的一個概念，還是說，這個「理」並不是講禮貌的「禮」，我想要釐清這一點。

　　禮節、禮貌的「禮」，跟倫理、道理的「理」確實是不一樣的東西。你可以說，到後來解釋倫常關係常用同音字，譬如「禮者理也」，是說禮貌的禮跟道理的理是同樣意思，但事實上不是這麼回事。

　　古代的「禮」是指禮儀，尤其是來自祭祀儀式。人和人之間有一個儀式性的關係，譬如君臣之禮，你作為一個臣，在君前面，一定是低頭、鞠躬、跪拜好幾次，等他說「平身」，才能開始講話。要是沒有依照禮儀，你就會被侍衛抬出去了。更嚴重的失禮會導致滿門抄斬。很可怕的儀式概念。如果你不記得或不知道這回事，去看看韓劇，你會發現，尤其是在傳統鄉下一點的地方，韓國人一直到今天要跟自己的老爸講話的時候，常都要先跟老爸鞠躬一下，才開始說話。尤其是過傳統節日，從都市回到鄉間老家，見了自己的父母都要先跪拜行禮。這顯然是「禮失求諸野」的現象。

古代的禮就是行為間要守住一種禮儀，才叫有禮。不行的話就是失禮，人人得而誅之。我們到今天要道歉的時候還會說「失禮」。失禮就是我已經破壞了我們之間的關係，所以閩南語叫「pai-se」，翻成國語叫「歹勢」，是指我們之間的關係構成了一種局勢，把局勢弄壞就要叫「歹勢」，也就是失禮的意思。所以「歹勢」就是一定有某方要補償。這樣，我們也就知道這跟所謂的禮儀、禮節不同，這樣的禮是一種特定的關係規則。這種規則在封建時代制定得很嚴格，到了現在大都已經模糊了。

我們談過校園倫理，其中也有很多禮儀規範，但現在的學生，在學校怎麼稱呼我的？有人叫「老宋」，尤其是研究生。為什麼呢？因為我們那一輩互相之間會稱「老丁」、「老夏」、「老劉」，結果學生就這麼學起來。其實現在你們這一輩人，互相之間大概不太會這樣叫了吧？別系同學來旁聽，會覺得這裡的同學好「敢」喔。尤其是陸生，在這裡待了一年他都學不起來。

這種禮，還有儀，是一種被訂好的規則。連用詞和姿態都規定好了。今天我們講倫理的理，都是從那邊推衍出來的理。也就是說「推己及人」，這樣的理就足以用來對待所有的人。反過來又說「己所不欲，勿施於人」，是消極地說：我可以不必特地做些什麼，但至少我不會侵犯到你；我知道我做了你會不高興，於是不做了。但積極地說，就是：「你怎麼啦？需要幫忙嗎？」──這兩種關係合起來，就構成了我們倫常關係中的兩條基本原則：Golden Rule 與 Silver Rule，一金一銀就可以行遍天下。

這樣談，差不多可以了。我們下週還會進一步談到男女關

係，以及其中為什麼會有「授受不親」等等之類的怪異原則。

* * *

我和我自己的關係

【學員提問】

老師，您剛才說到自己的日記，而您對於日記有了情感，情感投資在裡面時，那和你所說的「我跟自己產生了毫無感受的關係」不一樣嗎？

像這所謂的「我跟我自己的關係」，當然是「我—你」關係的一種變形，其實沒有一種關係真的就只是我跟我的關係。大家以為「我」是人生中最早出現的代名詞，所以應該先有一個「我」，然後再和後來發展的「我自己」發生關係。可是我這裡要提醒一下：我們在人生當中，代名詞出現的順序上，「你」是先於「我」的。小孩剛出生時不會講「我」。小孩在學會說「我」以前先學會的是「你」。全世界的人類都是如此。

一個孩子最早的對象是「你」，這個對象最可能是媽媽，他知道這個對象，也知道對象和他的關係，但他不會用「我」來稱呼這個「對象的對象」。「我」這個代名詞，他很晚才學會。媽媽每次在叫他的時候都叫「寶寶、寶寶」，他自稱的時候也會說「寶寶餓餓」。「寶寶」是你對我的稱呼，那我也就模仿你講「寶寶餓」，而不會講「我餓」。「我」這個字很晚才學會，所以「我」這個字並沒有什麼原初性，尤其是叫做「我和我的關

係」時，那才真是弔詭。我這樣講可能會有點太拐彎抹角，但我必須提一提丹麥的哲學家齊克果（Søren Kierkegaard）。

齊克果寫過一本書《死病》，四十多年前由孟祥森翻譯引入。原著的書名是 *The Sickness unto Death*。Sickness 指疾病，所以也可把書名譯作《致死的疾病》。書的主題是談絕望（despair）。什麼叫絕望？齊克果的定義：當人和自己之間沒辦法建立關係的時候，也就是我和自己之間完全失去關聯時，我會活在一個了無意義（meaningless）的狀態中，就叫「絕望」，就已經跟死亡相去不遠了。這整本書都在講「我和自己的關係」。

「我和我自己的關係」聽起來很拗口。但重要的是我和自己先要發生關係，才會有後續的「關係」誕生出來。這本書一路談下來，你的神經要拉很長，不然會讀不下去。後來我覺得：當齊克果想解決這個複雜的現象學命題時，意思等同於：「當我人處在空虛之中的時候，要和自己發生關係，該怎麼辦？」另外，當你和假想的關係發生關係後，後者這個關係當作是一個陸橋，踩上去了以後，必須先去感覺，裡面到底是不是真的有「我」踏踏實實地在那裡踩著。所以才會說，我和我的關係上面應先有一個**關係之前的關係**（前關係），這是現象學常用的一種術語，也是一種特別的工夫。他們把這「前關係」視為我和自我發生關係的一個必要條件。

這樣的講法確實相當拗口。你只好說這是現象學，要有耐心的話，就去看這本書。但你想要曉得的這個問題，就是我在翻自己的日記時，到底是不是在跟自己相對？這表面上應說是，但明明不是。因為日記是你的作品，前幾天寫下來的，今天再看它

的時候，你和當時的自己之間不是已經有距離了嗎？換句話說，你和自己之間，事實上是要重新恢復關係，才讀得懂自己在寫什麼。不是說只要是你寫的必然就是你。不信的話，你翻一下自己更久以前（十年前）寫的日記，更會覺得自己怎會講出這些鬼話？你的自己變了很多，當然不曉得當時的自己為什麼講出這種話。**所以你和自己之間，沒有自然相等的關係。**你再不信的話，就到所有的回憶狀態中去回想自己，那時候，你會發現：要通往自己，回憶是很不可靠的一條橋樑。回憶裡面有很多遺忘，或沒有記起的東西。要跟自己之間發生關係，需要經過很多努力——再說一遍：你和自己之間「沒有自然相等的關係」。

補述：關於「關係論的精神分析」

我知道在美國的精神分析，1990 年代之後，也就是近二十年間，看起來好像有新的派別產生，但是它還沒有流行開來。譬如各位目前在心靈工坊的出版品當中還沒看到任何一本是在近二十年內稱為「關係論精神分析」（relational psychoanalysis）的作品。台灣的學界對國際學術動態的敏感度其實不夠高，所以我們常常都要在人家的風潮過後，才慢慢跟上來。對於這一點，當我和一些對精神分析有興趣的學界朋友談過後，他們多半也會很驚訝地說：「怎麼沒注意到？」我們以為談法國，拉岡就是最先進了；而如果談英國，就一定會談「客體關係理論」。可是客體關係理論也已經不止是第二代，因為佛洛伊德到了英國以後，接班的人是安娜・佛洛伊德，還有克萊恩。克萊恩那批人後來就成了英國精神分析學派裡的執牛耳者。克萊恩就是客體關係學派

的創始者。

但問題並不這麼簡單，因為客體關係學派本身的支派也很多，其中也有非常傑出的人，他們就宣稱自己根本不是客體關係論，他們沒受克萊恩的影響。於是有人說他們叫作「中間派」，指他們在安娜·佛洛伊德跟克萊恩的論戰中，沒站在兩派中的任何一派。但他們自己說：我們不是「中間派」，我們是獨立分子。後來大家慢慢知道這些所謂的「獨立分子」果然很多人是受到拉岡的啟示──回到佛洛伊德本身，不必經過另一個二手詮釋。他們的獨立發展，果然也產生了一些比較特別的新思維和新術語。

譬如其中有一位比較著名的是比昂（Wilfred Bion），心靈工坊出本了一本關於他的二手介紹書，但事實上比昂的作品非常難讀。所以當出版社主編問我說：「我們來翻譯比昂的書好不好？」我告訴他：「千萬不要做這樣的嘗試。即使英語母語的人看到比昂的作品都非常頭痛，現在突然之間把它翻譯成中文，讀者一定無法接受。」我只是舉這個例子來講。現在發現中國大陸有些「初生之犢」（他們這樣告訴我的）正在大規模翻譯比昂的作品。

反過來說，安娜佛洛伊德遷到美國後，果然就是由他的手下開始接手國際精神分析協會（International Psycho-Analytical Association，IPA）。她的手下本來是幫忙她的，也竟然順理成章地接手國際精神分析協會的理事長職位。哈特曼（Heinz Hartmann）擔任協會理事長二十年。這二十年發生了什麼事？拉岡被逐出國際精神分析協會的大門，就是哈特曼開除了他的會

籍。拉岡特別發表了一篇所謂「被逐出教門」的宣言。意思就是決裂，法國人自己搞。而法語的精神分析從此別樹一格。

我要說的是，對這整個發展，後來 1990 年代的人都看在眼裡。英語區也好、法語區也好，大概都各有長短。但是大家看到的拉岡大概只有長處，沒有不足，簡直是一個神仙。他沒有寫書，光是講課講了二十年。後來我們看到的東西都是他的講稿。各位可以記得拉岡是這樣的一個人。他擁有在演講現場即席產出一些絕妙詮釋的能力，後來他的講稿就被一卷一卷地出版了，目前已出版了二十三卷。在他之後，那些英國的第三代人物也一個個崛起。美國人看在眼裡，一定會覺得有點不是滋味。

美國的精神分析被哈特曼支配了很久，而哈特曼在精神分析學術史上的評價不高。因為他的理論非常狹隘，把精神分析變成了一種很容易討好人的學問。原先的精神分析裡有很多東西是會讓人害怕的，但在他們手中都消失了。後來的人認為不應該如此，所以他們開始自尋出路，各自跑到英國、法國留學，後來就各自獨立成家。從 1990 年代起直到現在，他們當中有幾個人出版的書都已經有七、八本之多，裡頭有很多傑作。大致上他們把古典精神分析的東西，加上了現象學的思維及符號學[5]的方式，

5　「符號學」就是 "semiotics" 最常見的譯名。由於譯名對原意誤導太甚，我曾經撰文檢討（見 Soong, Wen-Li, [2011]. "Modelling Presence and Absence in a Few Chinese Semantic Primes." Paper presented at **Conference on *The Historical Secondary Modelling Systems Approach of the Kääriku Summer Schools*.** University of Tartu, Estonia.）該文中雖提議另外的譯名，但為了省掉冗長的說明，目前都使用「槓掉的」方式，寫成「符號學」。意思是：此名雖已成俗，但我不承認它的正當

將學問綜合在一起，構成了一種新的精神分析。對此，他們目前自稱為「關係論的精神分析」（relational psychoanalysis）。

各位如果用這個關鍵字去 Google 搜尋，會找到幾本文集，但是你會發現文集裡的每一個作者都已蔚然成家。這一部分，我曾經特別跟格根討論，但他說：「很抱歉，從開始進入建構論以後，我是有意跟精神分析疏遠的。」格根只認識其中的一小撮。譬如我跟他提到有人辦了一份精神分析的刊物 Dialogues in Psychoanalysis，其中有一些人跟格根是熟悉的，但除此以外還有許多人他都沒有接觸。他在自己的書上談到佛洛伊德時，也都是一閃而過，沒有深談。

關於精神分析，我在二十多年前就開始開課，帶著研究生一起讀，從佛洛伊德開始。換句話說，已經讀得不少了。後來我在進行翻譯工作時，發現很多地方其實大家都沒注意到，都以為在英國就是客體關係，在法國就是拉岡，其實在法國也不只是拉岡。至於美國，大家都以為是安娜・佛洛伊德和「自我心理學」（ego-psychology），在她以後還聽說有 Neo-Freudians，就是所謂「新佛洛伊德學派」。但其實那根本不構成一個學派，也就只是三、四個人物，短短一波就過去了。有些人變成書店排行榜上有名的人物，譬如埃里希・佛洛姆（Erich Fromm），他的書翻譯成中文的還真不少，有十幾本。但是他沒有真正成為一家一派。因為這是學理上的公認，他的精神分析還是跟佛洛伊德很像，只是加上了一些存在主義和馬克思主義。跟他一樣做法的

性。

人，在歐洲也有不少，所以佛洛姆只是在美國很紅，在歐洲就是不同的光景了。然後，還有一個卡倫・荷乃（Karen Horney），這幾個人被編成了所謂「新佛洛伊德學派」。意思是說，他們的共同點是很注重社會關係的問題，而不是只談自我。這樣的講法也對，但我們最後看到關係論的精神分析的興起，而他們也不太會去引用卡倫・荷乃或是佛洛姆的作品。

我稍微講一點這些學術社群的狀況，不知道你們的頭緒會不會被攪亂？因為大部分的大學教科書裡頭都還是寫著「新佛洛伊德學派」，但其實那只是幾個人有點鬆散的相似性，根本沒有這個「學派」，要有個近似於此的一個組織的話，那就是紐約的威廉・阿蘭生・懷特研究所（William Alanson White Institute），由佛洛姆和克拉拉・湯普生（Clara Thompson）合創，但其成員中沒有包含卡倫・荷乃。事實上我們的教科書一直有資訊落差。我講的這些，就是在補這個漏洞。

男男女女：

性、情、欲及母權的
社會辯證

不只是「男女關係」

前面我們談過了關係之後，我相信大家都會期待「男女關係」的問題。不過我要稍微說明一下：當代的文化研究中，事實上女性主義是非常重要的，它不光是在弘揚女權，不是只追求現在常談的「兩性平等」。大家都認為，因為以前是不平等的，所以現在就要爭取平等。我覺得這樣的談法是不夠的。把男女視為對立的兩方，則任何一方都會永遠陷落在一個觀點成見，一個有輸有贏的局面之中，沒完沒了。

面對這種問題，我們可能需要應用一種詭辯法，來達成矯正的目的。史上著名的科學家法蘭西斯·培根（Francis Bacon）曾經說過一種矯正法則——我現在舉個例子來說明他的意思：假如這裡有一根樹枝，它已經長歪了，你想要把它扶正的話，就是說：假如這裡是「正」的基準位置，在扶正時，就會扶到這正位，但你一放掉，它有個慣性，會彈回過去的位置。所以，你每次要扶正的時候，就應該把它扶到「超過正」的位置，然後讓它依慣性法則彈回來，才會彈到「正」的位置。這聽起來像不像是詭辯？一方面是，但講道理常常不得不使用詭辯，就像古希臘哲學發展的初期階段，幾乎所有的哲人都會發明一些詭辯法，用來「矯枉過正」。如果你是學工程或物理，懂得力學的道理，你就會覺得他講的正是力學的道理，因為他把所謂的慣性（惰性）都計算在內。因此他說要扳平，是要扳到過頭的位置。初聽起來像是詭辯，但其實不是，我們應說這是一種「辯證法」。

如果我們在「男女」這樣一個文化問題上，不用這樣的一種

辯證法來開始，你就很容易掉進二分法的陷阱中——我們過去認為男女之間就是不平等，於是你今天說到的「平等」，就是要在法律上使用各種各樣的手法，來把它扳到看起來像是平等的狀態，但是你用的那個法律，只要扳的力道一離開，它又會回到文化的慣性上去。這一點，我們就該學習法蘭西斯‧培根的辯證法。不管是女性主義也好，文化史也好，在談任何「問題化」（problematization）的時候，都有必要用這種思維方式來開啟我們的新問題。

母權社會的發現

十九世紀時，有一個重要的學者，叫作巴霍芬（Johann Jakob Bachofen），他的重要著作是《母權》（*Mother Right*）——研究母權統治（metriarchy）、母系社會（matrilineal society）等現象。那當然是指史前時代，要用考古的方法去尋找。他的著作方出現時一度很受重視，但後來當然也流入邊緣。到了二十世紀，女性主義重新發現了巴霍芬，並發現那在馬克思和恩格斯的社會主義中，也佔著重要地位。恩格斯寫過《家庭和財產私有制的起源》（*The Origin of the Family, Private Property, and the State: in the Light of the Researches of Lewis H. Morgan*）一書。他既然是從摩根的上古社會史開始談起，則他絕對看過巴霍芬的作品，並且在他們想像中的社會主義，有很多地方是接近母權制度的理想。

文明史當然都不是這樣說的。我們曾說過的「文化大轉軸的時代」，差不多也已經完全進入父權當道的時代。但在更早的

母權時代，母權的意思就是母親掌權，可是在她的領導之下並沒有「統治」的事實。那種社會體制，就是在關係當中產生一種人人平權而沒有階級的制度。這是目前所有的母權社會研究者都同意的一點。大概從兩萬年以前一直到五千年前，可以找到很多考古的證據，證明人類曾有過這樣的「生活方式」。這本書不用 Metriarchy 為名，而是用 Mother Right，強調母親的一種「權利」而不是「權力」（power），也就是她有自主的行動權，然後家人以她作為行動的「楷模」（model），學習她。所謂的領導同時也就是楷模，這樣一來，整個社會在運作時不需要使用到「權力」。母權特別是不需要使用任何暴力就可以達成治理的目的。它的治理原則就是關於「愛和不愛」的原則。在一個母權社會當中，愛就是大媽帶著底下所有的子子孫孫一起幹活。對大家她都愛，於是大家就能一起合作。那時候的生活條件比較單純，還在舊石器時代，人類在一起生活之後形成一個個聚落，大小大約就是兩、三百人左右，差不多等於一個四代同堂的家族大小。在這樣的村落中由一個大媽擔任族長。這樣的遺跡比較明確的發現是在小亞細亞的山裡頭，譬如土耳其的安納托利亞，在山谷中間產生的聚落。然而不是只有土耳其這樣，在黃河平原上去找古老的居住環境的話，會找到一些聚落散布在平坦的地方，聚落建築大概是形成環狀或方形，中間有個廣場。數數這遺跡裡大概有多少人口？差不多和全球其他地方一樣，大約也是兩、三百人，因為再大一點的話就很難管理。

總之，我們不是在談烏托邦，而是在談人類當中有這樣的可能性，但我們都遺忘了，或是不相信有此，於是到了今天我們在

談男女關係的時候，會以為「男性強權／女性弱勢」就是人類亙古以來的社會法則，這關係總是很不平等，所以你今天才要去參與鬥爭，試圖搶回一點權力來。可是搶一點回來還是沒用的。到了後來，你再怎麼搶，環顧周遭，你就會發現：現代哪一個社會中的男女會是平權的？你只能說，男女的經濟能力可能達到差不多接近的程度。這是在少數經濟非常發達國家裡的數據，而且還不是全國性的。在大部分國家中，女性還是處在劣勢的狀態。

所以我們不用再去談怎樣爭取權力的問題，而應該改變想法，重新設問：**女性做主，究竟有沒有可能？**以我們今天的社會來說，這可能性顯然比起過去封建時代要高多了，因為我們現在號稱是法治的、是民主的，而現在的城市都已經沒有古代的「國」那種圍牆。「國」為什麼要圍起來？男權統治的社會，最明顯的特徵就是打仗，一天到晚都處在戰爭狀態中。城市的圍牆顯然就是防禦工事，沒有一種圍牆只是用來裝飾的。但今天為什麼就不需要了呢？如果今天還有圍牆的話，大概就只留在觀光區，留下一點角落讓你緬懷而已，它的功能已經完全消失。在距今大約兩百年前，全球的民主革命過程把這些帝王封建式的管理制度都打垮了。打垮了以後，我們就開始步入了一個看起來可稱為民主法治的時代。

母權的道理在今日的想像

我想說的是，在這個新時代，我們可以開始來想像：假如女性可以作主的話，這個世界的光景和生活方式大概會是什麼樣子？這就是我一開始要談到巴霍芬的原因，他認為在兩萬到五千

年前之間，很多地方都有母權社會的影子。巴霍芬講的那一句話，我在這裡引述：

> *The mother is earlier than the son.*
> 母親先於兒子；
> *The feminine has priority.*
> 女性有優先權；
> *while masculine creativity only appears afterwards*
> *as a secondary phenomenon.*
> 　所謂男性的創作，都是建立在女性優先之下的現象。

　　底下最後一句說：Woman comes first, but man "becomes."（女人先到，而男人只是「跟著變成」。）——這句話跟今天女性主義的講法剛好是顛倒的。我們在第二講提到西蒙波娃，她認為女性是「第二性」，就是說女人並非生來就是女人，而是被後天的文化調教變成女人的樣子。可是巴霍芬要說的是：在以前的母權社會裡，「男人才是被調教成的」，也就是說，在母權社會裡，女人才是「先到者」。母親先於兒子，這是天經地義的事情。一開始有人倫關係的時候，本來就是母子，不管是男孩或女孩，反正就是母親在前，孩子在後。這就是人倫關係的第一原則。後來延伸下去，就變成社會由母親在領導，而父親呢，他是不在的，或是根本不認識。古語流傳下來說：「知其母不知其父」。我們的「姓」是在「女」字部；從古代的文獻中也可以看

出這樣的描述確有其事。

在巴霍芬的描述之外，這樣的社會有它存在的一些道理，以我們今天來看，會覺得有點莫名其妙。今天男權當家的時候，我們會覺得這是自然的，但反過來說，在 human nature（人的天性）裡，並沒有這種必然性。如果你願意這樣想的話，那你就進入了巴霍芬想要談的那個問題。然後我也要想辦法在後面使一點力，幫他拗過來，說事實上這可能性是真的。你也可以用邏輯去演算，可以算出其中的道理。

怎麼有道理呢？我先來講我的點子——我在講「男男女女」的時候，我是故意這樣寫的：「男男女女」，而不是「男女」或「兩性」。我就是說「男男女女」，然後才能讓它衍生出「男女」、「女男」、「男男」、「女女」等等的一大串關係。關於男女之間，不是只有「兩性關係」。男和女之間至少可推算出「四性關係」——這是性別多元論。性別若只是生理上的區別，看起來就很清楚地叫作「男／女」而已。關於性別之中所隱含的關係，你若要從這裡開始講「性別多元論」的話，其實最早可推到佛洛伊德的心理學，不是後現代才有的新玩意。我們不必先想到「多元＝混亂」，不是這樣的，它一定會有一些亂中有序的基本規則。譬如說，這關係裡，什麼該優先？到底該從哪裡算起？你一定會感覺到：要用歷史的證據來講，會很困難。但我們可用化繁為簡的方式來聚焦一下。過去漫長的王權歷史，它不單是男權，而是把統治方式建立在以「國防」為名的王權基礎上——這歷史決定的原則就是「王權優先」。

「王」字本身就是一把大斧頭，而所有的城市國家都要建成

一個戰鬥單位，那絕對是以暴力統治為基礎。在這樣的情況下，暴力變成了天經地義。帝王統治的時候，你只要想一下那種天經地義有多恐怖——特別在我們的傳統裡，兩千多年來的帝王都擁有一種特別的權力，就是對於所謂的「大逆不道」（叛國罪），一旦罪名成立，帝王就有權力把犯人的九族全部誅光——一個人犯了叛逆罪，就會有一千顆人頭落地，就是把叛逆者留下的種子全部清除。你們認為這種做法是什麼天經地義？然後，你們可以再想想看：電視影劇上看到帝王坐在龍椅上，底下的人在那兒「萬歲萬歲萬萬歲」。他看來很威風，但你看不到他的另一面，就是他會到你老家，把你的整族人全部砍光。這種事情在我們的歷史上不但絕對真實，而且一直不斷地延續了兩千多年。帝王都不會放棄這種權力。這種慘無人道的統治方式，你今天還能說他有什麼正當性？我只要講了這個事實，你就會發現，所謂的公平正義，在這整個「國」的體制裡都不存在。

到了今天的科技發展，大家就可說：這跟男權女權應該沒關係了吧？——哪會沒關係呢？大家都很清楚另一個歷史文化的事實，就是所謂的「尖端科技」，鐵定都跟國防科技並駕齊驅的。國防科技要走到哪裡，尖端科技就在那裡。沒有一種尖端科技是純粹為民生日用而發展的。你們都曉得這些事情：國防科技就是把國防、軍事、武力、暴力和科技連成一氣，跟現在所謂的「科學」其實也是連成一家。你這樣想，就會瞭解所謂的「男權統治」，其真實的方式就是如此。所以我們有必要反過來想想母權體制。

當然你可以說，在兩萬五千年前幾乎沒什麼戰爭可打。反正

人就各自在自己的領域中吃飽、喝飽、睡飽就好，所以幾乎不必打仗。那我們要想的是：現在的社會，人口膨脹後，人和人之間住得這麼緊迫。真要打的話，有什麼不可以？這個村和那個村可以打，但是你想不出有什麼事情非打不可。以前就有很多互相爭伐的正當理由（天經地義）。兩個世紀前的台灣社會，這一村和那一村之間，客家人跟閩南人之間，一直互相打了一百五十年。我們的移民史上有斑斑血跡可考。到了現在，你發現這種類似國防的界線都已經不見蹤影了，大家雖然生活在同樣的競爭法則底下，但很奇怪的是，現在的社會裡，國防科技還是一樣發達，閱兵的時候一定會把最先進的武器拿出來展示，但在平常的城市裡你看不見那些東西。所以軍事統治的原則已經收斂起來，收進第二層裡去了。國防部長都要由文人擔任，這樣的原則才是一個追求民主法治社會的實踐。就是說，不要讓軍權武力站在第一線的統治地位，大家至少都已經學到了這個教訓。

統治權的象徵

所以，我們現在果然就有機會來想想：「**如果不用武力（暴力）來作為統治的基本原則，那我們要的原則是什麼？**」我想先談一下比較有趣的現象：當我在談這個問題時，就會想到男權都是用武器化的陽具來作為統治的象徵。白宮前面不就立著一根巨大的陽具石劍嗎？在很多地方可以看出同樣的陽具象徵，稍微抽象一點，變形的東西，譬如一根短柱，上面寫著「泰山石敢當」。這樣的東西在傳統村落中常出現。現代化以後，會轉變為使用比較抽象的旗幟或圖徽。有一次我在峇里島，發現非常有趣

的現象。他們信仰的大多是印度教,廟宇蓋得幾乎到處都是,連各家各戶裡都有好幾座小廟,而每個路口、橋墩,都擺著小小的陽具象徵物。你朝這個方向去想,要顯示男權的時候,**男性必須把陽具拿出來,作為統治的象徵**。你可以感覺到,這就是一個文化在強勢地表示「誰在當權」。用這樣的方式來象徵,你可以看出其中很詭異的道理嗎?不但是陽具,而且絕對是勃起的陽具。這樣就代表他是領導者。但我要問你們合不合理?因為你們必須想想看——有些人會說:他的不同之處就是他有那一根,而另外一個性別的人沒有那一根,所以他要藉由勃起來表示:「你看,生生不息的象徵在這裡。」這是個很努力(很吃力)的象徵。但今天我們都知道:那個「陽」,都要用「壯陽」的方式才讓它舉起來。陽要是不壯的話,叫做「蔫」(萎),就是不能勃起、不舉了。把勃起的陽具當作一個文化權力的象徵,到底意義何在?那不就是一種扭曲的權威象徵——因為在平時,陽具大多時間都是蔫著的。

所以我們要問:一個文化用什麼東西代表或象徵權威?這時候才能看出男女關係的癥結所在。有時候只用一些權威去代表是不合理的,權力本身的存在型態是自相矛盾的:當權者以為權力可以壓服別人的時候,沒想到只要倒戈一下,要把權力幹掉也是非常容易的事。這樣看起來,非常合理的權力結構,本身就是自相矛盾的。所以說,在一個母權社會裡,根本不需要用這樣矛盾的方式去建立什麼權威。我們是不是可以這樣說:在一個母權社會裡,一個母親當家了,後來慢慢衍生了許多子女,她自然成為子女們的領導者?這種典型的母權社會,今天其實還可看到一些

活化石存在。

在雲南、貴州邊境一個叫做瀘沽湖的地方，有人去那裡做了田野調查。我也看過一些錄影報導。主要是說那邊的村子裡，一個生活單位還是一個「家戶」（household），一個村子就是一大戶人家住在一起，而一個家裡面當家的就是最年長的那位女性，通常是姥姥，而家裡接手的第二代的都是媽媽或阿姨。那麼，舅舅呢？他們是住在同屋裡的男性。但真正當家的竟然還是那個姥姥，舅舅們通常就是在旁邊輔佐、當幫手、當幹事。到了晚上，成年人不是各家各戶的女人有男人、男人有女人嗎？住在這個家戶裡的這些媽媽、阿姨們都各有她們的情人。情人不是從大門進來，而是從窗子爬進來的。他們的房子分為兩層，底下那一層是工作坊，上面那層才是臥房。情郎要來的時候是要爬上二樓從窗口進來。那情郎是誰呢？是媽媽在外面工作時認識的某一個男人，他們約好「你晚上到我這邊來」，那就來了。那你們家的舅舅跑哪去了？他到別人家【哄堂】去找他的情人，爬進別人窗戶去，到早上才回來。因為他的媽在這邊，所以他也不會去替他的老婆工作——不是「老婆」，那有點像是露水鴛鴦，那種關係叫做「走婚」。也就是說，那個情郎的關係可能會維持一段時間，一旦彼此關係不好，他們處理的方式倒也非常簡單，就是女方把男方的鞋子擺在門外，告訴你不用再來了。你走到們口一看，鞋子在外面，摸摸鼻子自己就走了，不會吵架的。在走婚的社會裡，連忌妒的這種情緒都沒有，所以他們可以很簡單地處理「男女關係」；或是回頭來說，他們有處理「情慾建構」的特殊方法。

母權與父權下的婚姻關係

今天很大的問題就在於，婚姻被法律定義為一對一的佔有關係。當然世界各地對於法律界定的嚴格程度不盡相同，但問題就是：一旦和他人發生了婚外性關係，這就是定義上的「不合法」。有些國家的法律到後來終於認清，男人和女人之間締結了婚姻，這樣只是方便他們在很多方面的合作。譬如兩人要繳稅、要買保險時，財產可以結合在一起規劃，但這不能用來保證他們兩人一定會相愛。相愛的方式怎麼可能用這樣的定義來保證呢？所以後來有些國家也會更改界定，男女之間的情愛關係不在婚姻的定義之中，一旦有問題的話，當事人必須自己想辦法解決，不必由法官判定離婚或不離婚。換句話說，他們已經採取了在情愛關係中沒有「過失」的概念。發生就發生了，發生了以後，你們自己去解決，法官不替你處理這種事情。當然很多國家還是有「判決離婚」的法律。【學員：通姦罪。】

對的，叫作通姦罪，或叫作「妨害家庭罪」，它在民法上有一定的罪名，然後就可由法官來判決這個婚姻到底該不該繼續；或者到底是要賠償或做什麼安排，總之就是必須要由法律介入。但已有少數的國家可以不必這樣。譬如在德國就沒有「外遇」的法律問題，因為這個名稱並沒有構成任何罪名。換句話說，法院不去介入婚姻關係。

我們把視線拉回到瀘沽湖。他們的風俗是女人在家裡，然後男人過來，到了白天男人就走了。所以這個家屋裡一直是留著女性的親屬，從姥姥到媽媽，下一代主要是女兒，他們會特別訓

練女性來當家。此外還有一些比較次要的工作，才交給家裡的男人。「次要」是什麼意思呢？我看那部瀘沽湖的影片時，真的非常吃驚。那部影片裡拍的是那天要修房子，房子很高，所以修房子時要用梯子登上去。他們的磚頭還是用「夯土」，就是把泥土打緊打實變成一塊土磚。很大一顆，也很重，施工的時候就爬梯子揹上去。這個工作很吃重的，我看到鏡頭上這個大媽年紀大概五、六十歲，她揹著土磚爬上去，鏡頭就掃到旁邊幾位男性壯丁，他們就坐在牆邊，抬腳在那裡晃呀晃的。你們要是看到了，會想那是什麼意思？他們真是無聊到沒事幹啊──但不是真正的沒事幹──那位揹著夯土的大媽回過頭來，對他們講了一句話，我聽不懂她講了什麼，但那幾個漢子就突然跳起來，趕快去揹夯土塊，跟著大媽一起去幹活。你看他們之間的權力關係，那是麼回事呢？那個大媽只是喊一聲而已，我還真不知道她說了什麼，會不會是「恁攏呷飽啊，閒閒無代誌啊齁！（閩南語）」【哄堂】我們大概就會這樣說了對不對？可是他們沒有那麼囉嗦，我聽到大概就只有兩三個字而已。可能是「來幹活兒」。很簡單的，馬上就來了。明顯的是有一個規範，這些年輕人事實上就是在打混，可是大媽一喊，他們不敢不聽。所以那整個社群事實上就建立在女性當家的體制上，就是姥姥、媽媽、阿姨、姊姊比較重要，其他的舅舅和兄弟們都只是在旁邊當幫手而已。當然，有些事情不是這樣的，我們不能只用通則來講。男人生來就是比女人長得更壯些。這是一個先天性的條件，用人類的身高體重來計算的話，男性比女性大約都會多出百分之十左右。你若說舅舅在旁邊平常只是幫忙，但有一些事情，大媽也擺不平的時候，家裡

有那種長得很壯的舅舅，他會過來說：「你來鬧什麼！」也就是他會出來幫忙做防禦的事情。一旦到了這地步，你會發現家裡的壯漢是很有用的。因此大家也都心裡有數，碰到了一個比較屬於衝突的事情，都需要有男性出來撐場子。即使在大部分狀況下不需要如此，可是他們知道了這回事之後，對於家裡的男性就會有不同的看法。

女性當家的「公」理

在甲骨文上，把父親寫成「父」，你可能不太瞭解它的意思。很清楚的，那是一隻手拿著一支桿子。所以拿著桿子的這個人就叫作「父」。

父，甲骨文 𤓾 。在「又」（𦥑）字上加一豎指事符號 𠂤 ，代表手上持握的棍棒、石斧之類的工具。

【學員：是攻擊。】是來幫忙的意思。「父」也是「斧」的字根，所以很清楚說明：他就是拿著棍棒在伺候。有事的時候，他得出來幫忙。所以他不是主角而是個幫手。父的意思原來是這樣，後來被抬高了，就變成了最高的「祖」。那是後來的事情，但至少在最初的甲骨文裡面，連我們的字留下的痕跡都說：那時候的「父」只是一個幫手。這字的讀音後來會跟「輔」（也就是「甫」）的讀音相同，完全不是偶然的。

我要講的是，像這樣的社會裡，女性居然可以當家，但這是非常有道理的社會組織，怎麼說呢？你們今天會說，凡是一個

叫作「社會」的地方，沒事的時候就沒事，但碰到有事時就要解決。進行調解的時候，要根據什麼？我們會說要根據「公理」。好，再來看一個字：公理的「公」怎麼寫法？我們今天看到的公是寫成這樣，可是在甲骨文裡的造型完全不同。上面那兩撇大致上還留著，但底下不是一個「厶」，而是一個「口」。好，這其實是個頗有爭議的問題。上次我介紹你們看了白川靜的甲骨文研究，他對於甲骨文裡面出現的「口」字提出了一個他認為非常中肯的看法：**「口」乃是一個重要的容器，裡面裝著重要的祭品**。有人發生糾紛的時候，就有人來主持公理，這個人叫作「公」——他是這樣說的。所以，首先要知道「公」的手上帶著裝有重要祭品的重要容器，這是白川靜的解釋。但是郭沫若就不是這樣講的，他說那根本就是**一個女性性器官的象徵**。

公，甲骨文 ）ᵁ（ ＝ ） （（八，是「分」的本字，表示分配）＋ Ⴁ（口，貴重容器，或女陰），表示平均分配（食物或貴重物品），由大母執行。

換句話說，照後面這種解釋，「公」原來就是指一個大媽在調解糾紛。白川靜說「用容器裝著祭品」作調解和分配，這樣的解釋太迂曲。如果那是指一位德高望重的女性，她會把事情擺平，她可以讓破裂的事情得到持平的解決，由此得到的一種道理，就叫「公理」。但那跟我們現在法律上說的 justice 不一樣。公正、公平是算計以後得到的輸贏，所以這個西方概念的象徵一直是一個用來秤斤秤兩的天平。我們所說的母權時代，在作

判斷時基本上是要調解，調解的結果就是只要人人服氣了就好，沒有真正的公平這回事。你拿人家的東西，你就要還他；可是如果他拿你的東西時，也有他的道理，譬如你先前欺負過他，他用這種方式來報復。所以他拿你的東西，不單純只是你的財物損失，還涉及你先前欺負過他的事，人家稍微打聽一下就知道的；要他把東西還給你，確實沒錯，但是你要先跟他道歉。你跟他道歉，他把東西還你，這樣的話講完了以後，大家都服氣了，不是只用計算。

在我們所談的那個古代社會裡，沒有審判的儀式，公理也很簡單。人有時候之所以會犯錯，是出於衝動，然後起了衝突，但誰對誰錯的問題非常容易理解，所以馬上就可以進行調解。調解人不是要講一大堆話，重要的是她要有那個大媽的身分。所以，衍伸到古代的整個生活狀況，有一些帶有口字部首的字，你當它只是一個容器，那實在是過分保守的解釋。夏代的「王」都叫作「后」，后羿、后稷等等，不是嗎？

后，甲骨文 𠃌 ＝ 𠃌（卜，權杖）＋ ㅁ（口，號令、命令，或女性身份的象徵），表示最高的掌權者。

后其實就是王。「后」這個字，很明顯有手，就是有能力。那底下為什麼這樣寫？我要說的是：白川靜不合理的地方是，第一，很重要的容器為什麼不是拿在手上，應該要拿起來看或高高舉起來，反正就是亮出來以後大家都要敬禮，那應該是要放在手上的。所以，放在底下是什麼意思呢？造字學也不能夠這樣

違反人體工學的原則。放在底下肯定就另有一個道理，那不是指容器，而是指身體的下方，代表著人的性別。所以「后」就是後來大家都知道的「女王」，到後來才變為「帝后」、「王后」。「帝」字是很晚才發明的，最早的時候全都叫作「后」。甲骨文直接告訴你，王就是母后。這是非常簡單的道理，很多地方都可以得到證明。巴霍芬當年很辛苦地到了愛琴海的小島上，乃致穿越小亞細亞，去蒐集一些資料。事實上在中國，有些時候不需要做實物考古，而是從文字學上就可以找到答案。這樣的母權不但使用在治理國家，在社會中也是。我們現在舉這兩個字，一個是「公」，一個是「后」；「后」多數用在國家或酋邦的領導人，而「公」則是小社會當中可以調解糾紛的人物。在這個母權系統中，從上到下，大大小小的事情都是女性在做主的。從這裡再往下談，我們就會碰到一個很奇怪，但也有其必然的現象——我們今天所講的「國」。

「國」就是男權統治的完全展現

我們說過，從古以來，一個國需要由城牆來守衛，城牆裡面有干戈和社稷。我們現在的「國」字寫法，就表示「執干戈以衛社稷」。

「或」是「域」、「國」的本字。或，甲骨文 ⼯ = ⼁（戈，武力）＋ 口，後來在口下加一橫槓，表示社稷。整個字表示用武力護衛社稷。當「或」的「疆域」本意消失後，金文在「或」之外加「匚」（圍三方）、

「口」（圍四境），另造「國」代替，表示古代諸侯封
地而建立且用武力守衛的城邦。

　　像這樣的字，從古至今的寫法都很像，但問題是，這個字本
身其實也是結合了幾個不同的字根在一起。早先我們也發現了
一個字，單純就寫成這樣：「或」。但這個字在古文裡的讀音是
「ㄩˋ」（域），由 household 的居住區所延伸構成的疆域或領
域。後來發現這個字被圍起來，但只圍了一半。換句話說，從沒
有圍、到圍一半、到全部圍起來。這是關於「國」這個字的幾種
不同變化。

　　我們現在要討論的問題是，這個字最初造字的意思是指「我
的領域」。但領域中央，這一個像「旦」字，但上頭不從「日」
而是從「口」，那到底是什麼？這個符號的問題又來了。這是口
字底下畫了一橫，是指放在一個檯子上祭祀的對象。這時候的
「口」加畫了一橫之後，就是最早的「社」字，後來被解釋為
「社稷」。我們一直都說「執干戈以衛社稷」，在疆域中，有人
會執干戈衛社稷，而那社稷的核心就是一個大媽的象徵，擺在
「社」當中。所謂的「社」就是祭祀的地方──在古代的村子裡
面，有這麼一個地方，土堆起來，上面放塊大石頭。既然這樣，
我們便談到一件值得思考的事情：就像我們剛剛談到陽具可不可
以代表權力？或者，另一個可以代表權力的東西是什麼？把干戈
移開，那看起來就像是一塊石頭，放在土堆上面。那是你要崇拜
的對象，但那不是一個陽具象徵，而是個女陰的象徵。郭沫若在
找這些古字的時候，也發現了這個字的寫法有變形，譬如畫成一

個菱形。他認為這個字可能比「口」還要更早，因為菱形更接近女性陰部的造型。所以，你今天到處看到的那個「男根」造形的東西，事實上在古代比較常看到的是像石頭那樣，或是刻意撿一個形狀像女陰的東西來崇拜。比較好的另一個證據：一直到商代，貝都用來當錢幣，就是我們所謂的寶貝。那個貝是什麼樣子？那是一種子安貝，大抵上都是東海生產的。把這貝用來當貨幣使用，就是所謂的寶貝。貝的樣子，你一看見就完全沒有疑問了。

子安貝[1]

　　貝明明就是長得像女陰的樣子，為什麼當時的人都有共識，說這就是「寶貝」？只要拿出來就代表可以當貨幣使用，可用來購買一些寶貴的東西。貝也跟女陰屬於同一個系統的象徵。因此，到處都在表現「天底下如果有公理存在的話，公理就是媽媽說了算」。公理擺在一個地方讓大家去崇拜，就是所謂的「社」，最初不叫作社會——古代的漢語裡沒有「社會」這個詞。總之就是有這樣一個基本道理，一路下來，我們就會知曉：果然由女性作為一個社會核心的時候，它的狀況是如此。那些所謂執干戈的人就是男性，而他們要保衛的核心就是這個「社」（後稱「社稷」）。你從此可知道「國」的核心價值所在。這些人效死赴義，是在保衛姥姥、媽媽和姊姊。這是現代人很難

1　〔編者註〕圖片來源：http://photozou.jp/photo/show/

想像的：要打仗的時候都是在保衛我的家人和我的 homeland，不會千里迢迢出去打仗。但那 homeland 最早的來源不是指 fatherland，而是 motherland。

「欲」的經濟學

我們從這裡延伸開來，再想一想：在人的社會裡，在所有的經濟活動裡，除了剛才講的建立國家之類的事，你會發現另有一個很急切的道理，就是經濟活動中「需求／供應」兩者間的平衡。什麼是需求呢？就是你所要的東西。對你而言，什麼東西是你首先的需求？你們通常以為是食物，但其實不是。人首先需要的東西就是人。每一個男人／女人都要有親愛的伴侶。我們常以為「供需平衡」是在講「貨品」，但我們都忘了，其實人的需求中第一序位是「人」，然後接下來才是東西。因為在親愛的需求當中包含了繁衍後代，而繁衍的動力來自慾望。這樣的事情難道在古代的社會裡不曉得嗎？不但有此理解，而且很明顯。在字的表現上常常是赤裸裸的。好，我們現在就來看看一個更特別的字：

欲，金文 𣍘 ＝ 谷（谷，高深空闊的溝壑）＋ 㸔（欠，嘆气、不滿），表示永不滿足的貪求。

這個字的主體是在「谷」。這看起來像是山谷的谷，其實在古音裡讀做「ㄩˋ」（yù）。你們從哪裡可以發現呢？譬如沐「浴」，還有富「裕」，不是都一樣讀作「ㄩˋ」嗎？至於這

個「欠」，像是打呵欠一樣，一個人做出欠身、呵氣的動作，那是輔助的意思，就是說：有一個主體，他現在已經開始有動作，開始呼求，說出「我要什麼」，這就是「欲」。這個欲的主體，也就是山谷的「谷」字，到底又是指什麼？問題又來了。你知道山谷在地形上也是凹陷的地方，大致上你可以聯想到，這也跟「陰」有關。我如果逕自說「谷」就是女陰，有很多的文字學家不太願意這樣解釋。很多考據學家故意閃躲，可是等他們看到《老子》的時候，就再也不能避開。因為老子就明明白白地說：「谷神不死……是謂玄牝。」母牛、母羊叫作「牝」。「匕」代表雌性，「玄」就是黑色。「牝」基本上就是指女陰，不是指動物的雌性，而是指女人身上的性器官。在《金瓶梅》這本小說裡的口白，就把女陰叫做「牝」。因此，這個「黑嗎嗎的性器官」就是所謂的「谷神」。老子不是胡說，他說的是事實，而這意思在畫家庫爾貝（Gustave Courbet）的作品《世界的起源》（*The Origin of the World*）也作了很直白的表現——就是畫了一截女性下體的寫實作品。

用「谷」當神祭拜的時候，其實就是在拜女陰。這個谷字下面有一個口字，本來已經是女陰的符號。但又在陰道口上面畫上兩層「八」，這真是很標準的生理衛生圖解。這是誰知道的？女人自己知道陰道口旁邊有小陰脣和大陰脣兩層。男人常常根本不管，因為他看不清楚這個黑嗎嗎的地方。因此，這應該也是女人在描述自己的時候才說得出來的樣子。這個「欲」就是「谷」裡發出的需求，就是所謂「需求」的原型了。我們今天回到我們的字源學，老實說，女人所要的東西，第一個是要男人，然後再一

步一步延伸到其他東西。只是不要忘記：「谷」這個「欲」字，其實比「口」字更接近於女陰。

對於這個重大發現，很值得再說幾句。前幾年我到廣東南部進行考察，我沒有料想到，很多客家村落裡有一種「圍籠屋」的老式建築。圍籠屋跟其他地方的三合院不一樣。雖然也是建築成一個群落，但不一樣的地方是在屋子後方的圍籠中央，有一個墳起的土堆，前面有一個主殿，前方門口再有一個半圓形的水塘。所以合起來，從上方鳥瞰，就變成一個圓形。這裡有牆，主殿在這裡，後面那個隆起的小丘，不是花園，也沒有庭院的作用。真正有用的是旁邊圍著的房子，一小間、一小間。這樣圍起來的房子叫作「圍籠屋」。這個家的主人住在中央的大殿，圍在後面的那些小房間都很小，僅能容下一張床和一把凳子。但我要談的要點在於每一家的這個小土墳，當地人還特別稱它叫作「花胎」。我起先聽成「花台」，但上面空空的，什麼都沒有；當地人確實稱作花胎，但台灣有其他訛傳的名稱[2]。這像是孕婦的肚子，所以才叫作胎。那怎麼證明呢？原來在這花胎靠近主殿的牆壁底下，擺著幾塊石頭，一組五塊，擺在那裡，好像是裝飾的核心。這五塊大小不同的石塊依順序擺放，最大一塊在中央，兩旁平行放著兩組較小的石塊。當地人把這叫作「五星石」[3]。可是，像我這樣稍微敏感的人一看，就會發現這和「五星」或「五行」無

2　在台灣有人稱此為「化胎」、「化台」，但在原鄉當地就叫做「花胎」。

3　同樣的道理，「五星石」也稱為「五行石」。但這些都是訛傳，也因此改變了這些石塊的擺置造形。

關，明明就是一個「谷」字，而且在媽媽的肚子下方，這不就是媽媽的性器官嗎？這合起來構成家庭核心的地方，就是「媽媽」，所有旁邊的人都是她的孩子。（你可能會想：這不知道是不是你亂掰的？）這是「陽宅」的情況；我們再拿「陰宅」來比比看。現在台灣有很多墳墓都還保留著很古典的造形。墓碑就是墳墓口，後邊不是有一個像肚子一樣凸起來的土墳嗎？還有往兩邊伸開的矮牆，顯然像是張開的兩條大腿，而中間那墓碑是個活門，一看就知道，那就是媽媽把你生出來的地方──你死後也要從這裡回去。所以墓就是母。陽宅、陰宅都是一樣的道理。你活著是媽媽把你生下，你死了就回到娘胎裡去。這個道理延續了不知幾千年，但卻眼睜睜地溜過許多專家的眼睛。

「母」一直都是構成我們人和人之間一種基本關係的核心。我們在講男女的時候，一直在想男人、女人之間的關係，其實更重要的是母親和孩子的關係。這樣的關係，才是真正最重要的那一「倫」的關係。先有母親，後來才生了孩子。她即使過世了以後，只要擺著一個娘胎在這裡，一家就會很平安──他們相信這樣。後來被道士用陰陽五行和占星術說成「可以鎮邪」。但這哪是鎮邪？這是在鎮你們家裡的不和氣──當兄弟妯娌互相鬩牆的時候，擺了一個媽媽的樣子，大家就會和氣了。就是連建築物都還保持著這種信仰，它就像老子說的「谷神」。這「谷神」雖然一直在那裡流傳，但傳久了，後人會遺忘，不知道它在傳什麼，譬如說道士所稱的「五星石」，就變成了陰陽五行的裝飾品。這個建築概念移到台灣來的時候，在所有的建築物上都變形或消失了。因為他們不知道那是什麼意義，認為是多餘的。如果講的

是五星石的話，那我們為什麼不可以另外擺一些太陽、月亮上去？[4]為什麼要擺五塊石頭，而且又是那樣的擺法呢？很多人不知道那道理何在，但是古老的建築物在那裡存留了幾百年。幾百年之前又有幾百年，所以還是在那裡一直被仿製。幾百年、幾百年，加起來可能就是幾千年了。它一直在那裡維持著安胎、安家的作用，用的不是一根陽具，而是一個女性的陰部和娘胎。

我一路講下來，到這裡你們應該會瞭解：母權社會用這樣的方式來建立一個社會的公理，但那公理真的不是我們今天的公理——今天的公理就是法律。任何在民法上不能解決的，就要推到刑法，這是什麼意思？**刑法就表示動用國家暴力來幫你解決問題。**一堆警察把你圍在裡面，乒乒乓乓，任何一個持槍歹徒的火力跟它相比就差太多了。香港電影在拍台灣警察的時候很誇張，在包圍一個持械拒捕的歹徒時，會出動一百輛警車，他們在誇大台灣的國家暴力。這暴力用來維持治安的時候，你聽來會覺得很安心，可是你要曉得，這是用很高的代價換來的治安。所有的警察都配著槍，槍是很可怕的東西，但這麼可怕的東西竟然在那裡滿街展示。換句話說，國家暴力今天已經被視為理所當然。一個國家要養這些警員，還包括其他海防，更別提軍隊了，都是要武裝起來，那代價真的非常高昂。

我要說的是，古代社會裡，為了維持「安」的狀態，它有它的道理。這道理不需牽涉到任何武力的問題。它只是說：「你對

4　其實台灣確實有這樣的變形，還特意指出那是哪幾個星：金、木、水、火、土——只是方士們的畫蛇添足。

不對得起你娘？」「對不對得起你姥姥的在天之靈？」她在天上看著你，你們在吵架的時候她會不高興，或有些人甚至會說「你們在做壞事，母娘看了就在那兒哭」（這是一貫道的說法）。任何犯罪的人聽到以後最好趕快磕頭道歉，把你的罪給補償過來。這樣的天理論述之中沒有任何理由需要用到槍械武力。所以，從這樣的一個母權社會裡發現：整個社稷／社會裡，大家都活在這樣的道理中，那時候武力確實是次要的東西，擺在一邊備用而已。我上次解釋說：為什麼漢字裡面的「自我」會變成那樣的怪字？那個「我」就是用一個備戰的狀態寫下來的──父權時代來臨，逼出了這個字。

轉型時代的關係型態

社會在朝向父權轉型的時候，武力的使用就會越來越多，之後就變成一條不歸路。慢慢地使用武器來奪權，然後變成真正的統治者。後來對著那些媽媽們，都叫她們閉嘴不要講話，久了以後統治者果然就轉變成了爸爸。奪權了以後，政治正確之道已經不是走向女人那邊，而是男人要她過來這邊。這樣叫作「嫁」，叫作「歸」。只讓女人到男人我這裡來還不保險，最好是一到我這裡，我就把門關起來，不准出去。以前女人在管男人的時候並沒有這樣的，不用把人關在那裡，白天的時候你自己回去就好。可是男人管女人就一定要把她關在屋裡，這不只是愛情的擁有，而是保證你將來只能生我的孩子。唯一的保證之道就是把你關起來。從頭到尾你能有的生育機會就只限於跟我而已。這就會生出我們現在更熟悉的「男女關係」，女人變成男人的所有物、附屬

品。這種社會形態事實上已經造成了巨大變化，而在性別關係上產生的權力變化，也對生活方式產生了一整個系統性的改變。

早期有一個過渡轉型時代，還沒有規則說一定要把女人關在家裡，甚至還會製造出一定的節慶，讓男男女女可以自由出奔：「仲春之月，令會男女，於是時也，奔者不禁。」（《禮記》）女人即使嫁人以後，她去外面幹活時，人家會看到你很漂亮──在《古詩十九首》裡有一首〈陌上桑〉，你知道是在講什麼嗎？有一個很漂亮的少婦叫做秦羅敷，她出來採桑時，田邊一些經過的老老少少，會把東西擱在一旁，停下來看她。羅敷被看的時候還蠻光采的，只會對他們嫣然一笑，然後繼續採桑。所以你得知道，那時至少也有這樣的男女關係。當然看了以後很可能就會覺得心動，想說晚上到我家好不好？果然有一個騎馬過來的人，就說：「誰家女人這麼漂亮，我看還是跟我在一起比較好。」這時候秦羅敷馬上就停下來喝斥他說：「使君有婦，我有夫」──你怎麼可以對我講這種話呢？但這個美女在工作的時候，旁邊確實有一群男人在那邊看她，大家都知道看美女是合理、合法、合情的。會不會互相勾搭呢？有的不會，有的會，這在轉型期裡是一大變數。你們看沈從文的小說，他是苗族出身的，他把苗族家鄉的故事寫成小說，就一再說他從前知道當地人男男女女互相勾搭來勾搭去，然後跑到山洞裡、田裡去幽會。換句話說，這是一種古俗，男人跟女人見了之後，兩情相悅的事情就是那樣。既然女人沒有被關在家，她在外面會幹什麼事情你也不知道，因此結了婚以後生下的孩子是不是你的，沒有保證。後來一直到周代的時候，要建立嫡長子制。這「嫡長子」就是帝王生的第一個孩子。

但我們曉得這制度事實上還是很難保證孩子是不是他的，因為王后在歸嫁之前是不是曾經「奔」過，沒人知道。

　　傳說裡周代的第一個大媽叫作姜嫄，[5]她生了一個孩子叫「棄」，沒說什麼原因，就把孩子給丟棄了。這種事情最可能的情形就像馬利亞的未婚懷孕一樣，最後必須動用一本《聖經》的神話來保證她的童貞。姜嫄有「履大人跡而懷孕」的神話，但掩蓋不掉的是孩子來源不詳（不祥），必須遺棄。可是這孩子竟然有很多的獸類來保護他，餵他吃奶，結果「棄」這個孩子奇蹟般地活了下來。媽媽看了以後才覺得他確實是天神所賜，把他帶回來養。後來這個棄就成了第一代的后稷。后稷就是周人最早的一個部族領袖，歷史上留著他們母子的名字。棄這個人之所以叫作后稷（穀物之王），就是因為他「教民稼穡、樹藝五穀」，但農作物的道理是由他的媽媽傳授給這個孩子的。換句話說，誰才是真正的建國始祖？其實應該還是姜嫄吧？姜嫄把種植五穀的技術教給他的孩子，所以這個稱號「后稷」應該是給媽媽的，後人不知，就給硬掰成男性的第一代君主。這個道理一再地反映了母權到父權之間的「轉型期」很難挨。他們仍然一直把「王」叫作「后」，後來才慢慢改掉的。

女性推進的技術發展

　　另外還有一些更有趣的事情，就是有很多重要的技術，包括

5　有關姜嫄的傳說，在《詩經》、《史記》和《列女傳》裡各有不同版本的記載。

陶器，就是新石器時代用火把土燒硬做成容器的科技發展，當代的很多考古學家都在問這個基本問題：動手去做陶器的，到底是男人還是女人？我們剛才說，男人到田裡工作，不然就是去巡邏、打仗，他沒有機會觀察到火可以把土燒硬，然後就可做成陶器，但女人就有機會做這樣的事情，並且她自然會想到：本來我就會用土捏成容器，只是用久了就發現不夠牢固，而偶然發現被火燒過的土會變硬。然後她就憑這發現來製陶了。製陶最重要就是能把土變成容器，但是，做容器——男人和女人誰比較會想到？這種問題你會覺得很怪——容器，有容乃大的這種器物，容什麼呢？這考古學家若同時也是詮釋學家，他就會聯想到這器物跟身體的關聯：每個女人的肚子，它可以膨脹到這麼大，它可以孕育生命，還可以把孩子給生出來。女人的身體本身就是一個容器。男人有這個容器嗎？男人當然有肚子，跟女人一樣吃東西也會拉出來，但是東西不能停留在裡面。你要是肚子脹氣，或拉不出來，會很難過的，男人只知道這件事情，但不知道有一個生命可以在你肚子裡長大，最後生出來。大部分女人都會經歷這個過程，因此女人都知道自己的身體就是一個容器，而且所容的就是最重要的東西——下一代生命。所以女人很容易想到用土捏成容器，後來還可燒成陶器，這就是在母權時代，也是新石器時代轉型期的發明。但我們在考古學上不太情願承認這個功勞是母親的。有一派考古學到現在仍然在硬拗，說那時代出現了很多「男根」的象徵，所以那時候部落裡的母親不見得有資格做出這樣的東西。好，你若要否定這個，我就再給文明史加一道考題：編織術、紡織法。

我們剛剛說採桑，其實就是為了養蠶。蠶吐絲後就繰絲，把它做成編織品。更早的時候是編繩子。用麻或樹皮，種植以後把它打碎，變成纖維，編起來變成繩子，更可以織起來變成一片布，織出衣服。這種事情到底是誰在做的？我們一樣要問的是：究竟是男人還是女人會去做這事情？結果全世界的考古學家異口同聲地說：「這些事情都是女人做的。」編織術是由女人發明的，在整個人類發展史上，這一筆貢獻一定要記住。一旦編織出現之後，會帶動整個文化很大的變化。我們原來燒製的陶器，上面都沒有花紋，後來勉強刻一刻總算有了點紋樣。到了後來，上面的花紋變得更為複雜，這是研究彩陶文化的人都知道的。陶器燒好了之後，才在上面畫上很複雜的紋路嗎？這在製作過程上會很困難。有什麼辦法可以一次解決，讓陶器燒好的同時，花紋就跟著出現？懂得的人就會告訴你說：在陶器捏好之後，拿去燒之前，在陶器的土胚外面用草繩裹住，讓它風乾了以後才拿去燒。燒的時候是連著繩套一起燒的，燒完以後，那圖紋不就像上了釉一樣烙印在陶器上了嗎？編織物上可以有多複雜的圖樣，陶器上就可以有多複雜的圖樣。因此可以看得出來：陶器和編織物之間有這麼密切的關係，我們是不是又可以間接地證明陶器其實是掌握在那些會編織的女人手上？換句話說，是同樣的一群人在工作。

從歷史拓展出關係的想像力

後來我們發現有個重要的帝王叫「堯」，文字學和考古學也一直追問「堯」這個字到底是怎麼回事？從古以來一直流傳這個

像是某君王的名字，後來大家發現，在甲骨文裡，它應該是這樣
的寫法：

　　　堯，甲骨文 ♦ 像一個人 ♦ 肩扛 ♦ 著陶器 ◑。籀
文 ♦ 像兩個人 ∧∧ 頭頂著陶器的土坯 ⊥。篆文 ♦ 像
一個人 ∧ 頭上頂著好幾個陶器土坯 ♦。

　　換句話說，上面的部分不是土，而是兩個陶瓶，所以堯的國
名叫做「陶唐」，也說明了此國的特色在於製陶。至於「唐」，
這不是唐太宗的唐，這個唐也就是一個在屋裡的「君」，我只要
再暗示一下：這個字下方的「口」字，我們已經談過很多了。我
先撇開，回來談堯。堯這個人也就是一個製陶大師，請問他到底
是男人還是女人？我們現在講「堯舜禹湯」的時候，你們都不會
把他們想成女人。可是日本的古史學家沒有這種論述的負擔，他
會告訴你說，很明顯地，禹是女的、堯是女的。舜，勉強知道他
是男的，傳說中堯不就把女兒嫁給了舜？娥皇、女英這兩姊妹嫁
給了舜，舜的弟弟叫做象，他經常會摸到他的嫂嫂房間去不知道
要幹麼。【哄堂】大家在寫這一段傳說的時候，就說象這傢伙在
亂倫，玷汙他的嫂嫂們。後來考古學又告訴你一件事情，他們結
婚的時候是一對兄弟跟一對姊妹一起結的。【哄堂】所以象並不
知道什麼是他的「嫂嫂」，那兩個女人都是他們兄弟的老婆。
　　各位一定會好奇，過去有這樣的婚制嗎？這沒什麼奇怪的，
維吾爾族的民歌都還留下這個，你們會唱這首歌吧：「大坂城的
姑娘……」唱下去，唱到最後一句「……帶著百萬錢財，領著你

的妹妹，趕著那馬車來」。幹什麼帶著一馬車的嫁妝還帶著你妹妹呢？什麼意思？【學員：一起嫁】對啊，就是一起嫁了。不是光當著伴娘而已，從大老遠帶來了，你妹妹就回不去了，不就是一起嫁了嗎？我們在維吾爾族中還可以採集到這樣的民歌，就代表在民國初年的時候，這種婚嫁的習俗還存在。其實這是從古俗傳下來的，現代人類學把這種複婚稱為「普那路亞婚制」——婚姻本身不光只是一對一，其實在古代有很多種的複婚制。最初的時候，像瀘沽湖那樣的走婚，就是說女性跟一系列的男性發生關係，就是一妻多夫。後來開始產生多妻多夫，最後才變成了近兩千年的一夫多妻，使得一妻多夫變成天地不容。但一夫多妻卻變成正常現象。

我要說的是：過去既然有過相當複雜的婚姻制度，男女之間的關係不是我們現在想像的樣子。在漫長的文明史當中，男性、女性之間的關係到底是怎樣？然後你又發現：男性、女性之間的一夫一妻關係也可能是「相敬如冰」的，到後來一對夫妻之間說要維持一種「平等關係」，老實說那只是一種人為的道理。當一夫一妻制訂下來的時候，它根本是表面上如此，它在實際上大多是一夫多妻的。那時候女人就是嫁到男人家裡來，叫作「婦」，是家裡的女主人。後來家裡的女人多了，但第一女主人叫作「夫人」，下面這些小老婆叫做二娘、三娘。從一夫多妻開始就沒有平等這回事。到了現代利用法律訂定一夫一妻制，它是非常人為的，說這樣子可以平衡人口，或是平衡人權。每個男人都找到一個女人，每個女人都找到一個男人，這樣就達成了觀念上的「平衡」了。在古代，肯定是有很多男人找不到老婆的，因為有能力

的男人會把女人都搶過去。你看看，只要回想民國三十八年發生什麼事情，你就看到這些來台灣的軍人大多數是單身的。古代也是如此，打仗的那些軍人沒機會結婚，到了當地作戰以後，搶了一個女人，就變成他的老婆。至於被搶的女人呢？如果她或講她故事的人讀過書，就會發現：這只不過是「屯如邅如，乘馬班如，匪寇婚媾」（《易經》）這種古代搶親的家常版。這是很單純的歷史事實，要是不把握機會的話，他一輩子就是孤家寡人；而她呢？會幫他生孩子。這樣冰冷的事實，沒有一種婚姻制度可以簡單對付，換句話說，這樣的慾望經濟，必須自行算出它的供需平衡。

談到這裡，我們到底在辯證什麼？以我們所處的時代來談男女關係，我們一方面看膩、聽膩了這種種關係的模樣，但我們很難理解的是：我們仍然陷溺在男權／父權體制的包夾之中，我們沉溺在缺乏想像力的黑盒子裡。因此，我們逆向回溯到母權社會和人類婚姻史，擴大我們對於男男女女關係的觀點。如果不從這裡講起，光看現代，一方面好像很有秩序，另一方面又覺得光怪陸離。但我們在人類的過去經驗裡，重新學會看待我們今天覺得搞不懂的事情。這樣，我們才算會用「男男女女」來思考男女關係了。

* * *

今天聽起來情慾是個很自然的東西，可是在古時候，就像老師剛才說一對兄弟跟一對姊妹在一起，在那個多夫多妻的時代，他們是怎麼維持住那個社會秩序的？那些制度不斷改變或變遷，它有想要維持住什麼樣的信念嗎？

　　我們用今天的方式去想那些超出倫理以外的事，都會覺得不可思議。不過有一件事情你絕對不覺得有啥可怪，就是「一夫多妻」。從古以來，有錢人家可以有第一個老婆，然後老婆年紀大一點的時候又娶了個年輕一點的二老婆，再取一個年輕一點的三老婆，再娶……，一直到他五、六十歲的時候，他還是可以再娶一個二十幾歲的。填房、填房、填房，這一切好像很自然，可是基督教傳統很早就有一個法則介入，不准你這麼做。但結果還是照做，只是沒把她拉進家裡來。【哄堂】我們的傳統是可以把這些女人帶進家裡。填房的，帶進來就叫作小妾。相對的，他們是到外面世界去風流。你現在回頭想，一對兄弟，一對姊妹，到底互相之間是怎麼協議的？你們看過張藝謀的電影《大紅燈籠高高掛》嗎？這是在說很典型的一夫多妻——男主人有四房。電影開頭就是鞏俐演的一個大學生，因為家裡沒錢，就給人家當小妾去了。到了一個有錢人家裡，已經是四娘。這個四娘知道所謂的大娘、二娘、三娘和她之間，都是在幹勾心鬥角的權力鬥爭。她是最小的，但是她搶到一個鋒頭，就是因為她讀過一年大學，長得又漂亮，果然常常就把老爺勾到她的房間裡來。其他幾個就會使盡各種方法，把老爺搶回去。互相之間就這樣搶來搶去。你這樣

看看，他們之間是有什麼「協調」？連一對一的夫妻也還是需要協調安排嗎？單打、雙打還是單打雙不打【哄堂】，但真的不太容易。人和人的關係不太可能先預設「協調」的結果。所以這裡會產生一種很奇妙的現象——我現在告訴你怎樣做對比，而不是告訴你要怎麼完成協調。

我想談談，有一位人類學家喬健，進行瑤族的婚姻制度研究時，就發現了瑤族也是實施某種的複婚制，但他們所謂的複婚制可真是複雜——他們的夫妻關係裡，會區分「共食伴」和「共寢伴」，也就是說，白天吃飯、幹活時他們是一對，到了晚上睡覺時，會配出另外一對。所以一個男人可能有一個「共食妻」和一個「共寢妻」。而女人也一樣有一個「共食夫」和一個「共寢夫」。那並不是剛好兩兩交換的。她們的關係就變成那樣、這樣、再那樣（用手勢比劃），那個二和二之間是這樣滾圈般地一直滾下去，所以你很難用推算來區分，一定要一個一個問。他跟她是共食的、他跟她是共寢的。他們當地的規則這麼奇怪，你現在用一個外人的角度，想了兩三下就頭昏了。可是他們自己人不會搞錯，也不會走錯房間。

【學員提問】

那他們傳宗接代怎麼辦？小孩子白天跟誰吃飯？晚上跟誰睡覺？【哄堂】

那我沒看到，最好直接去查閱喬健的文獻。我只看到那篇文章的一部分，他寫得最精采的就是這裡【哄堂】，而那個邏輯裡

其實是有「主妻／主夫」的定義，我們在推算時會覺得混亂，但他們當地人不亂。我沒看到他們怎麼處理孩子到底是誰的。不過以我的猜測，我會認為屬於共食那對（主妻／主夫）。我相信白天跟吃飯有關的事情，也跟孩子的養育有關，因為孩子也要吃。睡覺的時候要找最喜歡的人在一起。魚水交歡的時候不要孩子來打擾，所以比較可能的是經濟上的考量，就由母親帶著孩子，由一起吃飯的人照顧養育孩子。這應該還是靠母方血緣的邏輯來推算——但我不曉得實情如何，很抱歉，喬健的研究報告不容易找到。實際上共寢的夫妻，是不是要負擔一起照顧的責任？我無法保證我的推算是正確的。我只記得：對於喬健的調查報告，也有其他人不太同意。我們暫時保留這種婚制和「協調」之間的「問題性」吧！

慾望與人類婚姻史

【學員提問】

我一直很好奇的是，人的佔有慾跟婚姻制度，甚至跟我們的性，還有我們的情感，我知道這四者都可以單獨分開，這有它的荒謬性，可是我一直不太瞭解到底要怎麼去解釋這種荒謬性？或是它的不合邏輯之處。

荒謬不荒謬嘛……這個問題就是：亙古以來就有一定的法則，但同時也在混亂中交叉在一起。你去看婚姻史的著作，從十九世紀起就有很棒的人類婚姻史著作，在圖書館可以查到很早期的作品，譬如《人類婚姻史》、《婚姻進化史》這樣的著

作，解釋人類的婚姻史，從複婚一直演變到單婚，其中也會說：單婚制一旦被確立的時候，它肯定伴隨著娼妓制度。他的原則就是說，一旦你發現這是一個單婚制的社會，肯定就會伴隨有一個地下體制，就是滿街的流鶯娼妓在那鉤你家漢子。【學員：這是誰講的？】《婚姻進化史》，作者是穆勒 - 利爾（Franz Carl Müller-Lyer），你可以去找商務印書館「漢譯名著叢書」之中很早以前出版的一本翻譯書。他說的是婚姻史從古到今的演變，到了近代以後幾乎都表現成一夫一妻制。但這幾乎不可能是婚姻的實情。男人在當權以後，他的慾望流動，可以說是誰也管不住的。你用法治或是什麼東西去制住它的時候，慾望不會止於這裡，它會去找到一個能夠提供另外一種需求的，那就叫作「娼妓」。也就是說，如果一個女性的地位已經低下了，至少她賣身還是可以存活下去。這也是一種平衡的方式，所以它跟婚姻的體制是併行的，是一種地上地下的雙軌併行制。你現在問這個關於慾望的問題，我們最好先知道：人類的慾望有些時候並不是你現在看到的那樣，由法律一言底定，而是有一點像在預測颱風，永遠都預測不準。但只要它是一種力、一種動能的現象，就算用衛星定位來掃描，還是預測不準的。人類的慾望大致上就有類似的性質。你用法治去管慾望，有些人願意去配合，發展出忠貞，就是互相之間承諾，然後把它當成一個最高的美德。但這種美德本身不是金科玉律，不是絕對的，也就是說，這個世界在這個看似金科玉律之下，還有很多像電影那樣的故事情節——那最忠貞的夫妻，不知不覺就出軌了。人類對這樣的故事實在太有興趣了，好萊塢賺錢的原因就是這樣。那個演《鐵達尼號》的漂亮演員凱

特‧溫斯蕾（Kate Winslet），一開始都是演那種玉潔冰清的純情少女，後來演的是很忠貞的家庭主婦，再後來就出軌了。一次又一次地演這種角色，大家都很愛看的。

這種現象，晚近有一對社會學家貝克夫婦（Ulrich Beck & Elisabeth Beck-Gernsheim），寫了《愛情的正常性混亂》（*The Normal Chaos of Love*），說當代的混亂關係已經變成一種常態了。也就是說，你要用過去簡單的基督教原則或儒家的倫常原則——儒家呀，我告訴你，兩千年來才沒有什麼原則【哄堂】——去講這種婚姻，是沒辦法老實講的。一旦女性獲得了經濟自主權之後，她不會甘心屈服於男性，她也要有她的自主性，所以這時候「忠貞」的問題就變成「互相較勁」的問題了——就是誰比較行，誰就找到他要的人。於是，現在已經不是那種古典的時代——在大歷史的潮流中，好男人都出去當將當官，回來的時候，外面已經不知道留下了幾個種，都是這樣的故事。現在倒過來，女人在外面當然也曉得怎麼亂搞，總之這樣的愛情和性關係混亂的狀態，已經變成一個擋不住的趨勢。尤其是女性，女權越來越強勢之後，新典範就是她的解放。但你回到上古時代去想，原來那時候的女人也是如此，凡是年輕力壯的男人我都要，對吧？她當大媽的時候，她可以要年輕力壯的漢子到家裡來，有好處的——我會多疼你一些，工作少派給你一些【哄堂】。一定會這樣的，連研究巴諾布猿的動物學家也發現這樣的人／猿共同性。所以，你要講慾望有沒有一些法則問題？有時法則是方便我們日常生活的一種簡單管制，或簡單理解，但是在這理解和管制下，這種簡單的混亂又可說是很常見的。

自古以來的多元關係型態

【學員提問】

雙方關係是不是只要協談好、協議好，不管是什麼形式的制度，那其實跟這個社會價值是可以不必相容的？

　　譬如一對老夫老妻，鶼鰈情深，我們都知道他們結褵了六十年，雙方都九十幾歲，還牽著手在公園裡走。很多人看到了都非常羨慕。沒錯，他們確實會受到人家的尊崇、稱讚，但是能做到的人畢竟已經是少數。我要說的是，你把他們當作楷模來崇拜，是可以的。但如果要所有人都做到，那就很對不起了。現代社會崇拜的偶像不是都做成了公仔讓人收藏嗎？那就是了。你要說的是實話，你用統計數字一看就會發現：離婚率很高，一個男人結了兩、三次婚，一個女人也是。這樣的比例已經高到讓那些維持一世夫妻的人變成了少數。你可以說，當代是一個很多元的社會，可以有很多的變化，但是這變化不一定都叫「亂中有序」的。應該說，我們很難預測。譬如你剛才講到情緒上的佔有慾，這也不知道是不是人類天性的一部分。我們在研究瀘沽湖的時候，就發現那個地方的男女沒有忌妒的情緒，因為他們不佔有。後來的佔有，確實是把女人變成男人的財產，女人出軌的時候男人就發飆了。現在反過來說，女人也要用同樣的方式去管制她的男人，就是你一回到家的時候，我聞到你身上有別的女人的味道，我就有權利對你發飆。就吵啊、打啊，就用這樣的方式跟她的男人抗議。可是，一直以來你我都知道有這樣的關係存在，所

以你想問的是什麼？我們只能說這樣一種混亂的關係，我們想辦法去理解它。理解它不是為了給它秩序，而是瞭解**自古以來這樣的現象一直都存在**。所以就不要大驚小怪，放寬心一點去看待這些事情。

那你要如何對待你自己的伴侶呢？那也是看著辦的。看著辦就是我跟你之間有一個互相的盟約，也就是可以說「我是你的女人」。可是有一天我覺得不太對，就是問你說：「你是不是在外面有女人？」你說：「怎麼會？」你回答的時候沒有看著她【哄堂】：「不可能，沒這樣的事。」然後她說：「我聞到了你的衣服、袖子、內衣，有一點點的味道。你說我很多疑對不對？那你證明給我看啊——你眼睛看著我，看著我回答。看我！」當她這樣逼問的時候，你會發現這個男人真的是逃不了，最後只能說：「你的鼻子還真靈……」【哄堂爆笑】在這種種混亂的關係當中，她也是用一種很靈敏的偵查方式來探測的。【台下：好累啊。】是的，好累啊。所以現代年輕人就想：都不要結婚，不就好了？高興的時候待在那兒，不高興的話就走。這是他們目前發展出來最好的方式，好萊塢也在量產這類故事，不高興的時候把東西收一收就走了。可是看看這房子，到底是你的還是我的，我要走的話我一定要有足夠條件才走得了。累歸累，累完了以後你還要找到一個平衡點。你不能說累就被打敗。不能說算了，沒這回事。你也要算計好，有某種勝算的時候，你才能夠出手去攤牌。你跟那個男人說：「你是不是在偷腥？」然後說得很清楚「你就是」。那個男人說：「對。那你要怎樣？」你說：「你給我出去。」男人說：「不行，這房子事實上是我的。」你說：

「好，是你的沒問題，但我們要算清楚——你的股票全部歸到我的名下。」【哄堂】反正我就是要有辦法。

我們這樣說好了：你不服氣嗎？現在我們不要去管法律的問題，而是來講道理——你知道理虧的人是你，我們要爭的，叫作天道公理。這在幾千年來都很清楚。是你去偷女人而我在家裡洗衣服，搞了半天就是你對不起我。所以最後分財產的時候，就是理虧的那一方要想辦法償補損失的一方。是他們自己這樣算出來的道理。所以你就要有勝算的時候才開戰，懂嗎？【哄堂】沒有勝算的時候不要動手啊。可是我要說的是：很多現代的女人都已經勝券在握了。

【學員提問】

我聽過一個最新發現，在猴子的世界，有一種猴子就是所有的女性都住在一起，然後所有的孩子就歸所有的媽媽一起管，而所有的男性就共同去打仗、去找食物，回來就共同去養所有的女性跟小孩。不曉得人類社會有沒有這樣類似發展的現象？

這我可以談談，因為我知道你講的是哪一種猿猴。到了 1990 年代末，有一群新的猿類被發現，雖然跟黑猩猩長得很像，但個子比較小一點，大家原來叫牠們「矮黑猩猩」，後來發現不對，目前在動物學裡就把牠們叫做「巴諾布猿」（Bonobos）。這種猿猴的社會確實比較像是母權制，但是不完全如此。牠們的雌猿、雄猿會混在一起，但有一位日本的動物學家觀察到，果然那一群猿猴裡的老大，看起來就是雌猿。她的身

旁有兩隻雄猿在互相爭搶東西。這隻雌猿還背著一個小孩，她一看到那兩隻雄猿在打架，就把旁邊的樹枝抓起來，走過來威嚇一下，那兩隻雄猿就馬上分開，不能再打下去。換句話說，她已經把那兩隻雄猿給制伏了。我不知道牠們會不會講話，但一定會做一些動作，就把事情擺平了。那隻母猿被人長期觀察，也有人給她取名叫作春子（Haruko）。《國家地理頻道》就有這樣的影片。黑猩猩的社會還是很典型的雄性統治，就是以最大的雄猿為整個黑猩猩群隊裡的老大。可是在巴諾布猿的群體裡則是雌猿當老大；而且，有趣的是，她有很多「小妾」黏在她身邊，就像她的「婢女」一樣伺候她，而伺候者當然會得到很多好處。那些雄猿獵到的食物就是先供養她這隻大媽。分食物的時候，旁間幾隻雌猿就會立刻分到許多好處，接下來才分給那些有功勞的，就這樣分下去。牠們也有一套統治術，也有一套社會規範。跟巴諾布猿相比，黑猩猩的暴力傾向要強得多，有許多暴力攻擊，或是互相之間爭奪權威位置的行為。巴諾布猿比較和平，內鬥和向外鬥爭都比較少，但牠們比較弱，如果被黑猩猩包圍的話，大概就會被吃掉了。這種巴諾布猿被發現時，大家都爭著想要對牠們進行積極保育。如果從血緣基因來看的話，牠們是距離人類更近的。黑猩猩與人類在基因上已經有 98% 的接近性，但巴諾布猿比黑猩猩還要更接近人類，譬如牠們的直立行為比較多。在研究人性的時候，我們以為參照黑猩猩大概就可以看出人的本性。後來發現黑猩猩實在太暴力了。牠們如果沒東西吃的時候，看到有個母猿抱著一隻 baby，會衝過去把 baby 搶過來撕裂分食。這些殘暴的畫面都被拍了下來。但是在巴諾布猿的群體裡從來沒觀察到這

樣的事情。所以，我推薦這本研究巴諾布猿的書，《第三種猩猩》（*The Third Chimpanzee*）——這是在兩種猩猩之外，把人類視為「第三種猩猩」，來探討人類的未來。很值得一讀。

【學員提問】────────────────────────

我主要是想挑戰現在的一夫一妻制——假設要改變的話，除了不結婚之外——可是不結婚好像經濟上會有很多的盲點。那有沒有機會去發展一個也許好像是類似結婚，可是大家不用那麼累啊，一直要互相猜忌的關係？

在美國曾發展出一種叫作「換妻」（swinging）的實驗風潮。【台下：開放式婚姻嗎？】不完全是。那是一種……假設我們這裡有七對夫妻，交換對象，剛好一個禮拜輪一次。但這種實驗其實很容易出岔子。至於你說開放式婚姻，那是另外的主張，就是讓婚姻制度比較像瑤族一樣，維持著一個家庭，因此他們的共同合作，重點都是跟經濟有關，至於性愛的部分就開放了。財產跟經濟不是可以隨便交換的，所以當然要守緊。但是性愛的部分比較容易做到互不過問，而名義上還是一夫一妻。你偶爾會和開車的、來修房子的、送信的大哥發生偶然的關係，在某些自由的北歐國家很開放，他們會把這種關係視為一種「贈予」。丹麥人告訴我說，他們在這方面真是自由到超過我們的想像。我覺得這種……

他們會允許自己的老婆跟外面的人有性愛關係，可是他們會允許
自己的老婆跟外面的人生小孩嗎？

　　應該不是這樣的。生小孩永遠都是個重要的考量。生小孩牽
涉到一個生命接下來誰要養？這不能夠跟純粹的性愛搞在一起。
現代人避孕的技術這麼發達，怎麼會隨便讓人懷孕呢？懷孕通常
都在計畫之內，那種不小心搞出來的事情現在少見了──特別在
短暫、偶然的性關係中。今天事實上沒有人會笨到這種程度，隨
便就懷孕生子。現在的人反而是想要生孩子卻生不出來，這才是
麻煩。想要從共同養育孩子來形成一個家庭的氣氛，這樣的家庭
其實已經不單純只是愛情的延續。只要開始養育孩子，孩子就會
變成家的核心，以及重擔。夫妻關係從愛人關係變成父母關係，
這是很大的變化。年輕人如果沒有學到這一點的話，可能需要去
上一些心靈課程，告訴你愛情變成婚姻之後，要生一個孩子、養
一個孩子，不要只說這叫作「愛情的墳墓」──那應該是一種
「愛情工業」吧？【哄堂】一個家庭就是一個新工業的發展。要
當作一個企業投資。投資在孩子身上，我們大家都算過：一個孩
子光是養育，算一下差不多至少一百五十萬，從小學一直到大學
【台下：不只、不只。】嗯，現在不只了嗎？【台下一陣喧嘩】
大家都知道這是一項投資。而且養了孩子之後，有時真的不是用
投資報酬來計算的。有些人說養兒防老，但也有很多人養孩子只
是要讓家像一個家。父母和孩子一起生活是一種情感上的需求，
至於會帶來一些什麼後果，其實這對夫妻也不能預料。所以現代

連中學的課程裡都應該對此要多著墨一點，多談一點婚姻生活裡關於家計和養育的事情。大家的預備不夠以至於隨便結婚就生孩子。【台下打斷：學校都沒有談性了，怎麼可能談這個？】對啊，在談性教育之類的內容裡……【台下再次打斷：都沒談啊。】倒不是沒有，我擔任高中公民與社會的課綱委員和教科書審查委員，知道其中有些家庭與婚姻的內容。但現在的教育到處都是破洞，對於我們的真實生活，確實常無法說清。

建構式的辯證，是為了創造更多可能性

我們今天談這些事情，其實是把這男男女女的問題從女權的角度來重看整個歷史，這多多少少可平衡我們過去太強調的單一男權。單一男權產生的各種關係現象和制度，好像再怎麼不合理你也只能去接受，是不是？所以我就設法對它做個辯證的逆轉——把歷史扳回來看看，就是從女性作為主角的方式去重新看，也可以看出許多另類的歷史。或是你從權力的角度去看，經濟的角度去看，其中會有各種各樣的道理。你把這些都想過一遍以後，如果你自己本錢夠的話，可以跟現在這個混亂的社會產生談判的關係。你的腦子夠靈活的話，你知道的可能性就會有很多。當我講到關於親情的部分，回想起一件關於生活傳統的小小事情，非常打動我。

從小以來，我的母親都在家裡擔任家管。每當孩子犯錯的時候，媽媽是要用打來責罰孩子的。我媽用來打孩子的那個東西，在客家語、閩南語裡還都有特別的名稱，叫作「竹篠」或「篠楚」，就是一捆細細的竹子。基本上那打在孩子身上只是會痛，

卻不會傷到你，所以那其實已經是一個設計良好的家管工具。

【哄堂】這樣打孩子表示那是一種母愛，該打但不要打傷。到了我母親告訴我的時候，讓我很驚訝——她說那是日本老師教的。她讀過中學，有親職教育的課程。老師說：你要當媽媽，打孩子的時候記得要用「篠楚」先打打自己的腳。啪啪啪打三下，再來打孩子。日本老師告訴她，這是你們漢人講的「打在兒身，痛在娘心」。打孩子的時候自己斟酌一下力道，不要把孩子給打傷了。親情裡就包含著這種非常細膩的教育方式，也可以傳承下來。

我們現在還可能有這麼細膩的教學嗎？母親要怎麼對待孩子？還有婆媳之間要怎麼相處？這些關係本來就是問題重重的——因為不是你女兒，又要裝成女兒的樣子，你該怎麼辦？這也應該是家庭教育的一部分。一定要結婚的話，就一定會產生這樣的問題，所以，後來採取什麼方式呢？——**躲避婆婆**。現在的女人只要有能力選擇，買房子的時候就會選擇靠近她媽媽的家，而不要靠近婆家。這個現象，房屋仲介清楚得不得了。這是人性的表露，所以你必須要把它放進我們所談的道理和原則裡面計算。女兒跟媽媽親，可是不跟婆婆親，這是一種社會現實，不要大驚小怪。這也都是一樣的。我們平常裝在腦子裡的原則就是太僵硬，所以要通過我們這樣的建構論來作逆向思考，把這些非常基本的人性原則算在裡面。

現在有「本土心理學」，涉及孝道的研究。研究很久之後，估計台灣人還是傳承著很多「孝道」，結果房仲業者一給出實際的統計，就發現那些研究發現全都崩盤了。考慮要買什麼房子、

買在哪裡的時候，稍微有表達權利的女人幾乎有百分之九十會說：「我不要跟婆婆住一起。」那孝道研究說有接近百分之五十的人願意同父母一起居住，那樣的研究結果太經不起考驗。你以為可以預測她的行為，可是那是男人才會給出的答案。兒子當然回答說：「我和我媽住一塊兒，讓我老婆委屈一下，來伺候婆婆。」可那是女人沒機會講話時才會發生的事情。房仲業者也不問你孝順或不孝順，只問你要不要跟婆婆住在一起，就發現百分之九十的女人不會接受。這也是我們一直以來的盲點：不單是有關性的問題，還有倫理問題，很多都不是我們以前的法則可以講通的。所以我們現在大家心裡有數，你必須要讓自己具備很多開闊的可能性，包括出了所有的亂子，妳都能夠曉得在心，也包括讓自己有膽量去試試看，建構論嘛⋯⋯【哄堂】。

今天就談到這裡。我們的問題是：對於男男女女，我覺得以前我們實在不怎麼清楚，以至於一直活在很片面的神話當中。女性可以成為主人，這現象自古就有。你瞭解這現象，應該可以增加我們對未來的適應——對女性、對男性，以及任何的性別都是如此。

忠與恕，好人與小人：

這還只是心理學嗎？

思想史上的菁英們所談的天人之道，常常不足以描述一般庶民的生活經驗。其實我們都知道，在人之間有所謂「君子／小人」的分類。事實上我們都不能避開這些語詞的用法。但思想家們一談到「小人」，就一定只帶有貶義，甚至是譴責的用詞。在文章裡出現時，他們不可能替小人講句好話。但我有十足的理由，要修正這種說法，就是把「小人」視為我們整個生活裡的一種心靈狀態、關係狀態，甚至道德狀態。它確實是可以這樣理解的——我們很多人都有這種共同經驗——在很多地方，我們都是小人物，或就是小人。但你不會因此而說我們可以不顧公義，想把這狀態當作自己的另外一面，可以在此安身立命。我們不是要把理想搞垮，只是我們該知道：有時候人人皆無可避免。

　　這樣講的意思是說：在一個傳統典型裡，語詞的意義常給鎖死了。因此我們不能接受那樣僵死的語意。應該說，我們需要把它轉化成我們可以理解的語詞，讓我們可以用剛才講的那種種「狀態」來理解它的意思——這個常用詞本來可以指什麼，以及後來如何被濫用而僵化成人人都要避免卻明知不可避免的「狀態」。

　　俄國有一位諾貝爾文學獎的得主索忍尼辛（Solzhenitsyn），他寫下的名著是《古拉格群島》（*The Gulag Archipelago*）等等，內容是關於蘇聯時期的一些「思想叛徒」（政治犯）。他們被關在這個叫作「古拉格群島」的勞改營，而他就是其中的囚犯之一。他在勞改期間還奮力寫下關於勞改營裡的種種黑暗悲慘之事。這本《古拉格群島》是描寫兼報導的文學，作者在那裡被關了二十年以上。當你受盡了凌虐、壓迫，一

定是滿心創傷的；但當有人問他：「你認為什麼是邪惡？」索忍尼辛很坦蕩地說：「邪惡就像是一條線，穿過你我所有人的心。」——他並不利用機會去咒罵那些勞改營裡的壓迫者，也就是前蘇聯國家安全委員會（KGB）之類的人物，而竟然說了「邪惡……穿過你我所有人的心」。人的胸懷可以有多大？你會發現，我們過去談小人物或是其他人性敗壞、沉淪的時候，我們都自以為擁有一套涇渭分明的方式可供我們談論，其實那不是生活狀態裡的實情。所以我現在才要說，我們有機會回到漢語的語言傳統來尋找意義，但我們不一定要採取一種被傳統定死的方式或字眼去談。今天列出來幾個題目，就是要用幾個漢語庫存中的語詞，來回顧我們從開始以來所談的問題：從儒學的一個高峰期，就是從司馬光到張載，究竟曾經發展出多少有系統的「人學」道理？

關於這個「庫存」，有些人一看就會說：那不就是思想史嗎？我認為未必如此。漢語是我們共享的公器，不是思想家的私藏，我們要用這種態度來重新認識我們自己的語言。

我先試圖從張載的《正蒙》裡挑出〈動物〉和〈大心〉兩篇，想看大家是否能夠看出一些苗頭。但在這講堂的現場，我馬上覺得不太對：大家可能會有點畏懼和這些文字直接照面。我想，各位如果回去自己慢慢讀，反而會比較輕鬆些——只是，換個角度來重新閱讀，你會發現：張載所寫的東西，有不少內容其實跟心理學／理心術有很深的關聯，且非常有意義。司馬光是在宋代初期的人，但到了張載時，宋代的理學已發展到了一個高峰。我們先前談到司馬光時，我想大家大概還有一點印象，我曾

經兩次想告訴大家：在我們早期所談的「心靈」，牽涉到「心性」，或更深一點的「性命」之類的概念，司馬光便已建立出這樣一套語言體系，裡面所有的範疇都可以說是這種學問所該用的範疇。漢語裡確實曾經建立過這樣一套*語意範疇*，但可惜思想家們並沒有繼續往下作*系統的*發展。流傳到了張載時，果然在這些範疇之上發展出比較多的文章，雖然以現在的眼光來看，仍只是點到為止。張載跟司馬光實際上沒有什麼特別的師友關係，只是在學風上產生了前後承接。我認為，假如有機會去看看張載的東西，他的講法跟我們原先想要接觸的問題有關，也就是我們在綱要上的第二點：「天地、鬼神、心性、體身」。

天地、鬼神、心性、體身

這有點像我們先前提到的「總體系理論」，是指當代有些不同學門的研究者想要把多重的學問綜合起來，建立一個總體理論。從物理、化學到生態學，構成了一整套的總體系——雖然我們提到的宋代思想家未必能夠有這樣的問題意識。在這個「總體系」之中，很多的生命和生態，平常看起來只像是生物學的概念，但其實它已把所有的生物、無生物都包含在內，構成了一個環境總體。人一定是活在一個生態體系中——光說人「在社會中」、「在歷史中」，那都已是片面的說法。我們活在人文世界，但同時也是在一個生態世界之中，合在一起看就會發現，原來在宋代想要建立的思想體系中，大致上已隱含了總體系的概念。當我們講「天地之心」、「天人合一」時，如果不要光把它看成古代玄學，其中就含有一個生態的概念：「人是活在天地之

間」。

　張載大致上提到了天地、鬼神、心性、體身——最後這個詞也可以倒過來寫，就是身體。「心理學」講半天都是在說有一個「心」，也認為那是人的核心。可是我們也說過，「心」的概念有一個非常大的陷阱或毛病，就是「心乃是人的內心」。我們認為心就單指自己的心，都是藏在個人的內在，結果變成了一個不可理解的東西。張載甚至說：「人本無心，因物為心。」因此，如果我們想要理解它，就只好用各類的旁敲側擊（也就是「因物」），譬如改用各種建構變項，轉成各類實驗或測驗，用估計的方式來「因物為心」。這些實驗或測驗的用途，是為了知道那稱為「心」的「物」究竟是什麼。但這樣的因循求心之道，出了什麼問題？

　「由象識心，循象喪心」——這是張載的說法。如果以社會建構論的角度來看這種因循探究，那就得說：用旁敲側擊的方式就可以理解心，這是個神話——「知象者心，存象之心，亦象而已，謂之心，可乎？」——還不如乾脆說：人的「心」本來就不是「內心」，而是「象」的反映。我們可以把這種心的意義擴大，「大其心則能體天下之物」，擴大之後的「存象之心」、「體物之心」，就是「我」，也就是一個「能體天下之物」的「人」。心理學其實可以不叫「心理學」，不叫 psychology，直接叫作「人學」或 "personology"；因為 psychology 已經把自己定義為一種無法捉摸的東西。說成 personology，聽起來更接近心理學的原意，再擴大之後，就叫 human science，研究的對象其實就是 human，是人。

把人說成 person 也可以，但 human 是指人類，humanity 指人類共有的人性。而 person 則指單一的人，以同樣的造詞法變成 personality，但翻譯作「個人性」卻不太對了。譬如說我到現場來跟你見面，英文說成「I'm here in person」——我親自到場。這時候表示我帶著自己的全身而來，此時的 person 是指人本身，躬親到來。我遠道而來的時候不是光帶著嘴巴來跟你談，是整個人面對你，所以這樣的一個人，是 person 這個字很重要的意思。同時，這個 person 其實就伴隨著身體。因此，心理學可以擴大，就是不要只講心，而應該是講人。這個人已經包含著「身」。

接下來的「體」這個字，把它和「身」拆開來細想一下，可以發現它和「身」的意思不太一樣。我說「我身」時，一方面當然是講身體，可是你有沒有看過章回小說裡，如果有位老太太出現，她會自稱為「老身」，所以「身」其實也是指我。但在漢語裡只有女人可以自稱作「老身」，男人就不能這樣自稱。背後有個道理，因為「身」在甲骨文裡面是一個大肚子的女人。這個字從側面看，略掉多出來的部分，就是指一個大腹便便的女人。因此這個字原先的確是專為女性打造的。可是後來就混在一起了，我們說身體的「體」，當然不是在講女人的身體，而是某種「尸」字形所指的體。

我們常鸚鵡學舌說「中學為體，西學為用」，但在那兒的「體」卻不是在講人類的身體。只是，若能用「體」這個字來取代「心」，它會變得更有效（這不是張之洞之徒可以想得到的）。讓我們的心理學試試擴大它的想像方式，強調當我們在思

考的時候，不只用腦袋思考，而是整個身體都在思考。我在建立人際關係時也不光是用眼睛或嘴巴，而是用整個身體在產生關係。所以「身」和「體」才能變成心理學的新單位。這個「身體」的意思，是指我們被皮膚包著，還有五官在上面。但你會發現：皮膚並不只是把你包起來——皮膚讓全身的表面遍布著感受器，你的皮膚會感受到氣溫、觸動，還會傳布成遍體淋漓。整個身體被包著，但同時又是開放的，是這樣一個遍體感受器。

心靈散布在你周遭

你若能開始這樣想，那就不必再去想「心是什麼？」，以致越想越神祕。我們一開始就講過：「心」是古代的人認識錯誤，把心臟當作是腦，後來稍微修正了一點。今天我要重新修正一次，因為人的腦也並不是一個人真正的主宰。我們以前提過格根的說法：「腦並不是在主宰著你，而是你在主宰著你的腦」。當時在場有人問：「那『你』是誰啊？」記得嗎？我覺得這個現象很簡單，如果你在用腦，就是你的全身正在用你身體的局部——「腦」；因為你的身體其他部分基本上是不會思考的，你身體的器官、肌肉、骨骼應該都不會思考，但它們為什麼可以對腦下命令呢？

不要懷疑這個說法。身體對腦下命令時不是在講話，是把全身神經裡所有的感受，甚至於自己肢體動作的記憶，都回收成訊號，送進腦裡。當這些體感進入腦時，腦就已經在聽身體的命令，開始做某種事情。所以是你的身體在使用你的腦。這樣講會比現在的腦科學要寬闊得多——果然「整個身就是你」。把從前

那個叫心的東西，換成了「身」，才是更準確的，不要把心直接視為等同於腦。

我們這麼講的時候，當然是使用社會建構論的概念，但這裡特別有一句話，對我們而言是一個新的命題——「**心靈散布在你的周遭**」。心靈不是在你的裡面，而是散布在你的周遭。而「你」就是你的「身體」，周遭的萬事萬物構成了一個好像是個「場」（磁場）的環境，我的身體、我的感受，包括視覺、聽覺、冷熱感、觸感，我所身處的各種各樣的方式情態，形成了一個遍布感受的「場」。

於是，我的「場」在中文裡也可以翻譯為「心」。「心」事實上就是跟你的周遭混在一起之後所構成的東西。這時我們就可以把那「心」叫作「自我」。用這種方式重新翻譯，在社會建構論就會把它叫作「社會心」，也就是說：心不是藏在你裡面，它已經變成了一個社會場在運作了。在古代的語言裡會叫作「天心」。古代聖人可以體天體道，就是有那個意思，但我相信很多傳統思想史的解釋者會把「天心」這種東西講得非常玄，到後來大家在普通話裡就不敢用了。

這裡傳達了一個重要概念：我們回頭去談，採用了漢語體系來重新建立一個理論，但最後面對心理學要談的東西時，都應改用「人學」的方式去重新思考，並且把「心理學」改叫「理心術」，為了包含「整個人，包含了他所在的磁場」。事實上那個磁場也在運作，所以心理學不再把「心」視為一個固定在那兒，而且可以把它停格、拍攝、描寫的東西。不是這樣的，它其實一直在那個場中運動著。這運動就包含了磁場中所有的運動。我

整個人是一個 operator，在那兒動個不停。總之，它可以把「身心」合起來，構成我們之前說的「人學」，這時候人已經變成用「社會心」，或是變成散布在磁場中的人，在那兒運作。

與人爲徒

從這個地方談起，一方面我們是在回顧，另一方面也提出幾個我覺得有趣的主題來繼續發展。這都是在回顧我們的傳統，但過去我們對傳統的理解及運用的方式可能一方面落入過分濫用的口號，另一方面卻又不知所云。譬如我們會以朱熹當作經典的範本，當作科舉考試的固定門檻。很明顯的，升學主義從唐代之後就開始了，大家都很清楚入學就是為了要走上仕宦之途，所以我們知道他們在讀書的時候已經偏離了*聖人之心*，但他們自己都不曉得。「讀聖賢書，所為何事？」對於科舉制度中的大多數讀書人，都是個巨大的諷刺。

現在倒過來，看到莊子之類的人在嘲笑那些汲汲營營想當官的人。大家該注意到，日本漢學家白川靜寫孔子的時候，就寫到了顏淵，他說在《論語》裡，顏淵出場其實也沒有幾次——總共被提及二十五次，說話或被說，都很短。但另外一些書裡出現的顏淵，話說得比較多，在哪呢？在《莊子》，還有《荀子》等其他地方[1]。莊子很喜歡談顏淵，我們常會懷疑他的真假。白川靜經過考據以後這樣說：顏淵因為才華出眾，而且孔子特別欣

1　白川靜的著作之外，章太炎也曾經談到「顏氏之學」，可參看：高華平〈顏淵之學及《莊子》中的顏淵〉《諸子學刊》第四輯（http://www.homeinmists.com/FangYong/Journal04.article10.htm）。

賞他，雖然他年輕，可是以當時的風氣來說，任何一個有才華表現的人，馬上會有徒弟跟上去拜他為師。司馬遷談到：孔子之後「儒分八派」，其中就有一派是「顏氏之學」。所以顏淵雖然年輕，也肯定有自己的一些徒弟。章太炎就認為莊子是出於顏氏之學。顏淵是個奇才，在《論語》裡，子貢自稱自己「聞一知二」，但顏淵則能夠「聞一知十」，所以孔子就對子貢說：「吾與汝不如也」。所以他確實可能有他所傳的一個學派，只是這一派被孔門的弟子排斥，所以這些人後來流傳了一些跟顏淵有關的東西，就被收在儒門對面的《莊子》書裡了。

聖人之徒：「顏淵」談「三徒」與道家之「坐忘、無心」

《莊子》裡顏淵的故事不完全是杜撰，各位現在看一段就知道。顏淵跟孔子對話，孔子問：「經過這麼多學習以後，你能否總括地告訴我，你學會了些什麼？」顏淵說：我學會三條很重要的原則，就是學會了「與天為徒」、「與古為徒」、「與人為徒」。徒，不是當徒弟，而是跟隨它，與它相鄰。這第一原則「與天為徒」是說我與天之間是互相作伴的。第二原則「與古為徒」，我想大家都很清楚，因為孔門就是把古聖先賢當作典範楷模，堯舜禹湯到周公之類的都叫古，所以顏淵這樣說，是指古人就是所有人的典範，這在孔門不令人意外。然後顏淵說了第三個原則是「與人為徒」，意思是要去瞭解身邊的人，和人事，能做到和人人都一樣。

孔門講的道和術，顏淵果然就把它落實到生活中，「其心三

月不違仁」——這是我們在《論語》上看到的顏淵，但他的仁不只是這樣；這個「聞一知十」的人可以把「仁」的道理發揮到什麼程度，我們無法得知，但這個「居陋巷、一簞食、一瓢飲」的人，很顯然就是跟下層階級的人住在一起。他的「仁」能體會別人，就可能源於他所說的「與人為徒」，也是他從孔門學來的一個很特別的境界，其他那些「學而優則仕」的同門師兄弟們都只能停留在「士／仕」的世界裡，無法做到與平民同甘共苦的境界。

我們來比比看，各位聽過曾子說：「吾日三省吾身：為人謀而不忠乎？與朋友交而不信乎？傳不習乎？」——到頭來是不是變成了一種自我中心論？所以曾子所做的三省（也就是「學而時習之」），究竟是不是學到了「仁學」？實在不無疑問。曾子這個人，孔子說他有點魯鈍，他所思所想的還不是孔門的正道。因此在眾弟子裡，雖然孔子過世以後他變成了一個重要的傳人，但真是很不幸，如果這傳人是顏淵的話就好多了。

歷史就是這樣的安排，我們沒辦法選擇，也不能跟它抗辯。因為顏淵早死，所以後來曾子以及其他幾位後進在傳孔子的道，很多地方都是失準的，把孔子的意思給扭曲了。顏淵說了：「與天為徒、與古為徒、與人為徒」，其中的「與人為徒」，是指我身邊的所有人都叫人，不只有士君子。顏淵能講出這樣的話，表示他已學到很全面的「人學」。然後，莊子在此作了一個姿態，表示：「孔子說顏淵這樣已經很好，總結了自己學到的，但你這樣講是不夠的……」這時候莊子可能只是借孔子的口說話：你講的東西確實有可能已經是集大成，但你少了一樣，你應該要進

一步學習「心齋」──這是個怪詞，以致顏淵會有點心虛地問：「心齋」到底是什麼？要怎麼做？孔子給了回答，但又借顏淵的口進一步說：他在心齋之中還學會了「坐忘」，就是能把所學到的東西全部忘光，這時候他可能達到了最高境界。這極可能是莊子的演義。孔門一直是很入世的，尤其到了弟子傳道的時候，更是一發而不可收拾。可是當我們有意要說：入世的最後結果不是要去當官，寧可把以前學的全部忘光，這樣叫「心齋」、「坐忘」，在此，「心」果然走上一個很正當的安身立命之道。果真如此的話，那已經是顏淵本人對孔門的叛教了。

《莊子》之中的顏淵，是歷史公案，不見得全然可信，但我只是要說：當顏淵能夠提出「三徒」這樣的道理時，莊子認為他沒有說假話，他的知識連孔子都認為已是「人間世」裡的全面性瞭解。但後來進一步提的「心齋」和「坐忘」是道家的更上一層之論。後來的道家跟儒家對抗的時候，要作出一種姿態：那些汲汲營營奔向仕宦之途的人，對道家來說很沒有價值，因而提出「坐忘、無所用心」的概念。無論如何，我們有聖人之徒，表現了對最好的道理有學習、有追求，而且常常是學而時習之。白川靜還甚至說：整部《論語》大部分是普通弟子記下來的，但其中最精彩的幾段應是顏淵的紀錄。在陳蔡之間流亡的十三年期間，跟在孔子身邊的弟子其實並不多，就是子路、子貢、顏淵、曾點曾參父子，還有子游、子羔，以及半路上加入的公良孺這些七、八個人而已。那個年代是孔子思想大轉變的時候，在這重要的時期，他所講的一些話就是由他身邊的幾個人記下的。而最精采的幾段很可能出自顏淵的手筆。

「如心」：母親的心

各位如果在重讀時發現顏淵說的「與天為徒、與古為徒、與人為徒」，已經和我們剛才在講的「總體系」差不多了，或至少完成了基本布局。於是你因此可知：成為聖人之徒就可以這樣子，學習不是不可能的。然後接下來才會談到進一步的概念探究：「忠」、「恕」等等。我們其實也花時間談過，這進一步的「盡己」，就是要讓自我做到最徹底，要「精益求精」而達到最高境界。但有時這對一個人來說似乎要求太高──時時刻刻都在「盡己」的話，會把人搞得精疲力竭。在孔門中，也有一些脈絡的說明──「盡己」是要根據「時宜」做判斷，然後採取一個中間之道（中行），這叫作「時中」，即在時宜當中做判斷。所以不是要每天都把自己搞得很累，譬如天天都像曾子說的「吾日三省吾身」那樣。孔子的「時中」，就是一種在實際脈絡中做衡量斟酌的意思。

其次，「恕」講的是「推己及人」，但後人的詮釋常只講了一半。我們先前已經談過：「恕」字寫出來是「如心」，也就是「如你的心」。可是在古字裡，「恕」字還可寫成「汝心」，那就是你心，以你的心來度量事情。「你變成我，我變成你」，簡單講，「我如你心」，於是你我之間的關係就成為布伯所說的「我─你」，成為你的我，你現在一舉一動其實就是在替我行動了，而我也是如你的心而行動。因此一定懂得互相尊重、珍惜。

「恕」在戰國時代又曾經被寫成「女心」。「汝」這個字直接寫成「女」，這一點並不奇怪。我們可以合理地懷疑：「恕」

字最早的寫法會不會就是「女心」？——「女」這個字，除了指女人之外，也可以指「你」，也就是「汝」（從音韻學上更可能做此推理）。「汝心＝女心」之論如果成立，那就非常重要了——前面我們談女性主義和母權社會時，母親是居於領導人的地位，是非常重要的生活核心。不管是在古代或後來的世代，每一個孩子長大的過程，無論如何，幼年時真正在教養他的人就是母親；父親則常常不會太貼近孩子，特別是幼兒。我們看孔子的身世，應特別注意：他三歲喪父，父親是個有名的大力士叔梁紇，應當就是身任王侯衛士，他的地位可想而知。不過他在年紀很大的時候才娶了孔子的母親顏徵在，當時的顏氏可能還是少女。這些都有歷史記載：顏徵在這位女士是有名有姓的人。我們就要對這位女性多下點工夫來瞭解。

根據白川靜的考據，說顏徵在其實也是有地位的人，否則她怎麼可能以單親的身分來撫養一個孩子？而她的職業是什麼呢？我是不是跟各位講過——白川靜一口咬定說「顏徵在是個女巫」。巫，其實是很多種工作的總稱，但擔任的工作大部分都跟「祝」有關，所以「巫祝」常常連用。他們的工作，譬如說鄰里當中需要有人去主持一些儀式（慶典或婚喪禮儀），這就是巫祝的工作。至少顏徵在就有這樣的身分。現在要解釋的是孔子和母親的關係：孔子幼年時便「好陳俎豆之事」，也就是在家裡擺設俎豆，好像在玩家家酒似的。可是，別的小孩玩家家酒都是拿些替代物（如我們今天所知：以柚子皮當作豬肉）來玩煮東西的遊戲。小時候的孔丘為什麼會用「俎豆」？那其實是一些禮器，也就是儀式上用的道具。他家裡怎會有這種玩具呢？難道特別為

他打造一套禮器讓他當玩具嗎？這是完全不可思議的事情。在兩千五百年前，誰會為孩子做這樣的事？所以顏徵在應只是拿她自己職業上所用的道具給孩子玩。雖然有根有據的只是斷簡殘篇，但事實上已足夠讓你理解：孔子玩的正是媽媽在工作上使用的那些道具。於是孔丘就從小「好陳俎豆」，也就是開始能知「禮」了。[2] 禮儀原來就是她媽媽的職業。而這個女人在工作之餘，教她孩子從禮開始玩起、開始學起。這裡面當然有很多只是儀式，可同時也有不少道理——孔媽應是個蠻聰明的女人，會教導孔子一些禮儀中的道理。雖然幼時不一定完全聽懂，但孔子所體會的，也反映出他後來所說的種種德行，就是「仁」、「禮」或「忠恕」之道。特別值得注意的是：找遍古代典籍（譬如《書經》），裡頭並沒有「仁」字。把「仁」當作一個學說的要點，並且用力推動的人，正是孔子。

「媽咪主義」的思想家

孔子對於「仁」以及相關的概念有很重大的貢獻，他認為：這是我們所有的「人倫關係」之中的第一條「金律」。那你會不會懷疑：根據我們剛才對於忠恕的講法，以及孔子自幼與母親的關係，則恕就是如心，就是汝心，也就是指娘的心？娘的心就是顏徵在告訴小孔丘所說的話，並且她一定也暗示了娘的心就是盡己之心——為娘的對待幼兒，不盡己還能怎樣？

---

2 這裡沒來得及談的，必須補充一下：學「禮」之外，更不可缺的是學「樂」，因為巫祝的專長中一定包括歌詠舞蹈，總稱為「樂」。

孔子後來講這些道理的時候，跟他同時代最高級的士大夫們比一比——他們講的又是什麼？不外就是侍奉君主的道理——你去查查看，跟他同時代或早他幾代的幾位最有名的士君子（譬如說管仲、子產、左丘明），他們都在幹什麼呢？當「家宰」或輔佐國君（諸侯）的人，講的都是些治國平天下的道理，孔子講的話，相形之下就顯得完全不合時宜。他是在幹麼呢？不想「學而優則仕」嗎？他固然也去當了官，但竟然會努力講「仁」的道理，意思就是要體恤所有人民。這講法跟所謂主流價值（封建統治／奴隸社會）顯然不合，所以才會這麼倒楣，當了幾年家宰以及代理國相，沒多久就被驅逐出境，在外頭像喪家之犬一樣流浪十幾年。所以，孔子是不合時宜的，但是他懂得的道理——他的「時宜」——其實是從母系社會裡一路流傳下來的那種永不失時的道理，也就是說：女人養育孩子的時候，她必須要懂得她的孩子，「女心」＝「母心」，就是懂得孩子，你不用講話我也知道你在想什麼。這種道理後來被孔子全面發揮，叫做「仁」，也成為我們傳統德行的新根本。

現在有些女性主義者的回顧，想要替孔子的理論找到來源，他們會覺得顏徵在這位女士實在很了不起。孔子幼年喪父，她就一直帶著小仲尼學習。孔子十五歲左右才出去求學，中間有很長一段時間是由母親在教育他。所以當胡適說孔子推行的仁政是「爸爸政策」而孟子是「媽媽政策」時，[3] 我才會在眉批上評道：孔子其實才是個「媽咪主義」的思想家。他會把女性的德加

3　參見胡適《中國哲學史大綱》，台北：台灣商務，p. 325。

以發揚，而且當時女性社會地位不低，所以能學到很好的知識。孔子就把這些知識稍微轉變，變得可以跟政治主流相互接壤，而創造了「仁學」（雖然這是當代儒學的用語），也可以用來治國平天下。意思就是說：即使身為諸侯、君王，還是要去體恤所有的人，不光只是自我中心，或由統治階級為中心而為所欲為。但當時霸主的典型除了「好色」、「好勇」之外，就是目中無人，要霸主多體恤人民，很多國君聽了會覺得不堪負擔，要真正體恤民心，對於君王來說，實在太難了。所以孔子的那種「以仁為本」、「道一以貫之」的博學多能，反讓他無法被人重用。

　　孔丘年輕的時候已經因為「知禮」而聞名，他最初當了季氏的家宰。在魯國大夫中最有權勢是三桓，而季氏又是三桓中的領頭。家宰的工作本來以宗廟事務為主。後來孔丘出任司寇、中都宰，又攝行相事（代理國相），也做了不少管理國家以及與大國外交的事情，所以孔子很有能力，舉國皆知。但是當壯年時代的孔子堅定地推出以仁德治國的理念，去說服諸侯，他所講的話和他晚年時專心想的道理，應該是很不一樣的。季氏的當家者季札馬上發現他是危險人物，就動用他的權力和陰謀，迫使魯公把他解職並逐出魯國，當時的孔丘五十五歲左右，他從當家宰到代理國相的時間也才四、五年而已。他在流浪（即所謂「周遊列國」）的時候，更認真去想，發現諸侯之間的現況是遵循著行不通的道理，這樣搞下去就只是冤冤相報，戰爭會一直不斷地反覆循環，所以他要創造出一種停止戰爭的治國方式。我們現在回頭去講一些春秋時代的古事，其實只是要替我們的論述打個底。

無聖、無德，無所適從的時代

經過這麼長久以來，我們其實也曉得了，仁德治國的理念在整個有文字以來的歷史當中，常只是一種例外。這些道理，到了宋代的朱熹已肯定知道：「千五百年之間……只是架漏牽補過了時日。其間雖或不無小康，而堯、舜、三王、周公、孔子所傳之道，未嘗一日得行於天地之間也。」後來的思想史家余英時就仿著朱熹再往下接說：「二千三百年之間，只是架漏牽補過了時日。堯、舜、三王、周公、孔子所傳之道，未嘗一日得行於天地之間也。」[4]「仁德之道」變成一種空談，用在國際社會，甚至用於一般的社會公法上，都是唱高調的。所以我們進入一個很麻煩的情況：現在已經是個無聖、無德的時代。「聖人之道」這種東西對我們而言非常虛幻。所以我們的問題早已變成：在一個無聖無德的社會裡，人到底要怎麼辦才好？我們真正該遵循的規則是什麼──我們自然會不斷地這樣自問。

我不是故意要把問題扯得很高很遠，而是說：我們在現代社會生活中指的「社會心」，究竟是什麼意思？你必須注意一下，我說的「你」並不是指你自己。然而別人的心，你並不是視而不見。我們彼此之間除了用心之外，更重要的是把對方視為「你」──然後都向著對方，「以身相處、以體相會」。我們可以使用這樣的隱喻：身體會發出磁場，我們的磁場交會在一起，於是我就可以「體會」別人了。我們常用的「體會」、「體

4　余英時《歷史與思想》，台北：聯經，1976，p. 46。

察」、「體諒」、「體恤」、「體達」等等詞彙，就是在用一種看起來像是身和身之間磁場交換的方式，來互相獲得瞭解。我知道你現在難過了、沮喪了⋯⋯但我不只是「知道」，而是可以更進一步地「以身體之」。我們有這種語言，而且大家都懂，這是一種很起碼的待人之道。於是，這時候我們所談的社會建構論並沒有唱高調，它以另一種方式來說明我們共同建構的「社會心」是什麼樣子，因此而維持著人和人之間是「可以相互理解」的。不是每一個人都有爾虞我詐的心機。我們曾有一種明哲保身式的看法，認為人人都很「有心（機）」，然後就會把奇技淫巧藏在裡面，城府很深，到了外面其實都是在講場面話。不要認為人都是如此，為什麼？因為所謂的城府、心機，難道別人就看不出來嗎？別人會說的謊和你差不多，所以我們在互相對待的時候，即使做不到像「聖」一樣的程度，但說到體會別人，其實我們早已都是專家，不必故意強調它的困難──這是在回顧高夫曼的說法。

我曾想要跟別人進一步去談「當代道德」該怎麼研究。我也談過，我們可以用一個現代人都可以接受的文化 common sense（常識、共識）去說「這人是個好人」、「這人是個小人」等等。我們使用的這種詞彙，在某些時候是有效的。怎麼說呢？我說這個人是小人，因為他在好多次交易時都偷斤減兩。既然他做了這種欺詐的事情，多次累積起來以後，我就可說這個人不誠（不實），因為別人可以做到相對比他誠實。如果在交易的時候，每次都偷工減料，我們就可說這人叫「小人」。這個詞，我們在兩千五百年前就用過，不過，最初那是拿來和「君子」相對

而言的，其中有很濃的階級差異意味。但現在，我們把這個詞彙拿回來，說「這真是小人」，這已經沒有階級意味，而是人人皆懂的一種人品評價——做生意（交易關係）的時候碰到這種人，你要小心一點。在其他的關係狀況中也都可類推。

我們現在談的這種種，其實都沒有任何困難。我來講個非常簡單的例子：到新竹觀光時，各位一定都知道要到城隍廟那地方，可以吃些肉丸、貢丸、炒米粉等等小吃。但在大廟旁邊另有一家名字很土的剉冰店，叫「阿忠冰」。你去吃吃看——他給的是真材實料。當然也會隨著物價調漲，但除此之外，他給的料依然很紮實。我們都很清楚，尤其到觀光區點一客紅豆冰，看起來冰很多，但冰溶了之後，就發現只有幾顆紅豆飄在那兒，看了非常難受的。在這些休息站、中繼點，因為顧客沒有選擇，只好吃你的冰。相對而言，人家可以有另一種做生意方式，就是拿出真材實料，價錢也不會特別貴，而顧客永遠懂得如何比較。

人和人之間有相對的規則，可以品評什麼叫好人，什麼叫小人。在生活中可以用來作為一種判斷的標準，雖然不是很準確，但若說沒有「好人／小人」之別，你能相信嗎？我們在生活中確實有這樣的一種可以判斷人的方式，所以，當我們把這種準則放進來，在社會建構論中談心靈的問題時，講了半天還是在說「人在如何建構人」以及「你要怎麼做人」。「你要怎麼做人？」這是個非常簡單的老問題，但不要太快用一種語言傳統，說人要成為聖賢——後來讓每一個人都記不得講那種話能有什麼意思。考八股文的傳統就是考完就忘了，而這種人來當官的話，那些讀過的聖賢書也沒教他如何管這些事情，於是就會做出許多不義而無

恥的事情，就是以便宜行事的方式，訴諸偷雞摸狗的常識而已。

我們應該都知道，社會建構論裡講的人都是普通人，但格根的意思是：人和人之間也會透過建構而出現很多法則；我們之間互相試來試去後，發現有種法則幾乎是百試不爽的，那就是「你希望別人怎樣對待你，你就怎樣對待別人」。通常只要你能夠維持這方式來做人，人家就會說你是「好人」；但你不這樣做，就不見得是好人（只能說是「中人」），再過分一點就叫「小人」了。當然，有時做好人可能會怕吃虧，因為別人不見得都在做好人，當個普通人（即「中人」）比較容易——你聽了會不會擔心？這是很現實的，但我認為這種講法像在打馬虎眼。我們不落窠臼，但也要談別的現實。

我在美國的時候，學到一種社區互助之道，或叫作「守望相助」吧——有一種人際關係是自然培養出來的，你看看這樣的關係是多麼不費思量。在下雪天時，車子可能會被雪堆卡住，車子要開的時候，車輪會一直打滑，出不來。於是，路邊經過的人看到有車出不來，大致上都不需要招呼，自然就會過去幫忙推車。那車子只要順勢用鐘擺原理推幾下，就可以順利開出雪堆。車主當然都會打開車窗道謝一下。這就是一種人和人在社區中的互助。幫忙的人不一定認得你，但人和人之間，連只是路過的人，都會來幫你一下。我學到之後，覺得這種民情風俗還真不錯。

不幸的是，回到台灣之後，有一次我在球館打完球，發現下雨天，停車場有輛車子陷入泥坑，車輪在那兒打滑打滾，走不動。我就過去幫忙推一推，推動了，車子就開出去了，但泥巴稀哩呼嚕濺得我滿身，那台車的車主卻頭也不回地開走了。我想到

以前在美國的時候，別人幫你推車，臨走前你會把車窗搖下來說聲謝，可是在台灣，我幫人家推車子，人家賞了我一身泥巴，我就覺得，這種關係實在很難叫作什麼「人際關係」。

那麼，更現實的人際關係基礎在哪裡？

「Common sense」與「社會心」

我以為做（好）人是一件很簡單的事，可是受到了考驗以後，我覺得很懷疑，那是 1985 年左右的事。經過了二、三十年，由於有利於社會發展的風氣形成，到了今天，你會發現：你用這樣的方式（就是剛才談過的那種「幫忙推車之道」）去對待別人，大部分的人是會答謝的。今天有很多人說台灣的國民素養不錯，這個素養其實是久而久之在人與人之間形成的（建構起來的）一種共識——這樣一種待人的方式，我們都覺得很好。大家起碼是好人，而不是以小人為標準。[5] 所以現在，在公共場所讓座給人時，廣播會說要讓給孕婦、讓給老人、小孩等等，但大家的共識中最簡單的一句話應該是「讓座給需要的人」。這句話本來是抽象的，沒有特別點名。但既然現在大家都聽得懂，並且同意「讓座給需要的人」，所以這真的可說是「素養很高」。在台灣這個社會，現在大家都知道這是一個 common sense，也就是

5　插一段小故事，是在課堂之後發生的：我去一個賣場，回來時發現自己身上背著的包包不見了。後來由於包包裡有我的電話，打電話過去，回話的人說：「這裡是（賣場）服務台。」我回去向服務台要回了我的包包，打開來看剛剛領出來的兩萬元鈔票，一張也沒少。這種事情已有很多人經歷過。雖然無法找到統計，但這使得我們相信我們的「社會心」是「良心」，並且確實有很多「好人」。

說，這講法已經是有效的共識。

這又回到了另外一個問題：「你要不要你自己的道德素養？」——其實不是「你自己的」素養，在整個社會歷史脈絡之下，必須要有一個 common sense，大家互相同意這樣做是最好的。這時候社會建構論就會把「心的問題」推廣——自己有修養不一定有意義，但大家都有修養就很有意義。你也得曉得，台灣變成這樣的社會，果然是因為大家**先有機會在某個地方一起互相練功**，不像在別的地方那樣互不理睬。那「某個地方」又是什麼時候開始出現的？考驗我們的公民到底有沒有學會社會心的指標空間之一，我認為大概是台北捷運。在捷運裡守規矩的人，到了外面的公車可能還會搶座位。但後來捷運裡的文化慢慢發酵了，慢慢延伸到外面。譬如，以台北市而言，捷運的秩序後來到公車也適用，後來使用台鐵的人也慢慢學會。這其實是一個緩慢的過程，互相形成這些 common sense。我們不要只把 common sense 翻譯成普通常識。Common sense 有一個重要的意義，用拉丁文寫，叫 *sensus communis*；十八世紀義大利哲學家維柯（Giovanni Battista Vico）的《新科學》（*Scienza Nuova*）一書裡討論過這個概念。[6] *Communis* 即意指 community。*Sensus communis* 指社群本身有一個意識可讓大家共享。Common sense 不只是普通常識，而是指一種共有的同意，也就是共識的狀態。

人在整個社群生活中是會學習的，只是在社會建構論裡，有

6　參閱 Schaeffer, J. D. (1990) Sensus Communis: Vico, Rhetoric, and the Limits of Relativism. Durham: Duke University Press.

時會把理論發揮到甚至超過「你的心／我的心」，這就構成了所謂的「社會心」。我們同在一起時，「心」就變成了我們一起共享、同意的狀態。這種理論強調人的主體性其實就是人與人的「交互主體性」（intersubjectivity）。我們的社會，光你個人思考，幾乎等於沒有思考。當人在共同思考時，你跟別人之間就會通過「匯流」（confluence）而進入一種「同心」的狀態。所以整個社會建構論所建構出來的「心」就慢慢變成「不只是在講一個人的心」。[7]

後來我們可以看出，這同心的狀態，跟古老經典上說的話很接近。當時的社會也允許他們講出這種話，只是這種語言不像是在講大話。特別在更古老的時代，譬如我們上次談母系社會裡的小國寡民生活，當時人和人之間的互相照應，到後來被寫成《中庸》裡的〈禮運大同篇〉。大家讀〈禮運大同篇〉時會覺得，那只不過是孔子弟子心目中理想國的描述。「不獨親其親，不獨子其子。使老有所終，壯有所用，幼有所長，鰥寡孤獨廢疾者皆有所養」，這實在太了不起。但回顧過去母系社會時的每個社會、每個組織，為什麼可以說「不獨親其親，不獨子其子」？我曾說過，就像一個大媽帶著阿姨們養著一群孩子，這些孩子全部都是「我們的孩子」，沒有特別強調「我的孩子」，大家一起同甘共苦，孩子就是大家一起養。所以「不獨親其親，不獨子其子」是理所當然，不需要用上任何特別創制的社會福利制度。現在聽起

7　「匯流」（confluence）在格根《關係的存有》裡，是個基本概念，參見該書第二章最後一節。

來像是一個大同社會、理想國、烏托邦，可是在五千年前的母系社會裡，這只是一種 common sense。今天我們回顧時，只能說，我們現在很幸運能處在一個近乎和平的狀態，所以要建立一個富而好禮的大同社會，並不是什麼困難事。

活化社會關係中的「人學」

此時我們談社會建構的論述方式，要強調的要點，一言以蔽之，就是過去心理學都不知不覺只強調個人主義，這樣的學問會一直敗壞人心——它甚至不會區分「好人／小人」，當然更不知大同社會為何物。當它把所有人都變成一個個獨立而互不相關的個體之時，人和人之間的關心就變成多餘的，心理學也因此變成了「無心的心理學」。各位想想心理測驗，它就是測驗每一個人能力多少，或性格是什麼典型，它沒辦法測量一個人到底是不是關心別人。「關心」要怎麼測量呢？這在測驗題上要怎麼編題？只是寫成「我會關心別人」的句子，然後要你填上「同意、很同意、非常同意」等等，然後你就能相信它的結果嗎？這問題有沒有用，以術語來說，叫作測量「缺乏效度」；也就是說，像那樣訴諸字面意思的測驗，效度很低，完全等於漫不經心的「說說嘴」而已。你會發現，其實沒有一種心理測驗能真正做出這樣的測量。雖然心理測驗可以改變設計的方式，譬如人跟他的社群中的某些人接近不接近——有這樣的測驗，可以把你跟誰最接近的關係圖畫出來。它能畫出這個教室裡誰和誰是死黨，這一群、那一群，但沒辦法測量出這群死黨和另外一群會怎樣打交道，甚至有沒有關照的關係。到目前為止，這種關心別人，以及到底關心

到什麼程度等等，在心理測驗中是完全看不出來的。它擅長處理的是，誰有什麼特質、有多高的能力，等等，但這都是在去脈絡化之下的操作定義結果，仍然無法解決效度缺乏的問題。

過去的心理學方法論，基本上是奠基於「個人主義方法論」【學員：做認知概念的那種學習嗎？】對，所謂的「認知」都只是在說「我」的認知，也就是特定個體對特定項目的認知。它並沒有說我對別人瞭解多少，社會心理學想透過測量來得知，但是在這點並不成功。比較有名的社會心理學對於測量人心敗壞的程度倒是蠻專長的，例如人到底多麼會附和他人的意見——對於「從眾性」（conformity），有非常著名的社會心理學實驗。大多數別人所講的，即使是錯的，即使有一個後來者在裡面聽到了覺得很懷疑，但他也幾乎都不敢堅持己見，最後會選擇附和他人。這被社會心理學家證明了：一般人都會這樣附和他人。這個實驗是所羅門・阿希（Solomon Ash）所做的。另外，在權威的命令下，也很容易變成不管別人的痛苦死活，可參見斯坦利・米爾格拉姆（Stanley Milgram）的研究。一再運用社會心理學來證明人心敗壞，這是很容易的；至於會不會去關心別人，卻很難測量。

後來出現一些概念，用來描述對社會正向的意識，譬如 prosocial，是指人會願意去維持人和人之間的（慈善）關係。有類似這樣的研究，但基本上都不是很有說服力，還是停留在字面上，至於是否真正關心別人，其中牽涉到「關心的能力」，那就是很難測量的問題所在。如果改用觀察法，反而比測驗更容易看出來。有人在路上跌倒，接著後面有人上去攙扶，這就是關心。

而且這關心不會特別去計較利害，是一種自願的扶助。這種不計利害的自願扶助之事，現在還是經常發生的——不管在台北市或在其他地方，我常在車上碰到有人讓座給我。還有，車子一搖晃的時候，我因為平衡感有一點弱化了，常會站不穩，光看到我這半老的外表，真的馬上會有年輕人過來攙扶。我相信我們之間已經建立了這種 pro-social 的狀態，我們之間確實正在「互相養成」素養的過程中。可以說，這種養成就是所謂的建構。社會建構不光只是空談，而是在說：行動中就可以互相培養出一種社會心，而大家都在建構的同時也共享這個「心」。這時候我們就會把心理學擴大，不是一直談個人、自我。最重要的一點還是在於談到「人」時，有一種對於「人」活著的定義，而我們所說的人都是複數，是指「我們」，甚至是「咱們」：整個社會建構論的重點是要把活在社會關係中的「人學」活化起來。

社會規則的建構：超越「無體辯證法」

從建構論回顧，包括談格根的著作，以及歐美社會研究中談的建構論時，確實有人懷疑過「建構本身很可能會變成一個空心的建構」。我剛剛特別談到一個名詞，就是社會辯證法已變成了「無敵辯證」；而社會建構論也因此變成「無心辯證」的問題。也就是說，所講的東西只是「規則」，後來就形成了「社會關係」，但沒有特別去談所謂的規則究竟以什麼實體為根據。在社會辯證法和社會建構論裡都可能會碰到這樣的問題。

各位記不記得我曾經講過，社會辯證法基本上是：「一個社會裡面所有的人，在形成規則之前，大家都需要有基本的產

出。」譬如說你的需求、你要什麼或你能給什麼。接著大家都知道自己要什麼，或能做什麼。然後這些產出的東西很快會凝聚成一個自行運轉的、自體成形的規則。但這個規則很可能不是你，也不是他，而是這個體制幫你打造的。體制是什麼呢？其中難題就在於我們沒有「只有人而沒有體制」的社會。就像各位今天坐在這裡，你們算是坐在一個講堂裡，也是坐在一個體制內。我們並不是單獨的個人就形成了一個群體，而是進到了一個講堂後，讓這個講堂體制在制約你，所以這個體制非常可能正在替你進行一種「你到底想要（知道）什麼」的狀態——我在問說「你們在想什麼」的時候，有些人已經知道了——講堂裡的人要什麼東西、想什麼問題呢？看你們有多少人交了學費，就知道有多少人是自願來上課，這個體制很快就能憑計算而創造出一個群體，處在一個「能要什麼」的知識生產體制中。

於是，這個體制化以後的規則，我們都知道它其實更像是個被硬化、被固定的規則。看起來很明顯，我們有一個共識可以指稱，但這個共識並不是真正由「你」所產出的東西，而是因為它已經凝聚成形了。然後，接下來的事情更可怕：一個被體制化後再回饋給你的東西，使你誤以為那就是你的初衷。原來你要的東西竟然是被這樣子變形建構出來的。所以社會辯證法其實就說明了這種曲折的關係。但它要說的是：「人心會自行運作——這只是神話。」一定會有個體制幫你接手，以後用客體化的形式替你運作，之後它還要回饋給你，告訴你說：這就是你想要的。

大家聽懂了社會辯證法以後，也就是說，它告訴你這是「社會的實體」，但我們現在要改稱它為「社會實情」。我們可以

在某種程度上去挑戰它：「這真是社會實情嗎？實情一定是這樣嗎？」我上次曾經講過，你在風景區裡面健行或慢跑，碰到人的時候，你就跟他揮個手問好。這在風景區裡其實也可以說有個潛在的體制，大家到這裡本來就是要來休閒的，大家都來這裡做早操，大家都有一定的行為方式。在一定的場合裡，這樣的行為方式也就已構成了體制。只是這個體制鬆鬆散散，沒有領導也沒有管理人，所以基本上這個風景區就只有使用者之間的互相試探，彼此間果然就形成了打招呼的規則。

你可以把這叫作「體制規則」，但用在這個裡就有點勉強，因為沒有誰能管誰，這體制真是鬆散到不成體制了。問題是：大家卻互相知道，我跟你揮個手、說聲早，就感覺很舒服。我沒有付出太多代價，但我得到的感覺很好。社會辯證法有時候太強調「社會規則怎麼產生的」，結果這樣的產生本身就會從「無敵辯證」一轉而成為「無體的辯證」——我為了批判之故，必須這樣說它。人和人之間碰面時，是在「體會你是否友善」。於是我才試探地說：「你早。」他也回說：「你早。」——果然他給我的回答讓我很滿意。我們互相認可了，這個規則就行得通，「我們」一轉而變為「咱們」。所以在這裡用社會辯證來說，是過分粗略了。這時候的規則本身是用「體」的方式體會出來的，而不是「體制」去幫你制定出來的。所以，要注意社會辯證法在社會建構論中使用時，它有時候會落入這種「無體辯證」的狀態。我們只要把「體」召喚回來，就會發現：人有時會被這些學說給蒙蔽，這些學說急著去說規則，但它沒有談到規則**產出**時真正的「人」。人有些時候雖然不是很有創造力，或隨時都有能力掙脫

體制而掌握自己的行事權，但這樣講辯證法，也太過分——把人的本體忘光了——至少忘了人的本體就是會發聲講話的主體，而講話本身就無時無刻不在進行偶發性很高的、偏離規則的創造。

再談「關係」

回頭談體制，它有硬有軟、有鬆有緊，有多種變形。其中特別是在體制很鬆的地方，人竟然會願意理會別人。這時候才特別要說「人還是有希望的」——還有很多沒被塑造成形的希望。我們要特別指出：格根的書裡談的社會建構論，都是起源於 1990 年代以前。可是後來他自己慢慢發現，這個講法可能是過分地講究某種理論型態；雖然他一直說這已是人文學的新傳統，可是暗地裡他開始在轉變，認為重要的是有一個建構的本體基礎，叫「關係」。「關係」比社會建構還要來得原初，意思就是指人和人之間的互動能力。所以我上課時特別強調：我們需要在中文裡面產生一個新的詞彙來講「關係」。

關係（繫）

我們現在常講的「人際關係」不是都講著所謂的「關係」（讀音是「關西」）嗎？而且我們經常讀到的這種人際關係、溝通關係，很多時候都是假的。公關的關係，很多時候是在「做關係」，做關係事實上是人為的表演，就是要做出來讓你滿意，那其實是屬於商品的一部分，並不是在關心人。我們人和人之間還有另外一種關係，我們必須創造一種新詞，為「關」字加上一個人字邊，然後用重音去讀「係」，就是感覺要「聯繫」起來。這個新詞雖然沒法用電腦打出來，但你必定瞭解這種特意造詞的必

要——我們正在用講話（發聲）來形成另一種新的「產出」（見手寫的圖示）。

我特意強調，我們所謂「關係、關係……」日子久了以後，變成「有關係就沒關係」。所謂走後門、套關係，都一再強調那關係是很假的東西。可是反過來講，人和人互相聯絡時，有一種相互關照的關係（繫）型態，在我們過去的心理學都還沒有真正說到這一點。心理學所說的東西竟常是比較假的、比較表面的部分。各位如果不信的話，去看看「本土心理學」（那已是上一代的談法了），他們很習慣說「中國人的關係主義（取向）」，各位難道不會想知道他們在講什麼嗎？我曾特別對這種談法提出挑戰說：「你們是拿關係裡的哪部分來當作樣板，說明這個社會中有『關係取向』？」後來發現他們所說的關係樣板竟是「請託關係」。[8] 我認為有很多關係都可以取用，為什麼非要用「請託」？而這就可以用來說明整個華人的關係取向嗎？請託是什麼關係呢？那不就是在要求利益交換嗎？回頭想想剛才談到的「你跌在地上，我扶你起來」，這裡面有沒有請託關係？當然沒有。我也沒請你，你也沒託我，可是我會扶你起來，扶完後你會跟我說聲謝謝，我會跟你說聲沒關係，然後就走了。這樣的關係他們都視而不見，卻可以花很多時間談「關係取向」，說的關係都像是在講「人情」、「面子」，講的都是人和人之間很虛偽的關係。給面子、請託，再來套關係，這樣的關係——關說或請

8　參見黃光國〈華人關係主義的理論建構〉，載於楊國樞等編（2005）《華人本土心理學》，台北：遠流，pp. 215-245。

託——不就是在講利益交換？不都是在講暗盤交易的關係？可是我們談的人和人之間的關係，為什麼非要這樣談不可？你花了好多精神想要建立華人心理的特色，但卻拿我們最惡質的東西來當作樣板，建立這樣的學說，實在不知居心何在？——這「居心」不是指某一個人的學說，而是某一個學術社群裡產生了敗壞的common sense——我在捷運車廂裡沒站穩時，有個年輕人過來扶我，難道我請託過他嗎？扶我一把會為他帶來什麼好處？完全沒有。怎麼不說這就是我們的「關係」在起作用？而偏偏這樣的關係並不是華人特有的——任何一個上軌道的社會，人人都可能會這樣。

我在第六講談過在美國地鐵裡的遭遇：車子發動時沒站穩，踩到旁邊一位女士的腳。我跟她道歉，她就說："Never mind. You are not on purpose." 我冒犯到她，即使她已經被傷到了，她還在替我著想。她起碼知道我不是故意的，因此她不會責怪我。這就是說：人和人之間都可能有這種相互體諒的關係，所以「關係取向」從來就不是華人特有的。用「關係取向」來解釋為華人特色，實在太沒有社會學概念。一個社會裡的人會互相和諧相處，基本上是已經有一種「富而好禮」的生活水平。因為水平再低一點的話會有困難，互相之間會爭奪利益，所以不太容易替別人著想。但到了某一個水平之後，大家都會覺得那種互相善待的方式很和諧，很好。這種方式、這種關係本身就是建構所得。社會要經過一段摸索後，慢慢建立起互相同意的一種規則，才會推動這種建構。

心靈、科學、鬼神

過去的心理學一直有一種傾向，就是把個人主義的概念和方法過度渲染，而在其中建立的規則，其實都不適用於人和人之間的關係，不太能稱作「心理學」。心理學其實已經被個人主義的方法論給自行敗壞了。這是方法論本身的問題，而不只是在談美國人或西方人的個人主義。我們在講堂裡用這樣的方式來重新檢討，希望能跳脫那種體制化和僵化的學問，之後就要把我們所談的學問改稱為「心靈」之學，其中的方法是「理心術」，以此來對它作重新建構。

我特別要說「心理」這個關鍵詞，它已經帶有很造作的用意，就是要強調自己是一門「科學」。因此心理學就要像物理學一樣，要迎合「常態科學」的「科學標準」。可是我認為心理學最終目的是要促進人和人之間的相互理解，那麼，只要強調它是一門「人學」就很好了，不要一直去強調「心」和「理」。如果要說有理的話，我會說那是「道理」，而不光是「理論」的那種「理」。譬如說「好人／小人」的區分之理，或說「天理公道自在人心」，這樣，聽來是比較古典傳統的講法──這樣講其實擔保不了它的意義。我們從建構論重新出發，我會說：天理其實是人製造的，但製造的時候需要一個文化／歷史過程。譬如說人和人之間，在長久的相互建構過程中，才會產生這個「理」，而不是「天理」。

心理學過去所發展出來的東西是過度個人中心、自我中心。今天我們把它稱作「心」或「心靈」的時候，會讓它變得非常

有趣。說它是「心理」，意思是說可以被一定的方式測量、評估；但說是「心靈」的話，你就會覺得它飄來飄去，難以捉摸。「靈」這個字好像引來了「靈魂」的概念。但問題是，很多人會用「磁場」來理解人的互相交會，它比較像是「靈交」，人是用靈魂相互飄來飄去而交往的。這樣講很有神祕主義意味，但你不用擔心，你只是對這用語還不習慣而已，很難聽出它只是個隱喻。我不用「靈交」，而換成「體會」，這意思完全一樣。聽到「體會」的時候，你就會覺得比「靈交」要落實多了。但這意思是完全一樣的。

　　用了「靈」這個字，會不會覺得不妥？因為「靈」字的原文，請回憶先前講過的，是在講一個求雨的大巫，現在我們要把巫的法術變成我們所有人都會玩的把戲，這時候，我們所有人也都可能像個巫者。可是不要忘記，在三千、五千年前的巫，事實上是人中的菁英，只有這樣的人才配稱「聖」、「靈」。我說的是有能力跟鬼神打交道的人。今天我們已經不太會跟鬼打交道，或認不得打交道的對象是何方神聖。我就是個典型的例子：我以前常被認為是個「鐵齒」，意思是說我不怕鬼，但這話說得很不準確。有人碰到見鬼，自己擺不平，我確實曾經叫他們大聲說：「去找宋文里！」──報出這號人物的生日來，就不會找錯──「鬼都到我這裡來，我替你們擔了。」我跟鬼玩了這麼多年，都一直認為它贏不了我的。可是，後來越老越覺得，自己出現各種各樣的身體毛病，我身隨著年齡而衰敗，醫師也挽救不了──我不曉得是不是因為鬧鬼鬧太兇，才得到了這樣的報應。所以你們也不要學我這樣的「鐵齒」──但我不是說你必須怕鬼──怕他

不如先去理解他如何被建構出來，如此而已。

　　過去的人講的鬼，實際上包含著幾種不同的建構方式，不見得都指壞東西。屈原《九歌》裡談到的「山鬼」其實不是鬼，而是一個女神。要向祂祈福，必須由女巫打扮成祂的模樣，在山裡四處尋找。女巫穿戴著華麗的衣裳，使盡渾身魅力，但卻遍尋而不得。雖然她企圖與女神溝通，希望女神能來附身，但最終不能如願，只好落寞地下山了。屈原詩裡用了「鬼」字，但鬼本身不是個壞字。《聊齋》裡面出現很多鬼，其實也很多是非常有情有義的。所以我們傳統中提到鬼時，在某種意味或性質上，不一定都指敗壞。

　　人類學所知道的「鬼」不過是祖先的另外一個名稱而已——在自己家裡祭祀時稱為「祖先」；而別人家祭祀的就叫作「鬼」。中元普渡時不是讓所有的鬼都出籠了嗎？這時候自家的祖先也混在鬼群裡，所以你不必太驚恐。你們中間如果還有怕鬼的人，我的態度依然如故——就請它來找我好了——雖然我現在曉得，我只是一個人，大概也承擔不了太多。

　　但我得這樣說：你若有基本的「敬鬼神」，就構成了你要不要「成為好人」的條件。其實這時候的鬼和神都在負責任，神明負責給福報，而鬼則給人詛咒和惡報——意思正是說：當你心中有了愧疚，那個「愧」字就是心揹著鬼。所以我們在談心靈時，古代的鬼神一直流傳至今。我們因此而得說：鬼神是存在的。我們現在的心理學談到這一部分時，如果還在害怕，以「不科學」之名來迴避，那算是什麼心理學呢？在我們的文化傳統中，不跟鬼神打交道的，怎會是心理學家？

面對社會的黑暗幽冥

我要換個方式來反問各位：現在的心理學敢不敢去跟黑幫打交道呢？社會心理學有沒有人在研究黑社會的？不但有，這類的研究還多得很。芝加哥學派做田野的時候，還真的直接進到黑幫裡，去跟他們鬼混。從那時開始，這種叫作「地下」的東西，本來以為學院中人都不可接觸，後來在學院裡面發展出新的態度，敢直接到黑幫的總部裡去，替幫派做點服務，同時觀察他們做的那些鬼事情。這類的研究者確實很敢做，所以你們看電影《教父》拍得這麼好，其實是由很多知道內情的人提供的故事，寫成劇本，才能夠對他們使用的所有惡劣手段都瞭如指掌。法蘭西斯‧柯波拉（Francis Ford Coppola）拍這部片，不但得了奧斯卡金像獎，同時也獲得了很多黑手黨人的支持──他們說：關於我們有多狠毒和多善良，這部片都把我們拍出來了。所以現在該說的是：你怕鬼的時候，最可怕的東西其實不是這些鬼，最可怕的東西是人在搞鬼──譬如像大巨蛋，搞出一個不知該如何形容的官商勾結體系。在裡面搞鬼，就是在陷害我們所有的人，偷工減料，出事頻頻，但大家都束手無策，後來就都收攏到「怕鬼」的情結裡了。

所以問題在於：你是不是真的有勇氣去發展一種學問，來面對社會裡黑暗幽冥的東西。如果你敢的話，鬼神相對而言就沒有那麼可怕。心理學一談到跟鬼神有關的東西，馬上就以科學的名義，來掩護它的落跑。但那只不過是心理學不習慣把人的關係做更為擴大的聯想。如果能夠在這方向上推論，到後來就會發現，

鬼神也是人際關係的一種建構方式。所以心理學對此只能說有沒有這種見識，而不是什麼科學不科學的問題。敬天畏神作為一種「做人的道理」，是完全可以成立的。今天換個方式，可以叫作「對總體生態的注重」，其實幾乎是一樣的意思，所以只是我們的語言建構而已。

我們有時去土地廟上香，會很順口地念念有詞道：「天公伯啊，請保庇風調雨順、國泰民安。」可不是？這種講法聽來很好，但同時你也知道這種講法是多麼地一廂情願。你只不過上了一炷香就要求風調雨順、國泰民安，其實這樣已經要求過多，土地公怎能給你還這麼大的願望？但除此之外，你還能怎樣？我們只好期許上香祈禱能夠風調雨順，表達一下個人的心願，但土地公會不會去上報天公伯，這是完全沒保證的，但你會有那個心——就是那種願意投身在社會心之中的心——你說，這樣的「心」算不算是心理學的研究對象？

我曾經提出過這麼一個問題：國立交通大學門口有一間小小的土地廟，凡是要去考交大的考生，都會去那邊上香上供品，祈求能考上。但他們的供品竟然還有一定的規則，就是必須要是用「泰山仙草蜜」，三罐或六罐。總之就是要透過這樣的儀式來表示他在祈求某一種東西。奇怪的是：交通大學裡面絕大多數都是理工學院，結果他們是在做這樣的 nonsense，還是有某種意義？各位願不願意替這些人辯護一下？

學員：這是交大發生的一種社會現象，學長這樣講的。

對，可是有很多人不認識你學長，他們是外地來的考生，所

以事實上是這個訊息在坊間就這樣流傳，如果你要來考，一定會先來此觀察。一看到大家都放著泰山仙草蜜，你可以很簡單地問一問：「一定要這個嗎？」旁邊的人就會說：「對對對，一定要這個。」於是你馬上就相信他。這個規則就這樣累積形成，不必說後面有個交大幫在把持，這樣的講法挺不準確的。當你到現場去一看，就已經看到了一套固定語彙。但你要說這樣做究竟是 nonsense 或有什麼道理？我說這個道理就跟你到土地廟前面去祭拜，獻上點小小東西，然後竟要求「國泰民安風調雨順」一樣，這種要求大得簡直要壓死人，你以為用那一點點供品就可以換得到？而且土地公也沒有這麼大的職權。明明就知道那是 nonsense，但是這一拜一求的意思是什麼？事實上只是在跟天地溝通，而這個土地公的功能就是「會上報天庭的承辦人」而已。所以，我們事實上不是在做 nonsense，而只是取用了一種表達心意的方法。他的媒介是鄉間土地廟，你用了交大前面那間越來越華麗的小廟。人有時候為了要表達，所使用的行為形式看來會有點 nonsense，會讓你懷疑人怎會做這種蠢事？可是，他的心思不過就是「我想考上交大」，而這是沒法保證的，所以只好用這個看起來非常卑微而不一定有效的方式來表達。一個人雖然沒什麼通天的辦法，但起碼願意在這裡上個香、磕個頭；這樣的表達可以說是表達敬天畏神的意思。而對於這樣的表達，你就不能只說那是 nonsense。

所以，我們可以說：心理學解釋的習慣，從啟蒙時代一直到今天，還在繼續執行那種所謂的「科學規則」。各位覺得心理學該不該繼續理會這種規則？我們今天在這裡，其實是在創造某

種新規則。我們說的「心」比較是「心靈的」，而不是「心理的」。一直到今天，人要想談「心」，其實用「心靈」這個詞比「心理」要好得多。我們今天是在**回顧**這樣基本的學問底蘊，而這八講的回顧，加上中間穿插的一些**前瞻**，在此得告一段落了。

我答應要給大家一些時間，請大家回頭想想我們講的回顧和前瞻之道理：有什麼能再多談談，或有什麼沒講清楚的？因為剩下時間不多，所以我留出一點點時間給大家回頭想一下。我願意在這裡聽候大家的提問，再做儘可能的澄清與補充。

＊　＊　＊

【學員提問】────────────────────────────

我很好奇，社會建構後來也發展出不少分支在諮商工作中，如果回到今天老師提到的概念，在一對一的工作中，那會是什麼樣貌？可能會有不同的樣貌嗎？還是可能被操作了？

我知道你們在場大概有不少人是跟這種一對一的專業工作有關，我知道這樣的問題當然也牽涉到，譬如根格編的那本書《**翻轉與重建**》，裡頭談的心理治療如何透過社會建構而形成。我先告訴各位一件事情：「一對一，別人不可進入這種關係」，這本身就是一種非常人為而刻意（artificial）的關係建構，在我們日常的關係脈絡中不太容易發生。我給各位提供一個參考點：大家都應該知道，心理治療這樣的工作，原先在西方社會裡是來自教會的禱告和懺悔儀式。當信徒去跟神父作一對一的告解時，講的都是祕密。這東西流傳到教會之外，就形成了今天的心理治療。

心理治療的前身就是從宗教體制來的。

　　我在心理學本土化的研究[9]中也注意到這件事情——假如你不是天主／基督教信徒，那你的源頭又是打哪兒來呢？果然，余德慧老師說過：我們有的是乩童或收驚的傳統。一般人聽說某地有某位能通神通鬼的人，就會去找他解決問題。可是余老師注意到一個很妙的比較——當你去找乩童之類的人來解決問題時，沒有人會說旁邊的人不可靠近，然後關起門來，只剩下你們兩人。我們的傳統中沒有這種事。人家在幫你收驚的時候，旁邊還是有人走來走去。為人設置完全私密的地方，這是在心理治療之中的特殊建構，因為在天主教的源頭上，告解是私密的，所以在這裡講的話就沿著這個傳統而需要保密。但這樣的體制在我們的傳統裡從來沒誕生過，因此今天我們想去學習心理治療的體制時，它的副作用很快就來了——就是「你在跟人家講私密的事情」——私密是什麼意思？在我們的文化脈絡中，那像是把你拉到一旁去竊竊私語，也就是在私下講人家壞話。當我告訴你「不要跟人家講」時，多半因為那是在講別人的壞話。但告解不是在講別人的壞話，而是在講自己。我們的社會脈絡完全不同，以致我們把心理治療移植過來的時候，大家都對它疑神疑鬼。我們所猜忌的是：你們在講什麼悄悄話？是在講別人的壞話嗎？我們對這體制很不理解，所以才會對它產生無緣無由的排斥。

9　「心理學本土化研究」不可等同為「本土心理學」。這樣說，難免讓人覺得是在咬文嚼字，但事實上，那確實是兩個不同的學術陣營，前者後來發展為「本土／人文臨床研究」，參考一下他們的出版物就可一目了然。

從事這種工作最大的困難是：要讓別人願意進來跟你談，這一關最難過。一旦他相信你，就會一直跟你談下去，可是這一行裡很多人都知道：「進來找你」這件事本身就很有問題了。這種體制到現在對我們而言還是人為且造作的。所以我們想讓這種體制變成大家都覺得非常自然，這還需要蠻長的時間。到現在為止，這種專業的概念和形象，連根都還沒長好。

【學員提問】────────────────────────

我想進一步問，要去諮商前，因為還沒有建立好，所以感到害怕。那個「害怕」指的是說害怕治療師把？怕他會把我的祕密講出去？還是說害怕被他人認為我有病、被歧視？

　　你提到有病的部分，比較是指精神病，一旦精神科醫師接手的話，就表示到了患病的程度。精神科醫師其實比我們更頭痛，凡是要去找他的人，還沒進門就已經被貼上有病的標籤。至於心理治療，是稍微比較柔軟一點，大家對它的排斥性比較沒那麼強。而且在我們社會裡，這多半是從學校開始推動，所以很多學生從小學就知道「輔導室」裡的輔導老師，有些時候還蠻好的。但我們的輔導室慢慢發展出跟訓導處或學務處的為虎作倀關係，很多輔導室不知不覺就走上了這一條可說是最惡劣的發展道路。當學務主任有問題時，輔導室要替他擺平，這就是為虎作倀。不設法做出理想的心理治療──「用體會的方式去協助別人」。很多時候它根本沒有走到那一步。所以你要談心理治療的問題，我現在可以比較清楚地說，回頭使用社會建構論的方式去看，我們

的社會還處在建構過程中。那樣的關係究竟能獲得多少信任？很多中小學裡，常會發現：輔導室的工作者，在學校行政的權力位置上是低階的，以致他在學校裡只能聽令於上級。

當初在台灣建立這個諮商輔導制度的時候，曾經想過要在學務處之外，另設一個輔導處，兩者的權力平行，所以輔導處在處理事情的時候並不需要經過學務長。雖然有幾所學校開始推行這種制度，但後來幾乎是全軍覆沒。台灣所有的輔導室都已隸屬在學務處底下，而學務處過去惡名昭彰的叫作訓導處，這訓導處事實上就是學校裡的警總。輔導體制過去在我們的社會裡就長成這樣，它的自本自根性還沒長出來。所以，現在要談關於心理治療或輔導的制度，都還在種種權力階級的問題牢籠中。

然後，更大的麻煩在於我們的社會人心之中，「可以很坦白誠實地把自己的事講給別人聽」的概念。你想想看：人的關係中到底有多少讓你可以相信人是誠實的？「誠實」這個概念，我們從外文翻譯過來，原先的漢語裡並沒有這樣的詞——誠是誠、實是實，是兩回事。後來把 honest 的概念翻譯為誠實。你們從小學的時候就讀過華盛頓把櫻桃樹砍倒後，自己去向父親表示懺悔，而父親原諒他，並且告訴他：誠實是最高的美德。你們從小就讀過這樣的故事，但那是發生在美國人身上的。你們自己若真的把樹砍倒，馬上跑去跟父親說是我幹的，然後就得準備挨打了，不是嗎？但是華盛頓他爸不會打他，他們的環境裡有些家庭沒有打小孩的習慣（不是所有的家庭都這樣），所以他們可以很容易就去告白。可是對我們而言呢，誠實表示招認罪狀，於是後果你得自己承擔。我們的文化裡有這樣的一個黑暗面，所以我

們覺得誠實是很難的功課。要考慮誠實，其實需要反覆地取得保障，得到互相信賴的關係之後，坦白誠實才有可能。用這樣的關係去看心理諮商，究竟信賴關係是怎麼建立的？有時候像是空殼子擺在那裡。當你告訴別人：「進來告訴我的事情，我不會告訴別人……」講這種話，其實別人並沒有真正信賴。這種信賴關係即使是跟家人都不太容易建立，所以我們在這裡都還是白講的。

心理治療最早是從精神分析開始的。佛洛伊德的方式是：「你到我面前可以用自由聯想來講任何話。」發明這樣的方法，是告訴大家不要有負擔，即使胡言亂語都可以聽懂。但值得注意的是，他這樣告訴他的學生：「你要告訴案主，要很誠實地把心中想到的畫面一五一十地說出來」——這樣講話有多簡單呢？——「就像你坐在火車上看著窗外，看到什麼就說什麼。」他是這樣描述自由聯想的。可是自由聯想必須有一個前提，「你一定要把你心中想到、看到的，一五一十地說出來」，這句話，我讀到時就涼了半截——「你要很誠實、很坦白地告訴他人」，對我們的同胞而言，負擔很沉重。所以我們的案主不是在那裡獲得解放，而是在負擔著「坦承罪狀」的局面。這樣的文化可以說是我們的一種資產，但同時也是我們的負債。在我們的文化中，「坦白從寬」對於我們的父母子女之間都還不見得那麼容易。所以老實說，這種在西方文化中透過基督教建立起來的體制，在我們的文化裡並沒有同樣的底子。我們可以大聲說「我無愧天地，無愧鬼神」，但是跟爸媽有很多地方就是愧對的。天地鬼神比較容易過關，因為沒人知道，可不是？

我們的文化很奇怪的是，一旦有事發生了，馬上先否認掩

飾，等到幾天以後被新聞記者挖出來，才慢慢開始道歉和追究責任。這種事一直在循環，因為在我們的社會裡，誠實就等於要自行負擔後果。對於誠實，我們還像是笨拙地學走路，一直還在跌跌撞撞、擔心受怕。我們可能花上很多時間，但都不是在諮商，而只是在走前面的一步：建立信賴關係。

【學員提問】

可不可以請老師稍微介紹一下自己的思想體系？譬如說，您是一位社會建構論者嗎？我自己來求學，覺得很受益，跟著老師學的，不一定只是學社會建構論或漢語心理學。譬如我上翁開誠老師的課，他說自己是儒家，並且說了一套關於「真善美」的道理。我大概學到了這些東西，那對我而言是成就、啟蒙我的第一堂課。因此，我當然想知道除了社會建構論和心理學之外，老師是不是有也許是宗教、藝術心理學的背景？

　　如果一定要用個名稱來作為整套思想體系的招牌，我比較願意稱作「人文心理學」，而不是「人本主義心理學」。我暫時不對這個思想體系的內容多做解釋，因為可能會扯到相當複雜的學術思想問題，這些思想路數各有其名，我在其間來回尋索，但不願意用單獨一兩個名稱來當作我的招牌。

　　各位注意一下，「人本主義」是很做作的翻譯，而在台灣，很不幸的是，是由一批沒搞清楚狀況的人在推人本主義。本來是同一個字：humanities、humanism 都一直被翻譯作「人文學」、「人文主義」，這個傳統在歐洲是來自於文藝復興，一直到今

天 humanism 本身是有一貫性的，但後來被斷章取意變成不同的名義。尤其是到了美國，被轉化成 Humanistic Psychology，但到了我們這兒，又經過一次扭曲——為什麼不能直接用「人文」，而要特別強調「人本」？人本主義其實是過度詮釋的。人本的「本」這個字，要說是強調「以人為本」，但人文主義其實就已經是這樣了，不必強譯為「人本」。在文藝復興時代，有個很清楚的對抗對象，就是「神學」。因此，當我們說我們所仰賴的不是神而是人時，就叫「人文主義」。特別強調了「本」，就是畫蛇添足。

另外還有值得注意的一點：所謂的「人本心理學」在美國其實也是個不長命的運動。在 1960 到 1980 年代間是它叱吒風雲的時代，可是只過了一個世代之後，它幾乎完全退潮了。但今天台灣還有很多人相信人本心理學是屬於美國心理學的「第三勢力」。1980 年代我到美國時，我說我要做的是 Existential Psychology，那時候我認為可以用存在主義來建立一種心理學——沙特不也認為存在主義是人文主義嗎？——因此可稱為「存在主義心理學」。我第一次在研究所裡作公開報告的時候，把自己的碩士論文改用英文說出來。當時有很多美國的學長姊來聽。他們有不少是穿黑色皮衣皮褲、留長髮、蓄長鬚，還有一批人是穿著破舊的牛仔褲。我講完以後那些人就散開沒跟我討論，只有一位穿著較整齊的學姐上來跟我打招呼說：「You are the frist normal person I've ever seen talking about existentialism.」（我看過談存在主義的人裡頭，你是第一個正常人。）而在她看來，在美國談存在主義的其他人都是些奇人異士。所以美國

也有他們本身的文化氛圍，他們對於存在主義有某種屬於 beat generation 的理解，不一定等於存在主義哲學。

所以我不再談「存在心理學」，就恢復成談 Humanistic Psychology 也罷，讓那裡的學長姊們比較容易瞭解。但很可惜，當我想要找這種心理學的傳承時，他們告訴我，大概都得要到山上或海邊去找了，因為前輩大師們都退休了——卡爾·羅傑斯（Carl Rogers）不就退休到加州海邊去了嗎？我的指導教授也退休到蒙他拿（Montana）的山上去了。他們都說，我來美國之前的資訊已經趕不上時代，我想要找的教授們不但都退休了，而且他們也沒有第二代。連美國都如此，所以請問，你在台灣就可以接上 humanistic psychology，而且接得很好嗎？我建議大家千萬不要這麼天真。它之所以接不下去，是因為美國的 Humanistic Psychology 是一種由美國人自創出來（且自以為是）的東西，但歐洲人卻根本不必用這樣的名義來談心理學。為什麼？因為美國講的東西明明就是歐洲的學問，可是自己卻不承認，甚至覺得美國可以圍一個圈子自己講，就可以構成「美國特有的」人文主義。所以羅傑斯、馬斯洛後來被批評得幾乎體無完膚，最明顯的一點就是說他們屬於浪漫主義，也只是屬於中產階級自由派（右派）。各位如果去找找 1980 年以後的文獻，就可以發現他們的處境是如此。

我說自己是人文主義者，提到「人文」時，要特別對照漢語系統的一種人，叫做「文人」，也就是讀書人。我說的讀書人，就是有一種讀書人的風骨，有自己的堅持，距離聖賢傳統不遠。當然這裡的「聖賢」不只有一種，至少儒釋道的聖賢是很不一樣

的，但都已是我們的聖賢遺產。總之，「人文」和「文人」就變成我們自己所訂的一個新稱號。這時候你若問我「是一個怎樣的人」，我就可以用這樣的名稱「文人」來形容自己。社會建構論在這樣的脈絡下，可能作為人文或文人心理學的一種表達方式。好比我在談現象學時，就發現格根沒有多談現象學，他只是偶爾會引用梅洛 - 龐蒂；也沒有很認真地在談海德格的現象學。他的社會建構論就只是人文心理學裡必要的一支而已。我在課堂裡不想引出太多旁生枝節的東西，所以我也沒有多談現象學或存在主義。

　　這裡要簡單補充一下人文主義，關於現在用來界定它的思想、理論或形上學的路數。這種存在現象學、精神分析的東西，還有一種心理學可能不怎麼接受的「符號學」（semiotics——當然它的名稱翻譯得不太對，我特別寫過一篇文章，在國際研討會上發表，我說它的翻譯實在太離譜了，所以這裡用書寫現身時，就要把它摃掉。）[10]Semiotics 是指「在尋找意義的一種學問」。說成「符號學」其實只是意義裡面的很小一部分，整個 Semiotics 不只是在談已經變成符號的意義，而是在談意義如何發生。這整個學說你也都必須熟悉，才可以說自己是個當代的人文主義者，也可見「社會建構論」只是其中的一部分。

　　和我說的精神分析、存在現象學及「符號學」比起來，建構

---

10 「符號學」這個不當譯名本來應該改做他譯，但在更好的譯名出現之前，為了表示它是個誤名，所以在學員提問之外，由我說出該名時，一概還說「符號學」，但在抄成講稿之後，就用這種表達的方式——在寫出此名之同時，將它摃掉：「符號學」。

論者可能會用得多一點的是「符號學」，現象學則很少。對於精神分析，其實格根是有點排斥的。所以不要說我談格根，就變成他的信徒，我跟他不是這種關係。我認為，我們互相碰面的時候，他算是我的前輩，我會用對待長輩的方式來對待他。但我在讀他、翻譯他的書時，我一直有一種感想，就是「我應該可以跟他平起平坐地講理論道」。所以我不算是他的信徒，我只是有能力把他的東西轉譯到讓大家看懂而已。我承諾我可以做到的是準確的翻譯，不會虧待各位。而社會建構論是屬於一種我們可以使用的理論，但我不會說我自己是個「社會建構論者」。

　　至於藝術、宗教方面的心理學，各位知道，在目前已知的大學教育中，我是台灣所有的心理學系以及相關科系中很少見的「藝術心理學」和「宗教心理學」的開課者之一。這會牽涉很多學問的問題，說來話長，不過，回頭想想我們是怎麼開頭的——「詩學為體，科學為用」——你們大該就會曉得這種「人（文）學」和我們這八講內容的關係了。

【學員提問】────────────────────────

東方跟西方的區隔是（東方）比較不重視「思辨」？因為西方的核心是在講思辨、對抗宗教，但我們漢傳系統好像就是講直觀那類的……

　　對，文人傳統有一部分是這樣，但不是直觀而是唯美。我們說的文人，就像現在講的「文藝青年」之類，表示他會寫文章、偶爾還會寫詩，我其實也是從這裡開始的，但當時還沒聽過「文

藝青年」的名稱。我寫的詩作也有不少，但我不喜歡拿出來張揚。只是在這門課剛開始時，我以一個文人的身分向大家亮相了一次。但剛才說的都是一個文人必備的一些手段。平時藏著，必要時亮出來證明一下自己擔得起這個身分而已。這麼說來，我們的文人之所謂「文藝」，可能確實較傾向於美學而不是科學。

可是後來我們都會經歷一次又一次天翻地覆的歷史過程，你會發現：如果只是耽溺在唯美的文藝之中，那肯定會輸給西方人的。於是我們就得給文人身份多加上一點要求，就是對科學也要設法掌握。我現在講的「科學」不是只在講「科技」，我還強調：科學裡面最重要的就是數學。所以，我們一開頭的時候也在重新介紹數學——記不記得我們一開始強調「運算子、數元」這些概念？——這些東西是我們過去的傳統裡面很缺乏的。雖然很早從佛學裡學到一些，但也沒有認真去發揚，到了宋明時期就差不多丟光了。所以我們在歷史上錯過了一次機會。到了晚清，就是開始碰上天翻地覆的時代。因為已經落後了太久，我們在談科學時，談的都是非常膚淺的一面——科學都是在講「科技、科技、科技」。難道沒有人想到：從文藝復興以來，最重要的科學家，其實都是數學家嗎？數學其實是一套相當形上的理論思維，透過憑空想像而創造出一種分析和解釋的方法，不論是去談宇宙或任何事情，是一種最抽象的方式。

所以這時候我們就該替文人傳統再加上一個新任務，就是要把科學裡最重要的東西給掌握住。這是你既然在面對時代，就不得不搞清楚的。然後，你才可以憑這樣的綜合知識去跟西方人對話。譬如我們的文人對文學藝術有一種偏執的愛好，所以寫出

的文章總要帶有詩意。相形之下，格根的寫作是不是也帶有詩意呢？在我看來，他只在引述之中有詩，但自己的行文中就少了一點。

【學員提問】────────────────────────

我記得古書裡有提到「修身、齊家、治國、平天下」。這句話跟老師您剛才說的「現代社會是個人主義」以及「社會建構論」是有很大落差的。我想問，我們現在要求公民的素質就只是關心社會、監督政府而已？我們要用什麼樣的方式去看待這句話跟看待這個社會？

你談的「誠意、正心、修身、齊家、治國、平天下」這段話，是朱熹在解釋儒學時所說的，看起來很像有體系的話語。但這不是儒家最好的談法，因為後來講到「治國平天下」的時候，已經把人當成一個政客在培養了。這種人的任務總是把自己規劃為必須走上仕途。朱熹所給的理想並不適用於所有人，所以我在這邊寧可引述另一個關於做學問的方式，叫「博學、審問、慎思、明辨、篤行」。古代儒家的「儒」也必須成為一個有學問的人，因此你就會循著慎思、明辨、博學、審問和篤行的工夫來進行修練，這是比較具有普世性的說法，可以適用於所有人。修身齊家之後，一旦到了治國平天下，它已過分地交付了一種特定的任務，我認為在儒家裡，那不是一種具有說服力的發展方式。

想想我們現在需要的知識是什麼？前幾天我的兒子才問我：「我們的法院如果有陪審團制度的話，需要什麼樣的人去擔任

陪審員？」我對他說：「台灣本來就沒有陪審團制度，所以這是白問的。」──但後來我才想到，可以這樣回答：有陪審團制度的國家，他們怎麼選人呢？那就很簡單：它的定義只要是「好公民」就可以。好公民的定義是，我坐在法院裡聽法官、律師長長的辯論，要能判斷他們辯的東西，也就是能不能聽懂其中的意思。法官交付的任務就是：要陪審團做出最後的判決。陪審團先判定「有罪／無罪」，之後，法官才能開始量刑。陪審團的任務很艱鉅，他是現代公民，所以這些東西都得知道，說是上通天文下知地理也不為過。但「知道」並不意謂要成為專家，而是要具備足夠的常識，能聽得懂他們之間互相在辯論什麼。所以我們可以發現：現代公民的素質，跟你剛才說的修身治國平天下比較的話，後者看起來就像在唱高調，而且也只是特別針對那些想進入仕途的人而鋪路。把這樣一種儒學道路視為正途，走起來實在已經白費兩千年工夫，特別是在我們所講的人倫關係中強調的五倫綱常的那些傳統知識，很多都屬於儒家的糟粕。

但反過來說，你可以發現傳統中有許多很寶貴的東西，像我們談的「忠恕之道」，是亙古以來都值得學習的關係法則。我們是有選擇性的，不要把所有經典上出現的東西都叫做「遺產」，否則那些遺產可以是寶藏，也可以成為負債。我們千萬要小心，所有古典的遺產，到了現代還是都要經過重新判斷。我們講的「漢語遺產」，是經過現代化整理後再重新呈現的東西。傳統中所建構的體系，有太多地方是為封建帝王服務的，以致跟現代格格不入。但文人傳統中的「學、思、問、辨、行」則是顛撲不破的，可以用來對應任何問題，只是在學問的這一點不放手，能夠

博學、慎思、明辨之後，經過一番考驗我就去篤行：去做、去行動。這都是作為一個「文人」的根本定義，比其他的東西好多了。

【學員提問】─────────────────────
老師講到後來數學的影響及重要性，當代西方（的學問）跟漢語的文人傳統是否也越來越像？

對。如果你去看任何一位歐洲的上乘人文學者，首先他有一個特色，不會因為自己是人文學者，就可以說「我對於科學（譬如數學）的東西不瞭解」，因為那就等於承認自己無知──他們的學術風氣中是有這種要求的，要是無知那就是沒有盡到作為知識分子的本分。雖然不需要懂得數學的全部，可是對於數學的基本概念必須要能掌握。可是，在台灣，很多人就可以漫不經心地這樣說：「因為我是文科出身，所以我對理科一竅不通。」這其實是很怪的知識分科所產生的偏差，全世界重要的學術潮流都不應該是如此的。這就先別管西方／漢傳的區別了。

【學員提問】─────────────────────
我有兩個問題，都是關於「符號學」。如果我們要去聽符號學的課，那要怎麼去聽？有什麼途徑可以聽到？

我已經說過，所謂的「符號學」，它的名稱是 semiotics，要義在於 sign，而此字絕不可譯作「符號」──它有個重要的

希臘字根是 *seme*，指的是「意義發生的基本元素」，或更像是「意義的前兆」。這門學問所關切的就是 semiosis，亦即「意義如何發生」。目前沒有公認而正確的譯法，我只好就用原文來說它。這種學問所談的「意義發生」是說：任何事態都有一種「開始發動但又意指未明」的狀態。作為「符號學家」，就是要掌握先機，要見微知著；當別人把一個現象轉為固定的「是什麼」之時，那時候已經晚了；符號學需要在它開始起動之前就先去揣摩、掌握那「可能是什麼」，其實就是我們古代的聖人之學。在《易傳》裡特別談到聖人是「研幾、探微」，在「幾」、「微」還沒有完全顯現之前，就要「洞燭機先」，這樣的學問才是 semiotics。所以 semiotics 要用漢語的學問去相接的話，用《易傳》裡的〈繫辭〉就是最能互相融通的。雖然大家都說《易經》很重要，但後來的人在讀《易經》時，都關注在「象」，以及它「被說成什麼東西」的「爻辭、卦辭」，就把它侷限定型成為一套語言符號了。當代的 semiotics 不接受這樣的局限。它要說的是任何一個 Sign（再說一遍：此字絕不可譯作「符號」）都是一個「可能要起動的事態」，它只是「事象」而尚未「成事」。此時你必須能在一些徵兆中研幾探微，不能等到人家講過、講死了以後再去學習，那已是知識的末流了。漢傳系統之外的符號學都是晚近西方學術發展出來的東西，漢語本身在這個發展潮流中還談不上有貢獻，所以，要讀書，就讀他們寫的書。我用過的課堂讀物有安伯托‧艾可（Umberto Eco）、托馬斯‧西比奧克（Thomas Sebeok）的作品，還有他們共同尊奉的大師查爾斯‧普爾士（Charles Sanders Peirce）。

學員：（研幾探微）就像是潛意識的覺察嗎？

有點對，但你說「潛意識」其實就是 the unconscious。為了避免和完全同音的「前意識」搞混，我們有必要改用「無意識」。我相信有些符號學的學者會認為佛洛伊德也有創造性的貢獻。The unconscious 一樣也有一種「動」，譬如說慾望的起動。但慾望最後會動成什樣樣子，連佛洛伊德都說它只能叫做 the IT（「它」），我們在先前曾特別解釋過，這意思是「我不知道，所以只能姑名之為『它』」。因此，你可以說，在精神分析裡也有稱為「動靜」的東西——才剛剛開始起動，你就已經設法要去揣摩它、掌握它。這種精微的學問非常重要，因為過去大家都覺得「去學一套又一套已經變成理論公式的東西就叫學問」，但現在會發現，那還不夠。我們今天面臨的知識狀況是：很多事情都不確定，可又不能完全以「說不定」就算了。因此，總是要設法找到「先知」般的東西——「洞燭機先，見微知著」——就是你剛才說的符號學。到了今天，這種能夠在事物徵象剛起動時就能對它進行辨認的知識方法，就會變成非常重要的基礎學問。

社會建構論在這方面很多時候都需要運用符號學。建構過程就是把原來不確定的東西變成一個個可確定的東西。建構（construction）本身就很有這樣的概念。它可以排斥精神分析，但它不能排斥符號學。可是符號學在心理學裡也很少被人談及，大概只有文化研究和文化人類學的人會多談一點。至今為止，心理學中幾乎沒幾個人願意接受，所以我只能自己苦心孤詣、寒窗

苦讀。我從 1990 年代開始發現它很重要，所以我的書架上從那時開始就陸陸續續堆起很多符號學的著作和參考書，而我認為心理學遲早要面對這樣的挑戰，就是要成為有能力「見微知著、洞燭機先」的學問。這在古代算是已經進入「聖人之學」，因為聖人必須比別人更早一步知道這些風吹草動最後到底會帶來什麼後果。到了現代，這已經變成普遍的學問要求了，因為文明積累的效應，人人都可能想辦法成為這樣的先知先覺。「文化心理學」已經在二十世紀末葉誕生，而符號學可說是文化心理學的精髓之一。我們要用漢語來傳承，就像要成就漢傳佛學那樣，準備花百年千年的工夫吧——我不認為這是誇張的說法。我比較樂觀的是：漢傳佛學既然能夠自成一格，那麼漢傳的符號學也可以，甚至可能有青出於藍的境界，因為我們有很特別的字源學寶藏——記得，「境界」是王國維在翻譯德文的哲學時把這個佛學字眼用上了。像這個「境界」一詞在現代漢語中起死回生的造詞法一樣，就是在預告著我們的未來了。

我們的八講顯然還是意猶未盡，但就到此必須告個段落。
知識是個永無休止的事業，我們只是不要變成無業遊民。
你我和社會皆然。

參考書及延伸閱讀書目

王夫之 (1974)《張子正蒙注》，台北：河洛。

王文興 (2003)《家變》，台北：洪範。

王文興 (1983)《背海的人》，台北：洪範。

王國維（譯）（Hőffding, H. 原著）(2017)《心理學概論》，上海：上海社會科學院。

王國維（譯）（Hőffding, H. 原著）(1970)《心理哲學》，台北：地平線。

司馬光《潛虛》（載於黃宗羲、全祖望編撰《宋元學案》卷八：涑水學案下），台北：河洛，1975。

史作檉 (2014)〈繫辭初刪〉（載於《史作檉的六十堂哲學課》），台北：典藏，pp. 350-359。

白川靜（韓文譯）(2013)《孔子》，台北：聯經。

白川靜（鄭威譯）(2016)《漢字百話》，新北：大家。

朱熹 (1999)《四書章句集註》，台北：大安。

宋文里（編譯）（S. Freud 原著）(2018)《重讀佛洛伊德》，台北：心靈工坊。

余英時 (1976)《歷史與思想》，台北：聯經。

胡適 (2008)《中國哲學史大綱》，台北：台灣商務。

屈原 1986《九歌》（載於陳洪綬、蕭雲從繪圖《楚辭圖注》），台北：台灣中華。

高華平 (n.d.)〈顏淵之學及《莊子》中的顏淵〉《諸子學刊》

第四輯，參見：（http://www.homeinmists.com/FangYong/Journal04.article10.htm）

張載撰（朱熹注）《張子全書》，台北：台灣中華，1988。

陳鼓應 (1999)《莊子今註今譯》，台北：台灣商務。

郭慶藩輯 (1980)《莊子集釋》，台北：河洛。

梁展 (n.d.)〈王國維「境界」的西學來源〉，參見：http://hk.huaxia.com/zhwh/gxjd/2278059.html

黃光國〈華人關係主義的理論建構〉，載於楊國樞等編 (2005)《華人本土心理學》，台北：遠流，pp. 215-245。

馮友蘭（趙復三譯）(2013)《中國哲學簡史》，北京：三聯。

錢穆 (2004)《論語新解》，台北：東大，

Bachofen, J. J. (1967) *Myth, Religion and Mother Right*. London: Routledge.

Badiou, A.（陳永國編譯）(2010)《激進哲學：阿蘭‧巴丟讀本》(*Radical Philosophy*: Alain Badiou)，北京：北京大學出版社。

de Beauvoir, S.（陶鐵柱譯）(1999)《第二性》(*The Second Sex*)，台北：貓頭鷹。

Beck, Ulrich & Beck-Gernsheim, Elisabeth（蘇峰山、魏書娥、陳雅馨合譯）《愛情的正常性混亂》（*The Normal Chaos of Love*），台北：立緒。

Berger, P. & Luckmann, T.（鄒理民譯）(1991)《知識社會學：社會實體的建構》(*The Social Construction of Reality*). 台北：

巨流，1991。

Bergson, H.（潘梓年譯）(1976)《時間與意志自由》(*Essai sur les Données de la Conscience*)，台北縣：先知。

Boesch, E. E. (1991) *Symbolic Action Theory and Cultural Psychology*. New York: Springer-Verlag.

Cassirer, E.（關子尹譯）(2003)《人文科學的邏輯》(*Toward a Logic of Cultural Science.*)，台北：聯經，。

Coulter, J. (1979) *The Social Construction of Mind: Studies in Ethnomethodology and Linguistic Philosophy*. London: Macmillan.

Coulter, J. (1989) *Mind in Action*. Cambridge, U.K.: Polity Press.

Deleuze, G. (C. V. Boundas ed.) (1993) *The Deleuze Reader*. New York: Columbia University Press.

Diamond, J.（王道還譯）(2000)《第三種猩猩》（*The Third Chimpanzee*），台北：時報。

Engels, F. (1989)《家庭，私有制和國家的起源》(*The Origin of the Family, Private Property, and the State: in the Light of the Researches of Lewis H. Morgan*)，台北：谷風。

Gergen, K. (1975/1993). *Toward Transformation in Social Knowledge*. London: Sage.

Gergen, K.(1985) The Social Constructionist Movement in Psychology. *American Psychologist*, 40(3), 266-275.

Gergen, K.（許婧譯）(2014)《醞釀中的變革：社會建構的邀請與實踐》（*An Invitation to Social Construction*），台北：心靈工坊

Gergen, K.（宋文里譯）(2016)《關係的存有》（*Relational Being*），台北：心靈工坊。

Greene, G.（劉紀蕙、宋文里合譯）(2001)《布萊登棒棒糖》*(Brighton Rock)*，台北：時報。

Goffman, E. (1967) *Interaction Ritual: Essays on Face-to-Face Behavior*. New York: Patheon Books.

Goffman, E. (1971) *Relations in Public: Microstudies of the Public Order*. New York: Basic Books.

Goffman, E.（徐江敏等譯）(1992)《日常生活中的自我表演》*(The Presentation of Self in Everyday life.)*，台北：桂冠。

Harré, R. (1984) *Personal Being: A Theory for Individual Psychology*. Cambridge, Mass.: Harvard University Press.

James, W. (1890/2003)（田平 選譯）《心理學原理》*(Principles of Psychology)*，北京：中國城市。

McNamee, S. & Gergen, K. (ed.)（宋文里譯）(2017)《翻轉與重建：心理治療與社會建構》(Therapy as Social Construction)，台北：心靈工坊。

Müller-Lyer, F. C.（穆勒 - 利爾）《婚姻進化史》，台北：台灣商務。

Polanyi, M.（譯）(2004)《個人知識：邁向後批判哲學》（*Personal Knowledge: Towards a Post-Critical Philosophy.*）台北：商周。

Ricoeur, P.（李幼蒸、徐奕春合譯）(1997)《哲學的主要趨向》*(Main Trends in Philosophy.)*，北京：商務。

Schaeffer, J. D. (1990) Sensus Communis: Vico, Rhetoric, and the Limits of Relativism. Durham: Duke University Press.

Solzhenitsyn, A.（嚴彩琇等譯）(1978)《古拉格群島》(The Gulag Archipelago)，台北：道聲。

Tagore, R (1937) *Collected Poems and Plays of Rabindranath Tagore*. New York: Macmillan.

Westermarck, E. A.（李彬譯）(2002)《人類婚姻史》(*The History of Human Marriage*)，北京：商務。

Windelband, W.（羅達仁譯）(1998)《西洋哲學史》(*Lehrbuch der Geschichte der Philosophie*)，台北：台灣商務。

Wundt, W. (1913/2013). *Psychology's struggle for existence* (2nd ed.) (Tr. Lamiell, J. T.). *History of Psychology, 16(3)*, 195-209.

影片、畫作

張藝謀《大紅燈籠高高掛》。

Francis Ford Coppola（法蘭西斯·柯波拉）《教父》(The Godfather)。

國家地理頻道《黑猩猩》（按：正確譯名應為「巴諾布猿」）(*The New Chimpanzees*)。

Gustav Courbet（畫作）《世界的起源》(*The Origin of the World*)，可參見：https://www.google.com.tw/search?q=the+origin+of+the+world+painting&source=lnms&tbm=isch&sa=X&ved=0ahUKEwj5msyJoPzeAhVPObwKHcMiCZ0Q_AUIDigB&biw=1220&bih=928#imgrc=NqweMnRtLTFwwM:

Master 061

心理學與理心術：
心靈的社會建構八講
Social Construction of the Psyche: Eight Classes
作者—宋文里

出版者—心靈工坊文化事業股份有限公司
發行人—王浩威　總編輯—王桂花
責任編輯—徐嘉俊、趙士尊　特約編輯—陳民傑　錄音謄稿—才煒民
封面設計—高鍾琪　內頁排版—龍虎電腦排版股份有限公司
通訊地址—10684 台北市大安區信義路四段 53 巷 8 號 2 樓
郵政劃撥—19546215　戶名—心靈工坊文化事業股份有限公司
電話—(02) 2702-9186　傳真—(02) 2702-9286
Email—service@psygarden.com.tw　網址—www.psygarden.com.tw

製版・印刷—彩峰造藝股份有限公司
總經銷—大和書報圖書股份有限公司
電話—(02) 8990-2588　傳真—(02) 2990-1658
通訊地址—248 新北市新莊區五工五路二號
初版一刷—2018 年 12 月　ISBN—978-986-357-136-0　定價—560 元

國家圖書館出版品預行編目資料

心理學與理心術：心靈的社會建構八講 / 宋文里著. -- 初版. --
臺北市：心靈工坊文化, 2018.12
　面；　公分
ISBN 978-986-357-136-0(平裝)

1. 社會心理學

541.7　　　　　　　　　　　　　　　　　　　　　　　107021373

心雲工坊 PsyGarden 書香家族 讀友卡

感謝您購買心靈工坊的叢書，為了加強對您的服務，請您詳填本卡，
直接投入郵筒（免貼郵票）或傳真，我們會珍視您的意見，
並提供您最新的活動訊息，共同以書會友，追求身心靈的創意與成長。

書系編號—MA061　　　　　書名—心理學與理心術：心靈的社會建構八講

姓名＿＿＿＿＿＿＿＿　是否已加入書香家族？ □是 □現在加入

電話 (O)＿＿＿＿＿ (H)＿＿＿＿＿　手機＿＿＿＿＿

E-mail＿＿＿＿＿ 生日　年　月　日

地址 □□□＿＿＿＿＿＿＿＿＿＿＿＿＿＿＿

服務機構＿＿＿＿＿　職稱＿＿＿＿＿

您的性別—□1.女 □2.男 □3.其他

婚姻狀況—□1.未婚 □2.已婚 □3.離婚 □4.不婚 □5.同志 □6.喪偶 □7.分居

請問您如何得知這本書？
□1.書店 □2.報章雜誌 □3.廣播電視 □4.親友推介 □5.心靈工坊書訊
□6.廣告DM □7.心靈工坊網站 □8.其他網路媒體 □9.其他

您購買本書的方式？
□1.書店 □2.劃撥郵購 □3.團體訂購 □4.網路訂購 □5.其他

您對本書的意見？
□ 封面設計　1.須再改進 2.尚可 3.滿意 4.非常滿意
□ 版面編排　1.須再改進 2.尚可 3.滿意 4.非常滿意
□ 內容　　　1.須再改進 2.尚可 3.滿意 4.非常滿意
□ 文筆／翻譯 1.須再改進 2.尚可 3.滿意 4.非常滿意
□ 價格　　　1.須再改進 2.尚可 3.滿意 4.非常滿意

您對我們有何建議？

＿＿＿＿＿＿＿＿＿＿＿＿＿＿＿＿＿＿＿＿＿

□本人同意＿＿＿＿＿＿（請簽名）提供（真實姓名/E-mail/地址/電話/年齡/
等資料），以作為心靈工坊（聯絡/寄貨/加入會員/行銷/會員折扣/等之用，
詳細內容請參閱http://shop.psygarden.com.tw/member_register.asp。

心靈工坊
PsyGarden

10684台北市信義路四段53巷8號2樓
讀者服務組　收

（對折線）

加入心靈工坊書香家族會員
共享知識的盛宴，成長的喜悅

請寄回這張回函卡（免貼郵票），
您就成為心靈工坊的書香家族會員，您將可以——

⊙隨時收到新書出版和活動訊息

⊙獲得各項回饋和優惠方案